삼위일체 신학 생태론

칼 라너, 조셉 브라켄, 레오나르도 보프의 삼위일체론을 중심으로

삼위일체 신학 생태론

칼 라너, 조셉 브락켄, 레오나르도 보프의 삼위일체론을 중심으로

홍태희 지음

리북

　현대에 있어서 '공동체'라는 개념이 근대주의의 대안으로 부각되면서 삼위일체론이 본질적으로 갖고 있는 '관계적', '사회적', '공동체적' 의미가 재조명되고 있다. 다양한 방식으로 전개되는 현대의 삼위일체론에서 생태론의 전망을 발견하는 것은 그리스도교의 원천적 교의 전통이 생태 위기를 초래한 정신적 근거였다는 일부 생태론자들의 주장을 반박할 수 있는 근거를 밝히는 것이기도 하며, 따라서 그리스도교를 반생태적 종교로 보는 오해에서 벗어나는 것이기도 하다. 또한 그것은 일상의 생태적 실천이 신앙의 근본 계시에 근거를 갖는 신앙 행위임을 인식하기 위한 기초를 찾는 작업이기도 하다. 즉 환경과 생태 문제를 향한 우리의 실천이 신앙과는 별개의 영성적 혹은 사회적 활동이 아니라 하느님의 계시에 근거한 신앙 행위 그 자체임을 발견하는 것이다.

　실체적 개인은 파편화되면서도 어쩔 수 없이 SNS 혹은 메타버스와 같은 가상의 관계망 안으로 더욱 깊이 빠져들고 있는 현대인에게 하느님의 삼위일체적 존재 방식은 실체적 진정성을 갖는 세계의 중요성과 이상적인 관계의 방식을 제시한다. 더불어 삼위일체 신학의 생태론은 하느님에 관한 계시로부터 생태적 가치의 원리를 발견하여 교의적 의미를 재조명함과 동시에, 우주와 지구에 관한 영성적 감수성에서 출발하는 생태 영성에도 하느님의 경이와 신비에 관한 신앙적 확신을 풍부하게 더하는 역할을 할 수 있다.

이 책에서 주목하는 신학자들은 전통적 삼위일체론의 관념성을 극복하고 구체적 실재성과 세계에 있어서의 의미를 확보하는 통찰을 제시한 분들이다. 그들은 세계가 공동체적 존재의 구조를 갖고 있으며 모든 피조물은 초월적이면서 동시에 내재적인 하느님으로부터 기원한다고 믿음으로써 신학적 생태론을 전개할 수 있는 논리를 제공한다. 물질적 세계에 존재하는 모든 사물과 생명체 혹은 모든 계기들이 그것을 창조한 주인인 하느님의 의지와 연결되어 기원한다고 이해하는 것은 생태계 전체의 구성원이 창조주의 의지와 질서에 의한 내재적 가치를 빠짐없이 갖고 있다는 것을 확증한다. 이처럼 창조 세계의 주인인 하느님을 의식하는 생태론은 창조주 없이 생태계 자체의 가치를 추구하는 생태근본주의의 문제점을 보완하는 보다 성찰적인 대안을 제시할 수 있다.

본 연구의 목적은 그리스도교의 근원적 경험과 계시에 기반을 두고 있는 삼위일체론을 현대적 감각으로 재해석한 신학을 기반으로 생태론의 주제들에 관한 담론을 탐구하여, 그리스도교 신론에 기반을 두는 생태론을 구성하는 것이다. 그 작업은 삼위일체론에서 생태신학의 교의적 근거를 발견하는 것임과 동시에, 창조주를 생략한 생태론이 맹목적 생태평등주의로 흐르거나 다시 인간중심주의로 회귀하는 모순들에 대하여 보다 대안적 생태론을 제시하는 것이기도 하다. 또한 모든 창조물에 깃들어 있는 하느님을 인식하는 동시에, 성자와 성령의 은총을 통하여 인간의 도덕적, 지적, 의지적 요소들을 변화시키며, 그들로 하여금 조화로운 창조질서를 위한 실천으로 이끄시는 하느님에 관한 믿음을 가능하게 하는 것이다.

이 책에서는 고유의 방법론을 갖고 삼위일체론을 현대적 사유 체계에서 이해 가능한 언어로 해석을 시도하였던 칼 라너Karl Rahner, 1904~1984, 이하 '라너', 조셉 브락켄Joseph Bracken, 1930~ , 이하 '브락켄', 레오나르도 보프Leonardo Boff, 1938~ , 이하 '보프'의 신학으로부터, 그들의 삼위일체론이 공통적으로 제시하고자 하는 생태론적 의미와 중심 주제들을 탐구하여 삼위일체적 전망을 갖는 생태론을 구성하고자 하였다. 그것은 우리가 믿는 하느님이 세계와 분리된 초월적 세계에 절대자로서만 존재하는 분이 아니라 자신을 창조물에게 내어줌으로써 세계 안에 내재하며 함께 공감하는 하느님이라는 개념의 신론에 기반을 두어, 물질적 세계가 성스러움과 분리된 세속이 아니라 하느님의 신성이 깃들어 있는 신성한 곳이라는 생태적 관점으로 이끄는 것이다. 창조물과 함께 내재하는 하느님을 관상하는 것은 삼위일체 하느님의 존재방식이 모든 창조 생태계의 원형이 된다는 이해를 갖도록 할 것이다.

삼위일체론의 현대적 해석에서 강조되고 있는 '사회적 유비'Social analogy는 상호 조화를 추구하는 생태적 관점에서 의미를 가질 수 있다. 히포의 주교 아우구스티누스Augustinus Hipponensis, episcopus, 354~430, 이하 '아우구스티누스'로부터 아퀴나스로 이어지는 신학 전통의 맥락에서, 라너는 하느님의 절대성을 놓치지 않으면서 인간에 관한 분석을 통하여 인간과 세계에 내재하는 하느님을 설명하고 있다. 그의 신학은 전통 신학에서 보다 다양하고 급진적인 현대신학으로 넘어가는 길목의 역할을 하였으며 삼위일체론에 있어서도 마찬가지였다. 라너는 아우구스티누스 및 아퀴나스 전통의 '심리적 유비'Psychological analogy를 사용하면서 하느님과 세계를 분리하여 생각하던 전통 신학과는 달리, 세계를 하느님이 내주하는 진화적 시공간으로 파악하며 위격의 구별성을 강조하여 삼위일체를 공동체로서 파악할 수 있는 디딤돌을 놓았다.

브락켄은 존재를 아리스토텔레스적 실체 개념으로부터 역동적 변화 과정에서의 '현실적 계기'actual occasion로 전환한 화이트헤드 유기체 철학의 형이상학을 기반으로 하는 과정신학자이다. 초월적 절대자로서의 하느님을 중심으로 하는 라너의 신학이 위격의 문제에 있어서 구별성은 강조하였지만 아직도 심리적 유비 안에 있는 모호함에 관하여 그의 삼위일체론은 새로운 존재론으로 제시하여 해결하고자 하였다. 브락켄은 인간의 몸과 같이 다양한 세포와 장기들로 이루어지면서 그것들을 관통하여 통제하는 의식이 발생하는 것을 사회적으로 구성된 하나의 존재적 실체로 규정하였다. 동일한 개념에 의해, 삼위일체 하느님을 무한한 속성을 갖는 하느님 세 위격으로 구성되어 동일한 의지를 갖고 일치된 사회적 존재로 파악한다. 그는 그 실체를 모든 창조가 발생하고 그 결과가 수렴되는 하느님 매트릭스Divine Matrix로 설명하여 세계는 하느님 안에서 필연적으로 연결되어 담겨 있는immerse 구조라고 설명하고 있다. 브락켄은 자연과학의 '장'이론Field theory과 자연주의적 해석을 사용하여 보다 현대적으로 접근함으로써 하느님-세계의 구조에 관한 라너의 초월론적 인간학 방법의 관념성을 극복할 수 있다고 보았다.

라너와 브락켄의 삼위일체론은 그 철학적 구조를 갖고 하느님-세계의 불가분의 관계를 설명해 가는 것에는 성공적이었지만 프락시스가 한 축을 이루는 신앙에 있어서 그 실천적 의미에 관한 언급은 제한적이었다. 반면 보프는 신학의 새로운 철학적 구조를 구축하였다기보다 사회 맥락적 관점에서 공동체적 실천의 의미를 강조하는 삼위일체론을 전개하였다. 그가 해방신학의 관점에서 제시한 삼위일체론은 구원의 인간적 과정으로서 해방을 향한 이상적 사회의 모형이 되는 것이었다. 또한 해방의 범위를 인간을 넘어 객체로서 착취당하고 있는 자연까지 포함함으로써 해방을 향한 투쟁의 신앙적 근거가 되는 삼위일체론을 생태신학의 담론으로 적극적으로 확장하고 있다.

이 책은 삼위일체론의 정식화 과정과 하느님의 유일성을 중점으로 심리적 유비를 통해 전승되었던 아우구스티누스와 아퀴나스의 삼위일체론을 비롯하여, 하느님의 위격을 구별되는 실체로서 그리고 삼위일체를 그들의 사회로 이해하였던 사회적 유비의 삼위일체론에 관한 전통적 해석을 확인하면서 시작한다. 그리고 이러한 전통적 해석이 현대적 사유 체계 안에서 본래의 의미를 회복하고자 할 때 제기되는 문제점과 한계가 무엇인지 살펴봄으로써, 생태신학적 의미를 갖는 현대의 사회적 삼위일체론이 결코 전통과 무관하지 않음을 확인할 수 있다.

2장에서 4장에 걸쳐 라너와 브락켄 그리고 보프의 삼위일체론의 주요 주제를 분석하며 생태신학의 측면에서 그것이 갖는 의미를 분석하였다. 그것은 삼위일체론의 전망을 갖는 생태신학의 균형 있는 정립을 위해서 각 신학자들이 갖고 있는 철학적 혹은 사회 맥락적 관점의 핵심 주제들과 그 해석 방식들이 서로 대립적인 것이 아니라 상호 보완적이 될 수 있다는 믿음을 갖고 그것을 확인하는 작업이기도 하였다. 이러한 작업은 신성과 인성의 위격적 일치에 관한 그리스도론의 우주적 재해석과 하느님 삼위일체의 존재방식과 세계 안에 현존하는 성삼위의 불가분의 관계에 관한 다양한 해석적 방법에 관한 연구를 포함한다. 그것은 현대의 관계 중심적 삼위일체론이 고전적인 군주적 유일신론에서 탈피하여 개방과 포용 및 동참을 통하여 세 위격이 이루는 다양성의 일치와 그것의 경륜적 의미에 초점을 맞추고 있다는 것을 발견하는 것이기도 하다.

이러한 분석 결과를 바탕으로 5장에서는 세 신학자의 삼위일체론이 갖고 있는 주요 개념들을 생태론적 주제의 측면에서 통합적으로 이해하는 시도를 전개하였다. 이것은 생태적 세계관으로 전환이 요구되고 있는 오늘날 심층 생태론을 중심으로 한 근본주의적 생태론이 갖고 있는 한계를 하느님의 삼위일체적 존재 방식에서 대안을 발견하고 현실에서 맞이하는 생태 위기를 보다 통합적인 신앙의 관점에서 극복할 해답을 찾는 것이기도 하다.

생태론에 필요한 주제들을 중심으로 세 명의 신학자들이 각기 전개한 삼위일체론의 주제들에 접근하였기 때문에 논쟁적인 교의적 주제는 다루지 않았다. 그렇기 때문에, 생태담론을 구성하기 위하여 선택한 주제들에 관한 해석이 신학자들이 갖고 있는 전체적 전망의 관점에서 그 의미가 합치하더라도 삼위일체론이라는 일반적 교의 차원에서의 세부적 해석과 차이가 있을 수 있는 가능성을 부인할 수 없다. 또한 세 신학자들이 전개하는 삼위일체론의 배경이 되는 사유들이 차이가 있음으로 인해 그들이 사용하는 용어에 관한 혼선이 있을 수 있다. 예를 들어, '사회'라는 용어에 있어서 브락켄은 그것을 철저하게 존재론적으로 파악하고 있다면, 보프의 경우는 공동체 집단의 질서 체계에 관한 개념으로 사용하고 있음을 알 수 있다. 이러한 용어의 혼란을 피하기 위하여 이 책에서는 최대한 각 상황에서 그 의미의 배경을 설명하였으나 간혹 이에 관한 혼란이 있을 수 있다고 생각된다. 특히 철학의 체계를 새롭게 정리해간 과정 사상에 있어서 모든 용어는 새롭게 정의되고 있기 때문에 그에 관한 혼란은 피할 수 없는 것이기도 하다.

신학의 작업이란 논리의 전개 이전에 살아가는 '신학하기' Doing Theology를 더욱 중요하게 생각하지 않을 수 없다. 거리두기를 통한 실체적 단절이 일상화되고 가상공간을 통한 새로운 인격과 사회가 만들어지는 시대를 살아가며, 새삼 현대를 살아가는 방식과 전망을 삼위일체 신론이 갖는 의미에 비추어 깊이 생각해 보지 않을 수 없게 된다. 성령께서 풍부한 상상력과 통찰을 부어주셔서 안개 자욱한 세상을 밝힐 분들이 많아지기를 기대한다. 생태적 세상의 전망을 성삼위로부터 바라보며 일상을 뚜벅뚜벅 살아가고 있는 모든 분, 특별히 <하늘땅물벗> 도반들과 이 부족한 작업을 나누고 싶다.

찬미받으소서!
2021년 성탄 베로니카집에서

서 론

1. 생태 문제와 그리스도교

　현대를 살아가는 인간이 직면하고 있는 지구의 생태적 위기는 단순한 물질적 위기만은 아니다. 그것은 가까이는 인간 이성의 폭주가 정신적 가치와 신과의 관계를 단절한 것에서 기인하는 것이고 성경적 해석으로는 인간이 하느님의 뜻을 거스른 죄의 결과이기도 하다.

　현대의 생태 문제에 관한 접근에 있어서 제일 먼저 반응한 것은 인간의 과학기술을 통하여 문제를 해결하려는 방식이었다. 이것은 인류에게 생태 문제를 야기한 기존의 근대주의적 사고가 가지고 있던 기계론적 우주관을 동일하게 적용한 것이었기에 창조계에 깃들어 있는 창조주의 뜻 보다 인간의 지적 활동에 전폭적 신뢰를 보내는 무신론적 인간중심주의이며 '발전 이데올로기'라고 지칭할 수도 있다.[1] 하지만 대상화된 자연과 가난한 자들에 대한 지배-종속적 접근은 그 의도와 상관없이 과정 자체에서부터 문제를 악화시킬 뿐이라는 한계를 드러내었다.

　교회는 이미 1964년 바오로 6세 교종의 회칙 『민족들의 발전』에서 인간 중심적 기술주의의 횡포를 지적하였으며,[2] 프란치스코 교종은 2015년 회칙 『찬미 받으소서』*Laudato Si*[3]를 통해 기술지배 패러다임의 문제를 지적함과 동시에, 온전한 인간 발전과 당면한 문제의 해결을 위해 기술적 접근 보다 개인적 그리고 공동체적 차원에서 생활방식의 변화를 의미하는 것으로서, 생태적 회개LS 217-220라는 보다 인간 정신 안에서의 근본적 변화를 요청하였다.

> 기술 지배 패러다임은 또한 경제와 정치를 지배하고자 합니다. 경제는 이윤을 목적으로 모든 기술 발전을 받아들이며 인간에게 미치는 잠재적 악영향에 관심을 기울이지 않습니다. …… 전 세계 기아와 빈곤이 단순히 시장의 성장만으로 해결될 것이라고 주장합니다.LS 109 …… 기술의 전문화는 큰 그림을 보지 못하게 만듭니다. 바로 이 때문에 오늘날 가장 복잡한 문제들, 특히 환경과 가난한 이들에 관한 문제의 적절한 해결책을 마련하기 어렵습니다.LS 110 …… 과학과 기술 발전이 인류와 역사의 발전과 동일시 될 수 없다는 인식이 확산되고, 더 나은 미래를 향한 길은 근본적으로 다른데 있다는 사실을 깨닫게 되었습니다.LS 113

회칙에서 교종은 인간의 탐욕과 이기심의 결과로 나타난 인간 중심적 사고가 하느님의 창조 질서와 얼마나 상반되는지를 보여주는 것이 현대의 생태 위기라고 보고 있다. 또한 이 지구의 생태적 위기에 직면하여 인류가 하느님의 창조 보존의 질서를 유지 관리할 책임을 부여받고 있음을 자각하고 회개를 통하여 즉각적인 행동에 나설 것을 촉구하였다.LS 20-22

이것은 오늘날 기후 변화와 생물의 다양성 감소 등의 생태 위기가 정신적이고 영성적인 것에 뿌리를 두고 있다는 성찰에 근거한다. 즉 생태 위기는 하느님과 인간 및 자연의 우주적 친교에 관한 영적 감각과 감사, 경이, 찬미, 관상적 태도 등의 그리스도교 영성의 위기이며, 나아가 하느님을 누구 혹은 무엇이라고 인식하는지에 관한 근본적인 믿음의 문제인 것이다.

그리스도교의 전통적 교의는 하느님이 모든 창조물[4]을 통해 자신을 계시하고 있다고 보았다. 창조와 창조물에 관한 이러한 신학의 관점은 현대의 생태 위기에 응답하는 신앙 행위에 있어서 교회가 전통적으로 고백하는 신론의 명확한 기반에서 출발할 수 있는 가능성을 제시한다.

성경에 나타나는 하느님은 분명 역사 안에서 인간과 함께 기뻐하고 즐거워하며 분노하고 때로는 고통에 참여하는 인격적으로 체험되는 하느님이었다. 헬레니즘의 영향이 확대되어가던 3세기 초반에 이러한 체험에 근거를 둔 그리스도론을 확립하여 가면서, 이에 의해 촉발된 '삼위일체'Trinitas라는 용어가 신학자 테르툴리아누스Quintus Septimius Florens Tertullianus, 160경~220 이후[5]에 의해 처음으로 사용되었다.

그러나 이후 하느님의 본질에 관한 존재론적 해석을 더해가면서 하느님의 유일성에 중심을 둔 서방 신학을 통해 이원적 세계관이 반영된 전지전능한 초월적 하느님이라는 개념이 정착되었다. 즉 전능하고 초월적인 하느님이 세계와 구분된 존재로서 세상을 지배하고 다스리며 초자연적으로 세계에 개입한다고 생각하게 된 것이다. 이러한 절대적 초월자로서의 군주적 신관은 사회에 있어서 지배-종속의 관계를 받아들이는 배경이 되었고, 나아가 인간과 자연의 관계 또한 지배-종속의 관계로 바라보게 됨으로써 그리스도교가 생태 위기의 원인이었다는 비판에 노출되게 되었다.

한편, 그리스도교 역사 안에서도 창조계에 깃들어진 신성을 관상하고 무위자연과의 일치의 영성을 추구하면서 하느님을 무엇이라고 규정할 수 없는 것으로 보는 부정신학적 접근 방식이 존재하였다. 이러한 태도는 삶의 자리에서 역사적 상황은 관심 밖의 것으로 돌리면서 개인의 정신적 안녕에 집중하는 경향을 보임으로써 사회 구조적 문제에는 방관자적 자세를 취하게 된다는 비판을 받았다.

세계가 다양한 네트워크로 연결되어 무수한 정보가 즉각적으로 소통되고 관리되며 재생산되는 오늘날에도 아직 많은 그리스도교 신자들의 의식 속에 있는 하느님 모습은 가부장적 권위를 지닌 남성 모습의 전능한 권위자로서 인간이 육신의 죽음과 함께 내세를 맞는 순간 천당과 지옥행을 가르는 심판자의 모습에서 그다지 많이 벗어나지 못하고 있다.

이러한 절대자 하느님이라는 고전적 신관과는 달리 한편에서는 세계의 자연과 우주의 신비로움에 대한 관상에서 신적 요소를 발견하며 이 우주 자체에 대한 존중의 차원을 넘어 자연과의 합일 혹은 자연에서 구원의 정신을 찾는 범신론Pantheism적이며 뉴에이지New Age적 경향이 탈근대의 정신으로 등장하였다. 그리고 이것이 현대 생태 위기의 대안적 영성으로 제시되기도 하였다. 자연에 있어 신의 내재성이 극도로 강조된 이러한 관점은 자연과 신의 구분뿐 아니라 인간과 신의 구분 또한 모호하게 함으로써 또 다른 형태의 인간중심주의를 드러내는 것이라고 할 수 있다.

두 가지 양 극단을 통합하는 관점에서, 창조 세계에 하느님의 신성이 깃들어져 있으며 또한 하느님은 인간 및 모든 창조물과 연결되어 존재한다는 통찰이 등장하였다. 이것은 우주에 관한 범재신론적 전망과 함께 역사의 방향성을 갖는 지혜를 보여주는 것으로, 이러한 통찰은 삼위일체의 경륜적 관점에 주목하게 된다.

삼위일체론은 '모든 창조물 안에서 삼위일체적인 구조를 본다는 성 보나벤투라Sanctus Bonaventura, 1221~1274의 통찰'LS 239과 같이 근본적으로 생태적 의미를 내포하고 있으며, 또한 하느님에 관한 삼위일체적 경험에서 드러나는 하느님 세 위격의 관계적 실존 방식의 유비를 통하여 세계 역시 상호작용과 상호의존의 공동체적 관계로 이루어져 있음을 알 수 있도록 하여준다.

2. 생태신학의 접근 유형

그리스도교 교회의 역사가 생태적 위기를 초래한 정신적 원인이라는 비판은 그에 대한 반론을 불러 일으켰고 그리스도교 전통 안에 살아있는 생태적 요소들에 관한 다양한 해석은 생태신학의 발전을 자극하였다. 그리고 그리스도교 신앙 안에서 현대에 직면한 생태 문제를 바라보는 생태신학의 기본 입장과 그의 극복을 위한 신학적 해석은 큰 틀에서 인간 중심적humanocentric, 생태 중심적ecocentric 그리고 신 중심적theocentric 관점으로 나누어 볼 수 있다.[6]

2.1 인간 중심적 접근

그리스도교 신앙의 생태적 관점을 인간 중심적인 측면에서 그리스도론을 중심으로 전개한 대표적 인물로 테야르 드 샤르댕Pierre Teilhard de Chardin, 1881~1955을 들 수 있다. 그는 예수회 사제이면서 고고학자로서 과학과 신학을 통합하는 진화론적 우주관을 제시하였고, 인간에 관한 탐구를 통하여 세계를 알 수 있으며, 사람이 우주의 비밀을 푸는 열쇠의 자리에 있다는 것을 깨달았다고 고백한 신학자였다. 즉 인간이 세계와 우주 및 하느님 이해의 중심축이 된다고 통찰한 것이다.[7]

그는 대표 저서 중 하나인 『인간 현상』The Phenomenon of Man을 통하여, 세계의 진화 과정을 암석권lithosphere에서 생명권

biosphere으로 그리고 생명권에서 정신권noosphere로 이어지는 '의식을 향한 오름'[8]으로 정의하면서, "물질의 활성vitalization— 생명의 발생—정신 발생생명의 인간화—그리스도의 발생과 '오메가 포인트'Omega Point로의 도달"의 순으로 진화한다고 보았다.[9] 샤르댕은 우주의 역사가 물질권에서 생명권으로 진화한 후, 이어서 인간이 출현한 것을 정신의 발생으로 보았다. 즉 정신의 발생까지 우주 진화의 목표는 인간의 출현이라고 본 것이다. 샤르댕은 물질과 정신을 나누어 생각하지 않았다. 무기적 물질로 부터 유기적 생명체로, 그리고 정신인 인간으로 진화하면서 최종적으로 그리스도에게 도달해 가는 발전의 과정은 물질이 우주적 영으로 점진적으로 진화하여 가는 과정으로 해석한 것이다. 우주는 진화의 역사를 통하여 다른 생명체와는 전적으로 다른 인간을 출현시켰고hominisation, 점진적 인격화personalisation 과정을 통하여 그리스도의 충만pleroma을 향하여 나아간다. 우주의 위격적 중심이며 우주를 진화시키는 제일 원동자인 그리스도는 진화의 최종 목적인 오메가 포인트와 동일시된다. 샤르댕은 부활한 그리스도를 지속적인 창조의 중심이란 의미에서 '우주의 인격적 심장'the Personal Heart of the Cosmos이라고 서술한 바 있다.[10]

인간을 우주의 정신으로 바라보는 인간 중심적 사고와 예수 그리스도를 진화의 정점이며 창조의 중심으로 간주하는 그리스도론을 결합하는 논리로부터는 비인간적 창조물인 '자연'이 배제될 수도 있다는 비판을 받기도 하였으나 우주적 그리스도Cosmic Christ 개념은 진화론과 그리스도론을 연결한 샤르댕의 사상을 대표하는 신학적 용어가 되었다. 인간이란 모든 물질 및 생명체와 상호 발전해 가는 의존적 관계 속에서 태어난 존재라는 그의 통찰은 모든 실재 안에 존재하는 '내성'withinness을 통하여 모든 사물은 상호 연결되어 있다는 점을 드러내는 것이다. 샤르댕이 말하는 우주적 그리스도는 완성을 향하여 변모하고 성장하는 모든 창조물과 일치된 충만한 예수를 나타내는 표현으로, 그는 창조의 정점에 있는 인간이 궁극적 목표로서의 우주적 그리스도를 향하여 진화한다는 전망을 제시하고 있다.

라너 역시 우주적 그리스도를 전망하고 있다. 그는 죽음을 성찰하면서 우리의 죽음이란 우리가 진정한 자신으로 돌아가 물질의 우주와 친밀한 일치를 이룸으로써 진정한 자신이 되는 사건으로, 우리 존재의 성취라고 서술하였다. 죽음을 통해 개별 인간은 우주 전체와 존재론적 관계를 이루면서 '범우주적'이 되는데, 라너는 이것을 그리스도의 부활에 의해 가능하게 된 것으로 설명하며 다음과 같이 적고 있다.

그의 육신이 죽음으로 흩어졌을 때, 그리스도는 온 우주로 쏟아졌다. 즉 온전한 인성을 가진 그가, 현실 안에서 그의 고귀함에 의해 창조의 가장 내밀한 곳, 우주의 심장이 되어 언제나 존재하게 되었다. [11]

그러므로 그리스도의 변모transfiguration이자 신화divinization인 부활은 동시에 "모든 창조물의 신화神化와 영광의 최종적 시작"[12]이라고 보았다. 라너는 샤르댕의 전망과 유사하게 모든 창조물과 일치한 우주적 그리스도를 표현하며 '우주의 심장'으로서의 그리스도의 역할은 물질적 세계에 단순한 객체적 대상이 아닌 역동적으로 살아 있는 신성함이 깃든 곳이라는 의미를 부여하는 것으로 이해하고 있다.

자연에 대한 인간의 지배를 가능하게 하였다고 비판받았던 "지배하고 다스리라."창세 1,26,28는 말씀은 하느님이 창조물과 관계하시는 방식이 인간과 자연의 관계에 있어서도 동일하게 적용되어야 한다는 것을 전제한 것이며, 그 관계의 상응이 '하느님의 모상'Imago Dei으로 표현되어 있다는 해석은 오늘날 성경을 생태론적으로 해석하는 주된 원리이다.[13] 이 것은 모든 창조물은 하느님에 의하여 동등하게 창조되었으며 인간은 자연에 대하여 청지기적 책임이 있음을 드러내는 것이다.

인간을 위해 창조된 것이 아니라 하느님의 의지에 의하여 보시니 좋은 것으로 창조된 피조물들이 모두 각자의 고유한 가치를 가지고 있다는 성찰 또한 그리스도교 생태론의 주요 전제를 이룬다. 또한 자연을 인간을 위한 객체로만 바라보는 몰가치적 지배 의식에서 회개하여, 인간에게 하느님의 모든 창조물을 돌볼 책임이 있다는 것을 각성하는 것은 그리스도교 환경윤리의 중심 주제가 된다. 교황청 신앙교리성에서 1986년 발표한 『자유의 자각』*LIBERTATIS CONSCIENTIA*에서는 "인간은 자신과 같이 창조주이신 하느님 안에 그 기원을 두고 있는 물질 자연을 대하여야 하며, 자연의 현명하고 기품 있는 보호자가 되어야 한다."[14]고 말함으로써 자연에 대한 인간의 책임을 교회의 정식 가르침으로 삼고 있다.

2.2 생태 중심적 접근

생태 문제에 관한 해결책에 접근하는 방식에 있어서 그 위기의 원인이 되었던 인간에서 출발하는 방식에 한계를 인식한 신학자들은 하느님의 창조물 모두가 관계로 연결된 주체가 되는 유기체적, 생태 중심적, 우주 중심적 신학을 발전시켰다.

알프레드 노스 화이트헤드Alfread North Whitehead, 1861~1947가 체계화를 시도하였던 과정 사상Process Thought 혹은 유기체 철학Philosophy of Organism은 모든 만물의 존재 원리를 서로 간의 관계적 합생合生, concrescence[15]을 통한 창조의 과정으로 설명하는 전환을 이룩하였다. 이는 자연과 인간을 분리하여 바라보며 서로 지배와 종속의 관계에 있다는 이분법적 세계관을 근본에서 부정하는 것이다. 여기에 대한 응답으로 자연주의 신학의 입장에서 합리주의적 과정 신학의 체계를 시도하였던 찰스 하트숀Charles Hartshorne, 1897~2000, 존 캅John Cobb, 1925~ 등은 그리스도교 신학의 생태론을 유기체 철학의 기반으로

부터 새롭게 구성하는 패러다임을 제공하였다.

과정 신학에 따르면 상호 유기적 관계 안에서 되어감의 과정 자체인 모든 존재들은 하느님과 세계의 우주 만물과의 관계에 있어서도 동일한 패턴을 갖는다. 즉 성삼위 하느님의 내재적 존재방식 뿐 아니라 하느님과 인간 그리고 하느님과 인간과 모든 창조물은 그 형이상학적 구조로부터 상호 연결되어있으므로, 따라서 우주적 자연의 세계는 신과 인간을 포함한 모든 창조물이 공동으로 참여하는 만들어지는 지속적 과정의 세계라고 설명하고 있다.

나아가, 세계의 모든 존재들은 관계성을 떠나서 어떠한 것도 존재할 수 없으며 관계성이 복잡해질수록 전체를 통합하여 조화롭게 하는 구조를 갖는 더욱 고양된 존재로 기능한다는 변형된 사회적 존재론을 발전시켰다. 그것은 모든 창조물의 상호 연결성 뿐 아니라 모든 존재의 동등한 본유 가치를 그 기반으로부터 확증하면서 우주의 유기체적, 즉 생태론적 모델을 제시하였다.[16]

한편 미국의 대표적 가톨릭 생태사상가인 토마스 베리 Thomas Berry, 1914~2009는 형이상학에 치중한 과정 사상이 우주의 방향성 즉 역사성에 관한 의식이 부족함을 비판하였다. 그리고 나아가 샤르댕의 진화론을 참고하여 그 방향성을 제시하고자 하였다.[17] 화이트헤드는 과정적 시간은 이해하였지만 샤르댕이 이해한 역사성에 관한 실재적 의식과 그 진행 방향성에 관해서는 부족하다고 본 것이다.

베리는 인류 역사의 단계가 우주의 신비에 대한 감수성이 풍부했던 '부족-샤머니즘시대', 초월적 절대자 하느님에게로 관심이 집중되었던 '종교 문화적 시대', 인간과 자연의 유대가 깨어지고 인간을 위한 자연의 착취가 이루어졌던 '과학과 기계기술의 시대'를 거쳐 왔다고 보았다. 그리고 이제 앞으로 만들어가야 할 시대에 대한 전망을 생태적 시대 즉 '생태대'Ecozoic era로 표현하였다.[18]

그는 정신성과 물질성이 일원적으로 존재하는 우주에서 정신이 깨어 오르는 진화를 통하여 오메가 포인트를 향하는 샤르댕의 통찰을 그의 사상적 배경으로 가져왔지만 샤르댕이 지나치게 인간에 관하여 낙관적 생각을 가진 점에는 동의하지 않았다.[19] 베리는 샤르댕의 진화 과정에 대한 개념이 전적으로 인간에게 집중되어 있으며 인간의 과학과 기술이 가지고 있는 파괴적인 면을 충분히 이해하지 못하였다고 비판하면서 자연에 대한 인간 중심적 관점에 동의하지 않았다. 그는 인간이 자연과 공동체적으로 함께 공존하는 세계의 한 구성원임을 강조하면서, 자연을 대상으로 바라보는 인간 중심의 '기술대'Technozoic와 자연과 인간이 함께 공존하며 진화하는 문명으로서의 '생태대'Ecozoic를 비교하며, 이제 인류는 지속 가능한 미래를 실현하기 위한 결단 앞에 서 있음을 강조하였다.

베리는 이스라엘이 이집트에서 탈출한 구약의 탈출기 상징을 가져와서 우리 시대를 서구문명에서 탈출하여 생태대로 이동하는 시대로 바라보았다. 즉 현대의 인류는 과학 기술적 세계관에 의한 정치, 경제, 사회적 접근으로부터 근본적이며 총체적으로 탈출함으로써, 신생대Cenozoic를 벗어나 새로운 생태대로 진입할 수 있다고 보았다. 베리는 이 생태대의 시대를 '생명 중심주의'Biocentrism와 '지구 중심주의'Geocentrism의 시대로 파악한다.[20]

베리가 교회에 제기한 문제는 그동안 서구 중심의 그리스도교 신학이 구원론에 매몰되어 우주와 자연에 관한 영적 직관이 사라져 버리고 인간중심주의적 그리스도교의 종교적 자폐증을 앓고 있다는 것이었다.[21] 그리고 그가 제시한 비전은 이성적이고 분석적 과정 이전에 예언자들이 경험하였던 직관적 통찰을 회복하는 것이었다. 그는 우주에 깃들어 있는 하느님의 영을 관상하며 자연과 우주를 직관하여 통찰하는 인디언들과 동양적 영성의 지혜에서 얻은 영감을 바탕으로 모든 창조물을 하느님의 계시로 보는 생태 중심적 세계관으로의 전환할 것을 주장하였다.

그는 되도록 '하느님'이라는 말을 사용하지 않고, 대신에 모든 창조물에 현존하며 일출과 일몰, 생물의 성장, 계절의 순환 속에서 찾아볼 수 있는 신비한 힘으로 경험한 '위대한 영'The Great Spirit이라는 표현을 쓸 것을 제안하였다.[22] 다른 종교 전통에 속한 혹은 종교를 가지지 않은 사람들까지 고려한 그의 이러한 의도는, 선택된 한 민족에 계시된 인격적 하느님으로부터 유래된 신을 고백하는 교회의 전통 교의와 충돌을 일으키거나 현대인들 정신세계의 한 축을 이루는 뉴에 이지적 범신론으로 오해될 소지가 있었다. 하지만 그는 이 세상에 다양한 창조물이 있는 이유를 하느님의 무한히 크심과 연관시켜 헤아릴 수 없이 많은 유한한 창조물 전체를 통하여 하느님을 드러냄으로써 삼라만상 전체가 하느님에 참여하고 있다고 한 토마스 아퀴나스Thomas Aquinas, 1225~1274의 통찰[23]을 인용하여 설명함으로써, 자신의 사상이 범신론과 차별되며 교회의 창조물에 관한 신학적 전통 안에 있음을 증명하려 하였다.

그는 삼위일체에 관하여 만물이 각자의 목소리를 갖고 소통하는 우주론적 모델cosmological model을 제시하여 설명하고 있다. 그에 의하면, 성부는 창조 즉 다양성의 원리principle of differentiation이며, 성자는 만물의 내적 명료성의 원리principle of interior articulation가 되고, 성령은 친교를 통해 만물을 일치시키는 사랑의 영sprit of love으로 설명하고 있다.[24]

2.3 신 중심적 접근

생태론에 있어서 하느님 중심주의의 원래 취지는 하느님의 모든 창조물이 하느님에 참여하고 있음으로써 하느님을 드러낸다는 창조에 관한 관상과 함께, 창조물의 하나로서의 인간 역시 자신의 한계성을 인정하는 겸손함과 더불어 하느님의 질서에 순종할 것을 강조하는 것이었다. 그렇지만 유일신적 하느님 중심주의가 그리스도교의 신관을 세계에 대한 가부장적이며 군주적인 모델로 인식하는 결과를 만들어 내었던 것도 주지의 사실이다. 하느님에 관한 이러한 가부장적 인식은 성경에 나타나는 초기 그리스도교 신자들의 하느님 체험에 관한 삼위일체적 증언이 교계 제도에 치중하던 중세 시대를 거쳐 가며 점점 희미해졌던 것을 배경으로 한다.

아퀴나스는 그의 신학 작업을 통하여 정신적이고 물질적인 모든 하느님의 창조물에 신성이 깃들어 있음을 주장함으로써 서방 그리스도교 신학에 물질적 창조물에 대하여 성사적 의미를 부여하였다. 이점은 토미즘 신학자 뿐 아니라 베리에게 있어서도 의미 있는 중요한 생태신학적 근거가 되었다.

사물의 구별과 다수성은 제1작용자(능동자)인 하느님의 의도에서 있게 된다. 사실 하느님이 사물들을 존재에로 산출한 것은 피조물들에게 자신의 신성을 전달하고 이것을 그런 피조물들을 통해 표현하기 위한 것이었다. 그리고 이것은 하나의 피조물을 통해서는 충분히 표현될 수 없기 때문에 하느님은 많고 다양한 피조물들을 산출하였다. 그것은 하느님이 신성을 표현하는데 있어 하나의 피조물에 결핍된 것을 다른 피조물에서 보충하기 위한 것이었다. 그것은 하느님 안에서는 단순하고 한 가지 모양으로 있는 선성도 피조물들에 있어서는 여러 가지 모양으로 또 분할되어(부분적으로) 있는 것이기 때문이다. 따라서 다른 어떠한 피조물보다도 전全 우주가

더 완전하게 하느님의 선성을 분유하고 표현하는 것이다.[25]

　다양한 모든 창조물에 하느님 신성이 흘러 넘쳐 증여되어
있는 것으로 본 아퀴나스의 이러한 통찰은 모든 창조물의 성
사적 성격을 드러내는 것이다. 아퀴나스의 핵심적 하느님 이
해는 '순수 현실태'actus purus라는 통찰이다. 그러므로 "하느님
은 그 본질로 말미암은 존재이기 때문에 창조된 존재는 하느
님의 결과여야 하며, 이것은 처음에 존재를 시작할 때 뿐 만
아니라 존재가 보존되는 한 그런 것이다. …… 그러므로 사물
이 존재하고 있는 한 하느님은 그 사물이 존재를 갖고 있는
그 방식을 따라 그 사물에 현존해야 하는 것"[26]이라는 논리
를 전개하였다. 하느님은 창조물을 초월하여 존재하면서 또
한 개별 창조물 안에 내재한다. 여기에 하느님과 창조물 사이
에 어떠한 이분법도 존재하지 않을 뿐 아니라, 창조물은 하
느님의 신성에 참여한다는 점에서 선한 본성이 내재하여 있
으므로 창조물의 아름다움에 대한 관상은 우리 영혼으로 하
여금 하느님의 사랑을 불러일으키도록 고무한다는 점을 아
퀴나스는 강조하였다.[27] 또한 그는 모든 창조물에서 각자 저
마다 삼위일체의 흔적을 알 수 있다는 점을 지적한다.[28] 그러
므로 이 지구를 파괴하는 것은 삼위일체 하느님을 발견할 수
있는 흔적을 잃어버리는 것이라는 추론을 가능하게 함으로
써[29] 그의 창조에 관한 신학이 교회 정통 신학의 전통 안에서
생태신학의 근거를 발견할 수 있는 것에 많은 공헌을 하였다.

하지만 아퀴나스는 존재의 위계에 관하여 확고한 생각을 가졌고, 그것은 존재의 복잡성에 관한 것 뿐만이 아니라 가치에 있어서도 차이가 있는 것이었다.

> 하느님의 지혜가 사물들의 구별의 원인인 것과 같이 그것은 또한 마찬가지로 불균등의 원인이기도 하다. …… 그런데 형상적 구별은 항상 불균등을 요구한다. …… 그러므로 우리는 자연적인 사물들의 경우에 종들이 단계적으로 질서 지어져 있는 것을 본다. 예컨대 원소들보다는 그 혼합체들이 더 완전하고 또 광물들 보다는 식물들이, 그리고 식물들 보다는 동물들이, 동물들 보다는 사람들이 더 완전하며 또한 이런 것들에 속하는 각각의 종들 사이에서도 한 종이 다른 종보다 더 완전한 것으로 발견된다. 그러므로 하느님의 지혜가 우주의 완전성 때문에 사물들의 구별의 원인인 것과 같이 마찬가지로 그것은 또한 불균등의 원인이기도 하다.[30]

아퀴나스에게 있어서 인간은 모든 창조물 중 가장 정신적이며 이성적인 존재로서 동물과 식물 및 자연물 보다 가치에 있어서 가장 최고의 존재로 보았음이 틀림없다. 존재의 가치 위계에 있어서 상대적으로 열등한 존재들은 그 보다 더 완전한 존재에 봉사할 필요가 있다는 것을 의미하기 때문에 인간 중심적 사고로 이동될 수 있다. 이러한 생각은 그 시대 사회와 교회가 확고한 위계적 사회로 작동되고 있었음과도 무관하지 않다.

아퀴나스는 그가 모든 창조물에 깃들어 있는 하느님의 신성과 내적 가치를 강조하는 공헌을 했음에도 불구하고 완성도라는 개념으로 존재의 가치를 서열적으로 판단하려는 생각은 인간 중심적이라는 비판을 받을 수밖에 없다. 그러나 아퀴나스가 의도하였던 존재의 가치 서열이란 열등한 존재를 지배하고 착취하는 권리를 하느님에서 받은 것을 의미하는 것은 아니었다.

이렇듯 아퀴나스의 신 중심적 해석은 인간 이외의 모든 창조물을 성사적 성격으로 바라보는 공헌에도 불구하고 세계에 존재하는 창조물 중에서 가장 정점의 가치를 갖는 것으로 인간의 서열을 특징지음으로써 자연을 지배하고 도구화 하는 것에 관한 오해에 노출되었다고 할 수 있다. 신 중심적 접근에 있어서의 이러한 문제는 하느님을 삼위일체로 이해하는 방식에 의해 보완될 수 있다. 즉 보다 현세적이며 역사적인 차원에서 하느님이 세계와 관계하시는 방식을 발견하고 이해함으로써 하느님의 흔적이 깃든 창조 세계의 조화로운 질서를 존중하는 생태 담론을 제시할 수 있을 것이다.

3. 통합적 방식으로서 삼위일체적 접근과 신학적 생태론

하느님을 일방적이며 절대적인 군주로 이해하는 단일군주 신론monarchianism 개념이 현대적 감각에서 부정적으로 받아들 여진다는 성찰은, 초기 그리스도교 신자들이 경험하고 인식하여 고백하였던 그리스도교의 정체성과 관련된 신 개념이 하느님에 관한 삼위일체적 증언이었음을 되돌아보게 한다. 그리고 그것에 관한 재해석을 통하여 현 시대의 생태 위기와 관련된 통합된 관점의 새로운 통찰을 얻을 수 있을 것이라고 기대할 수 있다.

사도들과 초기 그리스도교 신자들이 경험하고 고백한 하느님은 만물을 창조한 하느님이 친히 인간이 되시어 창조물과 함께 수난하고 운명을 나누었으며 지상 생활 후에도 성령으로 모든 창조물 안에 내주하며 은총을 베풀어 구원으로 이끄시는 분이었다. 이러한 경험은 성부·성자·성령 세 위격을 동일한 의지를 갖는 한 분 하느님으로 인식하게 하였고, 삼위일체로서의 하느님 인식은 하느님의 내적 존재방식을 평등, 동반자, 상호성, 관계의 이미지로 묘사하였다. 따라서 하느님의 삼위일체적 경륜활동에 관한 인식은 생태 위기를 대하는 방식에 있어서 다양성을 긍정하고 개별성을 존중하되 그 공동체적 연결의 일치를 놓치지 않는 통합적 관점을 제시한다.

현대 세계의 생태 위기는 교회에 있어서도 하느님 개념의 생태적 의미를 재발견해야 하는 당위성을 요구하게 되었다. 그리스도교의 원초적 하느님 경험인 삼위일체는 인간을 구원으로 이끄는 다양한 모습의 하느님 공동체를 연상시킴으로써 가부장적이며 지배-종속 구조의 유일신론적 하느님 개념이 가져올 수 있는 반생태적 관점을 극복할 수 있는 해결책을 제시할 수 있다는 믿음을 가능하게 한다. 현대에 이르러 새롭게 조명되고 있는 삼위일체론은 그러한 요구에 대한 응답으로서 모든 것을 주재하는 전지전능의 절대자 한 분 하느님으로 설명되기에는 불충분한, 균형을 갖는 생태적 세계관을 제시하고자 한다. 그것은 생태계 안에서 서로 다른 다양성의 방식과 개별적 가치를 인정함과 동시에 그것이 창조계 안에서 일치되어 있음을 드러내는 것이며, 자연에 대한 인간의 책임성을 강조함과 동시에 우리가 살아가는 사회와 교회의 원형을 제시하면서, 하느님의 선교라는 관점에서 성령께서 항상 함께 하신다는 믿음을 주는 것이다.

하느님의 세 위격이라는 개념은 공동체적 관점을 동반한다. 이 공동체는 단순한 개별자의 합이 아닌 존재적 통일성이 획득된 개별자의 합 이상의 어떤 것이다. 전술한 사항 등과 관련하여 서로 명확히 대립되어 구별되는 것은 아니지만, 강조점 혹은 접근방식의 차이에 따른 생태신학을 다음의 <표 1>과 같이 구분하여 봄으로써 삼위일체 중심적 생태신학 접근 방식의 의의를 이해할 수 있다.

신화적 전근대와 이성주의의 근대에 이루어졌던 신학적

담론들을 되풀이 하는 것으로는 그 해답을 찾기 어려워진 생태신학의 과제는 진정한 생태적 세계관을 담을 수 있는 새로운 신학적 작업이 필요하다. 따라서 그리스도교의 근본적 신론인 삼위일체론을 현대적 방법론으로 재조명하는 작업은 중요한 의미를 가진다. 생태 문제를 이해하고 그에 응답하는 신학 방법에 있어서 삼위일체 경험에 근거하여 창조 세계의 생태적 관계를 이해하는 방식은 교회 내적인 의미와 교회 외적인 의미를 동시에 갖는다. 즉 신학의 여러 범주로부터 응답을 찾아가는 다양한 생태신학의 방법론 안에서 신론의 생태적 의미를 발견하는 역할과 동시에, 일반 사회의 철학, 사회, 정치, 여성 등의 분야에서 펼쳐지는 생태적 담론과 관련되어 그리스도교 신앙의 근본 계시를 근거로 하는 생태적 통찰을

<표 1> 생태신학의 접근 방식 비교

구분	인간 중심적	생태 중심적	신 중심적	삼위일체적
관련 교의	그리스도론	성령론	창조론, 성사론	삼위일체론
핵심 신학자	테야르 샤르댕	토마스 베리, 존 캅,	토마스 아퀴나스, 칼 라너	위르겐 몰트만, 레오나르도 보프, 조셉 브라켄
중심 개념	청지기론 생태 정의 정신 발생	유기체 모델 상호연결성 생태 영성	창조물의 다양성과 성사적 성격, 본유 가치	페리코레시스 관계적 존재 관계의 유비
문제점	자연이 배제될 가능성. 인간의 타락에 대한 낙관론	범신론 가능성, 자연중심주의, 뉴에이지와의 혼동	잠재적 유일신론, 지배-종속의 서열 가능성	잠재적 삼신론. 세 위격 관계 방식의 추상화

제공하는 역할을 갖는다.

한편, 생태신학의 범주를 자연, 지구, 우주 등의 찬미와 영적 감수성과 관련되는 것으로만 오해하는 상황은 하느님에 관한 인식을 창조계의 아름다움과 가치를 관상하는 것으로 대치하거나 자연 자체를 신성시하는 범신론 혹은 뉴에이지 성격을 동반하기도 한다. 창조주 하느님과 하느님 은총의 산물인 창조물과의 이러한 혼란은 신앙인으로서 하느님에 관한 근본적 계시를 되돌아보도록 한다.

'생태신학'Ecotheology[31]은 생태계에 발생한 실제의 문제라는 아랫날과 함께 신론에 관한 담론이라는 윗날이 확고하여야 한다는 점을 고려한다면, 그것은 삼위일체에 관한 해석이 가져다주는 사회적, 공동체적 일치의 원리가 그 준거가 될 수 있다. 이것은 그리스도교 신앙의 정체성을 부여하는 삼위일체 하느님에 관한 전망에 근거를 두는 신학적 생태론으로 구성될 수 있다.[32] 생태 문제에 관한 접근을 창조주 하느님이 세계와 삼위일체적 방식으로 관계하는 근본적 계시로부터 출발하는 것은 환경과 생태 문제에 응답하는 것 자체가 하느님을 향하는 찬미로서의 신앙 행위임을 확인하는 것이라고 할 수 있다. 그러므로 신앙의 실천과 생태적 실천은 하느님의 계시를 향하는 동일한 신앙 행위라는 점에서, 삼위일체론을 기반으로 하는 신학적 생태론은 생태신학의 여러 방법론에 대하여 신앙의 기초를 제시하는 지침이 될 수 있다.

제 **1** 장

삼위일체에 관한 전통적 이해

예수 사건을 증언하고 있는 초기 그리스도교 신앙공동체는 그들의 민족 종교인 유다교 배경의 유일신 하느님을 중심으로 하는 문화적 맥락 속에서 그리스도의 부활을 만나고 성령을 체험하였다. 하지만 오직 유다 부족의 문화권에서 형성된 구약과 달리 헬레니즘의 영향이 커지는 당시의 시대적 배경 하에서 성장하던 그리스도교 공동체는 사도 성 바오로St. Paulus, 5~67를 통하여 로마 제국의 다양한 종교와 문화 및 철학의 영향을 받으며 자신들의 원 체험을 새롭게 설명하고 해석할 필요가 있었다. 2~3세기의 그리스도교는 영지주의와 격렬한 논쟁을 거치면서 신앙의 차원에 머물던 그리스도교의 핵심 교리들을 정교하게 논리화하는 철학적 이해를 통해 신학을 세워가기 시작하였고 그러면서 구원의 경험을 존재론적 철학 용어를 사용하여 정리한 삼위일체론이 정립되기 시작하였다.[33] 그러므로 내재와 경륜에 대한 오늘날의 삼위일체적 이해는 경륜에 대한 이해에서 시작하여 내재에 대한 이해로 옮아간 것이라 할 수 있다.

한편 교회의 역사를 되돌아 볼 때 삼위일체론의 해석은 그 시대의 사회상을 반영하는 것이었다. 초기 그리스도교 신자들이 인식했던 구원자로서의 성자와 성령은 로마 시대를 거쳐 중세의 패러다임에서 교회의 위계적 구조와 함께 유일신이 강조되면서 신자들의 내면에 살아있는 경륜의 생생함은 줄어들었다. 그러나 다양성으로 대표되는 현대는 더 이상 지배와 종속 관계의 위계적 이해는 설득력이 없어졌고, 특히 인간 사회 뿐 아니라 인간과 자연의 관계 또한 새로운 패러다임이 요구되면서 삼위일체론의 의미가 다시 한 번 재해석되는 시점에 이르렀다.

삼위일체론의 현대적 의미는 전통적 이해와 분리되어 존재할 수 없다. 그러므로 교회의 주류 전통을 이어 온 아우구스티누스와 아퀴나스가 이해하였던 삼위일체론의 배경과 문제점을 오늘날 사유 체계의 관점에서 재해석하여 평가하는 것은 현대적 의미를 찾아가기 위해서 필요한 작업일 수밖에 없다.

한편으로 삼위일체를 독립된 실체들의 사회로 이해하려는 시도가 성 빅토르의 리처드Richard of St. Victor, 1110~1173, 이하 '리처드'[34]와 피오레의 요아킴Joachim of Fiore, 1123~1202, 이하 '요아킴'을 통하여 전개되었다. 그러나 단일신론적 하느님 개념이 지배적이었던 중세의 분위기에서 사회적 유비는 교회가 공식적으로 인정하는 해석의 지위는 얻지 못하였다. 교회의 전통에서 특정 시점에 제기되었던 사회적 유비의 삼위일체론을 재평가하여 이해하는 것 또한 현대 해석의 주류를 이루는 사회적 삼위일체론을 합리적으로 접근할 수 있는 기초가 될 수 있다.

1.1 삼위일체론의 위격과 단일성에 관한 문제

삼위일체론을 정식화되는데 있어서 가장 큰 문제는 초기 그리스도교 공동체가 경험한 하느님의 세 위격이 어떻게 한 분 하느님일 수 있는가 하는 삼위성trinity과 단일성unity의 관계에 관한 해석이며 담론이었다. 하느님을 한 분의 지고한 실체적 존재로 인식하는 것에서 출발하여 그 분의 세 위격을 설명하여 가는 시도는 양태론으로 가기 쉬운 반면에, 하느님에 관한 경험에 근거하여 그 분의 존재 방식을 세 위격으로 이해하고 그로부터 그 위격들의 단일성에 관한 이해로 진출하려는 시도는 하느님 세 위격의 관계성의 방식에 주목할 수밖에 없게 한다. 이러한 문제는 우선 삼위일체론을 교의화하는 과정에서 용어의 개념이 문제가 되었다.

카파도키아 교부들의 노력으로 위격과 일치의 개념은 세 위격이 상호 내재하는 관계적 표현으로 정립되어 갔으나, 하느님의 절대적 초월성을 강조한 아우구스티누스에 이르러 삼위일체론은 단일성이 강조된 심리적 유비로 설명되었고, 아퀴나스에 이르러서는 한 분 하느님과 위격을 분리하여 고찰함으로써 삼위일체 하느님의 개념이 현실과 분리되어 추상화되었다.

1.1.1 카파도키아 교부들의 관계적 이해

예수를 하느님 자체인 주 그리스도로 고양한 그리스도인이 그들의 신앙공동체인 '교회'εκκλησία, 사도 5,11를 형성하면서 바오로는 그 활동 영역을 유다 문화권에서 로마제국으로까지 확장하였다. 각 민족의 문화적 다양성을 용인하였던 로마 사회는 유다교 뿐 아니라 헬레니즘의 다양한 철학들과 영지주의 등이 상호 영향을 주고받으며 혼재하는 사회였다.[35] 특별히 2~3세기에 번성하였던 영지주의[36]는 당시 그리스도 교회가 극복하여야 할 강력한 논쟁의 상대였다. 이러한 사회적 분위기 때문에 그리스도교는 자신의 신앙을 이해시키기 위한 새로운 설명과 해석이 필요하였으며, 이에 따라 그들의 구원 경험에 의한 하느님 개념이 점차 철학적 본질의 문제로 이동하였다.

4세기 알렉산드리아의 아리우스Arius, haeresiarcha, 256경~336, 이하 '아리우스'는 이런 분위기 아래서 한 분 하느님의 신성을 강조하기 위하여 성부만이 모든 것의 근원이며 시작도 없고 태어나지 않았으며 영원불변의 존재로 보았다.[37] 그 이전에 신학을 전개하였던 알렉산드리아의 오리게네스Origenes Alexandrinus, 185경~254, 이하 '오리게네스'[38]는 삼위일체의 중심에 성부가 있고 존재론적으로 성자의 기원을 성부에게서 비롯되는 것으로 보았던 반면, 아리우스는 성자를 성부의 창조물로 보았다.[39] 이러한 주장은 그리스도론에 있어서 신성과 인성의 관계를 어떻게 파악하는지에 대한 쟁점과 함께 교회 내에 커다란 논쟁을 불러왔다.

321년 소집된 니케아공의회를 통해 교회는 아리우스를 이단으로 정죄하였고, 325년 성경에는 없는 철학적 용어인 '동일본질'ὁμοούσιος이라는 용어로서 아버지와 아들의 관계를 정립하였다. 니케아공의회Concilium Nicaenum Primum, 325에서는 성부와 성자의 본질적 동일성을 철학적으로 표현하는 것에 집중하면서 성령에 관하여서는 단순히 "성령을 믿는다."라고만 선언하였다.

이후 콘스탄티노플공의회Concilium Constantinopolitanum, 381에서 성령론을 좀 더 상세히 다루면서 성경에서 그 결론을 얻었다. 즉 성부와 성령의 동일본질성은 성령이 성부로부터 '나온다.'ἐκπορεύόται, 요한 15,26는 표현을 사용하여 "성령은 성부께서 나왔으며"τό ζωοποιόν, τό ἐκ τού Πατρός ἐκπορευόμενον를 정식 교의로 채택하여 성부와 성자와 함께 성령도 동일한 신적 인격의 신성임을 교의로 확정한 것이다.

이러한 과정을 거친 그리스도론 및 삼위일체론은 철학적 존재론의 용어를 통하여 초월적 하느님의 내재적 존재 방식에 관한 교의로 정식화되어 지금까지 교회의 공식적 가르침으로 전달되고 있다.

서방 신학의 실체론적 접근과는 달리 오리게네스로부터 시작하였던 동방 신학은 사벨리우스Sabellius, haereticus, 3세기의 양태론樣態論, Modalism과 아리우스의 종속론從屬論, subordinationism

을 넘어 카파도키아 교부들에 이르러 관계적 존재 방식에 기반을 둔 삼위일체론으로 확립되었고 그 성과물로 '니케아 콘스탄티노플 신경'Niceno-Constantinopolitan Creed, 325이 정리되었다.

위격들과 위격들의 코이노니아κοινωνία를 강조한 동방 신학은 하느님 세 위격과 한 분 하느님으로의 일치를 공동체 안에서 상호 친교적 관계로 실존하는 것으로 설명하였다. 즉 궁극적 실체로서가 아니라 관계적 존재로 이해한 것이다. 이것은 서방과 동방의 신학적 논의에서 매우 중요한 요소로서 두 신학 전통의 차이를 드러내는 것이기도 하다.

성령을 신성을 갖는 하느님의 한 위격으로 보면서, 성자를 포함한 세 위격의 관계성을 일치의 근거로 한 삼위일체론의 형성에는 카파도키아 교부들의 공헌이 많았다.[40] 특히 '휘포스타시스'ὑπόστασις라는 용어의 의미에 있어서, 그것이 하느님의 단일성을 가리키는 것인지 아니면 삼위성을 가리키는 것인지에 혼란이 집중되었다. 처음에는 '휘포스타시스'와 '우시아'οὐσία는 동의어로 하느님의 단일성을 나타냈다.[41] 여러 논란의 과정을 거친 후 세 명의 카파도키아 교부들 중 카이사리아의 주교 바실리우스Basilius Caesariensis, 329/30경~379, 이하 '바실리우스'는 하느님의 본질과 위격을 구분하여 '한 본질과 세 위격'μια οὐσία τρεις ὑπόστασις으로 정의하였다.[42]

그리스도론에 집중하였던 니케아공의회는 신경을 정식화하는 과정에서 유일성과 삼위성에 관한 것은 받아들였지만 그들 간의 관계에 관한 것을 정식화하는 것에는 소홀하였다는 평가를 받았다. 또한 아직도 본질과 위격의 구분이 명확히 정의되지 않고 동일한 의미로 사용되기도 하였다.

하지만 바실리우스가 본질과 위격에 관해 구분하여 정의한 것은, 이를 통하여 하느님의 단일성과 세 위격을 표현할 수 있는 개념적 정의를 제시한 것으로 평가받고 있다.[43] 그는 양태론적 오해를 방지하기 위하여 아버지와 아들이 동일 본질이지만 아버지와 아들 및 성령은 자신의 고유한 위격으로 존재한다는 것을 강조하였다. 특히 바실리우스는 '성령과 더불어 아들과 함께 하느님께 영광'Glory to the Father with the Son, together with the Holy Spirit[44]이라는 찬송을 통하여 성령의 고유한 위격을 강조하였으며, 직접적으로 성령을 하느님이라고 부르지는 않았지만 성령의 위대함과 그 행위를 통해 아버지와 아들과 성령의 본성이 동등하다는 것을 주장하였다.

카파도키아 교부들은 위격의 개념을 적절하게 설명하고자 노력하면서, 그것이 양태론적 오해를 불러일으킬 수 있는 용어인 '프로소폰'πρόσωπον 혹은 '페르소나'persóna가 아니라 '휘포스타시스'로 표기하였다.[45] 카파도키아 교부들은 '우시아'를 세 위격의 각각에 동일하게 나타나는 하나의 구분되지 않은 실체substance인 구체적 존재로 보면서,[46] 그러나 우시아는 독립적으로 존재하는 실체가 아니라 전체적으로 휘포스타시스와 밀접하게 연관되어 그것은 둘이 관계됨으로서만 존재한다는 것으로 파악하였다. 나시안주스의 그레고리우스Gregorius

Nazianzenus, 326/30경~390경와 니사의 그레고리우스Gregorius Nyssenus, 335/40~394 이후는 휘포스타시스와 우시아의 불가분성을 강조하여 다음과 같이 설명하였다.

> 세 위격의 광채에 의해 조명되는 것보다 한 하느님을 빨리 인식할 수 있는 것은 없고, 한 하느님으로 돌아올 때보다 그것들을 더 빨리 구분할 수 있는 것은 없다.'[47] 성부와 성자와 성령을 바라보면서, 언제나 성부와 성자와 성령 사이를 넘나드는 어떤 간극도 없다는 것을 인식한다. 그들 사이에는 어떤 끼어들 간격도 없기 때문이다.[48]

카파도키아 교부들은 결코 우시아와 휘포스타시스를 혼동하거나 혼합하지 않으려 하였다. 즉 우시아는 휘포스타시스 없이는 존재할 수 없는 공통된 것을 나타내는 것이고, 휘포스타시스는 고유하게 구분되는 것을 나타내는 것이다.

우시아와 휘포스타시스의 구분은 보편성과 특수성의 구분과 같다. 예를 들어, 동물과 개별 인간 사이의 관계와 같다. 하느님의 경우, 존재의 불변성을 강조하기 위하여 하나의 우시아 혹은 실체substance가 있음을 고백한다. 한편, 성부, 성자, 성령에 대한 개념이 혼동 없이 명확히 구별되는 위격의 고유성이 있음을 고백한다.[49]

카파도키아 교부들에 의하면 하느님 단일성의 기반은 우시아이다. 휘포스타시스는 존재 방식으로서 다른 것들과의 관계를 통하여 진정한 구분이 나타난다. 이것은 "하느님은 그 자신 안에서in Himself 하나의 객체이고, 그 자신에 대하여to Himself 세 객체들이다."[50]라는 관계적 표현으로 설명될 수도 있다.

나시안주스의 그레고리우스는 아버지와 아들과 성령의 하나됨과 고유한 특성 및 기원을 나타내기 위하여 최초로 '상호 관계'의 개념을 사용하여 정의하였다. 즉 하느님 단일성의 기반은 우시아이며, 위격들은 존재 방식mode of being으로서 다른 것들과의 관계를 통하여 진정한 고유성의 구분을 나타내는 것으로 이해하는 것이었다. 이러한 관계적 구분은 성자는 출생begotten, 성령은 발출proceed, 성부는 비출생unbegotten으로 드러난다고 보았다.[51] 그는 성령을 하느님이라고 뚜렷이 밝히고 있으며 위격을 주체성이 있는 인격과 같은 개념으로 보았지만, 세 위격은 기원이 하나이고, 본질이 동일하며, 뜻과 의지, 권능, 행위가 하나이므로 각 위격들의 고유성을 보존하면서도 한 분 하느님이라고 말할 수 있다고 본 것이다.[52]

니사의 그레고리우스는 성령의 신성을 강조하면서도 성령의 기원을 '아들로 말미암아'로 표현하며 아들과 성령의 차이를 출생과 아들의 중재로 이해하였다. 따라서 성령을 아버지와 아들의 영으로 이해하였다고 평가받고 있다. 카파도키아 세 교부들은 각 위격들이 개별성을 가지고 다른 위격들 안에서 상호 내재할 뿐만 아니라 상호 침투하여 한 하느님을 형성한다는 생각을 가졌는데, 이러한 상호 내재와 상호 침투를 통한 삼위일체성은 다마스쿠스의 요한Ioannes Damascenus, 650경~750 이전이 '페리코레시스'περιχώρησις[53]라는 용어로 개념화하였다.

일찍이 니사의 그레고리우스는 하느님의 모든 활동은 세 인격의 상호 친교의 결과로서, 아버지, 아들, 성령은 동등한 인격을 가지고 상호 관계를 통하여 일치를 이루며 상호 친교적 관계를 형성한다고 하였다.[54] 즉 성부와 성자 및 성령의 세 위격이 별도의 주체성을 가진 개별자적 실체로서 존재하는 것이 아니라, 상호 내주하여 일치를 이루는 관계성으로 존재함으로써 하나의 본질이 된다고 이해한 것이다. 이것은 삼위일체를 사회적 유비로서 그 신비를 이해하고자 한 것으로, 하느님의 삼중의 위격과 하느님의 단일성을 함께 보존하는 방식을 추구함으로써 양태론이나 삼신론三神論, tritheism과는 구별되는 것이었다. 이러한 상호 관계적 개념의 사회적 유비를 통한 삼위일체 이해는 위격들 간에 서열이 있을 수 없는 동등한 관계를 명확히 전제하는 것이었다.

카파도키아 교부들이 기획하였던 사회적 유비는, 이후 아우구스티누스로부터 아퀴나스에 이르기까지 하느님의 유일성을 강조한 서방 신학의 심리적 유비에 의하여 상대적으로 주목을 받지 못하였다. 그러나 현대에 이르러 존 지지울라스 John Zizioulas, 1931~ , 이하 '지지울라스', 위르겐 몰트만Jürgen Moltmann,

1926~ , 이하 '몰트만', 레오나르도 보프 등에 의하여 사회적 유비의 삼위일체론이 재조명되면서 구별되는 위격들 간의 친교를 통한 공동체적 일치의 원리로서 그들이 제기하였던 '페리코레시스'가 재해석되고 있다.

1.1.2 아우구스티누스와 심리적 유비

오리게네스에서 카파도키아 교부들로 이어지던 동방 신학이 하느님의 세 위격에서 출발하여 그 셋이 어떻게 하나가 되는지를 질문한 것에 비하여, 서방 신학 전통의 원류를 이루는 아우구스티누스는 한 분 하느님에서 출발하여 어떻게 그분이 셋이 되는지를 질문하였다는 점에서 서로의 접근방식의 출발점에서 차이가 있다.[55] 동방 신학에서 하느님이란 우선 성부를 지칭하는 것이었고 삼위일체를 성부를 중심으로 이해하였다. "성부는 온전하고 동등하게 그리고 영원히 그의 본성을 성자 및 성령과 공유한다. 그것은 어떤 분리나 종속도 없다." 이것이 하느님 단일성의 원리였다.[56] 하지만 아우구스티누스가 이해하였던 하느님 개념은 그 본성이 세 위격에 선행하는 어떤 것으로서 위격과는 다른 것이었다.

아우구스티누스는 오직 성부만이 진정한 하느님이며, 성부와 성자는 그 본질에 차이가 있다는 종속론을 펼친 아리우스주의자들의 주장을 명백한 오류라고 부정하면서, 또한 하느님의 삼위일체에 관하여 나시안주의의 그레고리가 설명한 것과 같이 친교적 형태로서의 세 위격의 사회적 모상도 거부하였다. 하느님에 관한 증언을 인간 사회의 유비로서 설명한 모상이[57] 그 과정에서의 세속적 상황을 연상하게 할 뿐만 아니라, 친교적 유비의 이미지가 세 위격 간의 물리적 분리 혹은 구분을 나타내고 있기 때문이라는 것이 그가 거부하는 이유였다.[58] 그는 하느님을 인간의 모습으로 파악하려 하는 사회적 유비를 반대하면서 하느님 세 위격이란 실체에 관한 것이 아니라 관계에 관한 것이라는 점을 강조하였다. 그러므로 성부와 성자를 '비출생'ingenitus, '출생'genitus 등으로 부르는 것은 실체에 관한 구분이 아니라 관계의 개념에서의 구분이라는 점을 상기시켰다.[59]

아우구스티누스가 이해한 하느님은 인간이 다다를 수 없는 사유체계를 초월하는 궁극적 초월자로서 절대적인 분이었다. 그는 이러한 인식을 기반으로 불변의 존재인 하느님을 우연적인 존재인 인간이 온전히 인식하고 표현하기란 아주 어렵다는 것을 거듭 강조하였다.[60] 그는 자신의 삼위일체론 5권을 시작하면서 신에 대한 인간의 한계를 언급한다.[61] 그리고 책의 마지막에서 삼위일체의 인식에 관한 자신의 한계를 고백한다.[62] 이러한 아우구스티누스의 부정신학적 인식은 무한한 하느님의 절대성과 초월성을 근거로 하여 하느님을 알아가는 데 있어 신에게 도움을 청하는 기도와 경건함 등의 실천적 삶이 중요하다는 결론으로 나아간다.

아우구스티누스에게 있어서 하느님은 궁극적으로 변하지

않는 불변의 본질을 갖고 있는 분이라는 점에서 항상 변화 가운데 있는 우연의 존재인 창조물과는 존재론적으로 건널 수 없는 차이를 갖고 있다. 하느님 존재의 본질을 관계적으로 말한다는 것은 그 존재의 본질인 불변성을 침해하게 되는 것이므로 불변하고 절대적인 하느님은 비관계적일 수밖에 없다. 부정신학적 인식을 기반으로 한 그의 신학은 교회의 역사에서 중세를 거치며 오랫동안 하느님과 세계를 분리시켜 왔다는 비판을 받게 되었다.

그는 하느님에 대한 여러 설명들은 본질 자체에 대한 언급이 아니라는 점을 강조하였다. 이러한 측면에서, 아우구스티누스는 하느님의 유일성과 삼위일체를 설명하기 위해 사용되었던 전통적 용어들이 그리스어와 라틴어 간의 번역 과정에서 의미상 혼란을 야기한 문제를 제기하며 그것을 명확히 하고자 하였다.[63]

아우구스티누스는 삼위일체의 질문인 "셋이 무엇인가?"에 대답하기 위하여 전통적 라틴 용어인 'tres personae'라는 표현을 채택하였다. 하지만 그것은 세 위격을 완전하게 설명하기 위해서가 아니라 아무 말도 안하고 침묵할 수도 없어서 그 용어를 사용하였다고 설명함으로써, 한 분 하느님으로서의 초월적 불가해성을 최대한 침해하지 않고 싶어하였다.[64] 그럼에도 불구하고, 아우구스티누스는 삼위일체의 이미지를 찾기 위하여 인간의 인격 개념을 하느님의 위격에 적용하였다. 하지만 그것은 절대로 존재 자체에 관한 언명이 아니라,

상호 간 혹은 창조물과 관련하여 언명되는 것이라는 점을 강조하고 있다.[65]

아우구스티누스는 본질의 단일성과 위격들의 관계에 관한 니케아 정식을 따르면서도 하느님 본질의 불변성을 침해하지 않으려 꾸준히 노력하였다. 아버지와 아들 및 성령이라고 부르는 이름들은 그 자신의 본질에 대한 것이 아니라 상호관계에 관한 것이기 때문에 성부와 성자 모두 영원하며 변함이 없는 본질에 차이가 있음을 의미하는 것은 아니었다. 성령 또한 상대적인 고유명사로서, 성부와 성자의 영이라는 점에서 관계가 있다. 그러나 이 관계는 성부와 성자로부터 기인한다는 점에서 관계성이 형성되는 것으로 그 본질은 역시 동일하다고 증언하였다.[66]

아우구스티누스는 인간의 마음이 삼위일체 하느님의 형상을 소유하고 있다고 보아 인간의 마음을 통하여 하느님에 관한 인식을 가져올 수 있다고 생각하여, 자신의 내면을 살펴 하느님의 흔적을 발견할 것을 권고하는 심리적 유비를 전개하였다.[67] 아우구스티누스는 "하느님은 사랑이시다."는 성경 말씀에 따라, 인간 상호 간의 사랑을 볼 때 바로 삼위일체를 보는 것임을 상기시킨다.[68] 이러한 상호적 사랑의 모상이 자기 사랑의 개념으로 넘어가면, 지성 자체가 자기를 사랑하고, 그 자체를 인식하며, [지성-인식-사랑]이 한 존재의 어떤 것이 되는 것이다.[69] 이 셋은 서로 확실하게 구분되는 것이지만 동일한 한 존재의 무엇으로 존재한다는 점에서 삼위일체의

유비로 보았다.[70]

　하지만 인간이 소유한 하느님의 형상은 단지 유사함likeness으로만 접근해 갈 수 있는 것일 뿐 성부와 성자가 소유한 것과는 본질적으로 다른 것임을 명확히 하고 있다.[71] 이것은 후에 아퀴나스가 하느님 삼위일체에서 신성의 발출을 인간의 지성과 의지 안에서 나타나는 것으로서 설명하는 기반을 제공하였다.[72] 아우구스티누스는 최종적으로 성부, 성자, 성령을 기억memoria, 이해intellegentia 그리고 의지voluntas 혹은 사랑amor과 관련지어 인간 영혼 안의 삼위일체 모상을 설명하였다.[73]

　그는 보다 큰 하나의 삼위일체 모상으로, 영혼의 심원한 깊이의 기식과 그로부터 나온 지식, 직관, 인식 그리고 하느님의 사랑 등을 꼽았다. 아우구스티누스의 삼위일체에 관한 성찰은 그 모상을 원형과 일치시키기 위하여, 즉 삼위일체에 관한 지성을 삼위일체 하느님과 일치시키기 위하여 기억을 소환하고, 인식하면서 그리고 하느님 사랑에 도달하여 절정에 이르게 되는 내면적인 것이었다.[74]

　아우구스티누스는 인간을 통한 하느님의 유비가 절대적 초월자인 하느님을 표현하기에 불충분하더라도, 인간의 기억에 감각을 통해 오는 것이 아닌 '가지적인 어떤 것'res intellegibiles이 포함되어 있음은 성부와 유사성이 있고, 인간의 인식이 무엇인가를 지칭할 때 형상화된다는 점에서 성자와 유사성이 있다고 보며, 사랑이 기억과 인식을 결합시킨다는

점에서 성령과 유사성이 있다고 설명한다.[75]

이러한 심리적 유비는 라너에게 있어서도 그의 인식 가능성에 관한 '하느님의 자기-전달'[76]을 사유하는 근거가 되었다. 그러나 아우구스티누스에게 있어서 여전히 이 모든 유비는 형언할 수 없는 지존의 삼위일체 앞에서 비교될 수 없이 부족할 뿐이라고 인식되므로, 하느님 안에서 세 위격의 일치는 인간 영혼 안에서 세 활동들의 일치를 훨씬 능가하는 것이라고 보는 부정신학적 입장을 갖는다.

아우구스티누스의 삼위일체론은 하느님의 유일성과 절대적 초월성을 강조하는 것이었다. 그래서 아우구스티누스가 하느님의 세 위격이 단 하나의 하느님 인격의 의식 안에 있는 삼중의 자기 연관성일 뿐이라는 '비밀양태론'cryptomodalism에 빠졌다는 비판을 받기도 하였다.[77] 이처럼 단일 인격적 유비의 양태론적 경향은 필연적으로 유일신적 절대자로서의 군주적 신론에 이른다는 비판에 도달하게 되었고, 현대 신학자들로 하여금 카파도키아 교부들의 사회적 유비를 되돌아보게 하였다. 현대 신학이 사회적 삼위일체론에 관심을 기울이기 오래 전 중세 수도자였던 리처드는 아우구스티누스의 심리적 유비의 전통을 발전적으로 재해석하여 삼위일체를 진정한 세 위격으로 이해하는 방식을 제시하였다.

1.1.3 토마스 아퀴나스

아퀴나스는 인간 내면에 반영되어 있는 삼위일체의 흔적을 유비적으로 이해할 수 있다고 본 아우구스티누스의 심리적 유비로부터 출발하여 인간의 지성과 의지의 유비를 사용하여 삼위일체를 설명하는 정교한 신학적 체계를 세웠다.

아우구스티누스가 하느님의 본질에 관한 논의를 선행하고 하느님의 활동을 위격을 통하여 숙고한 것과 마찬가지로, 아퀴나스는 그의 『신학대전』에서 하느님의 본질의 단일성을 논한 후 이어서 하느님 안에서의 세 위격에 속하는 것을 고찰하였다.[78] 아퀴나스의 이러한 접근 방식은 신론을 한 분 하느님과 삼위의 하느님이라는 두 가지의 논제로 구분하여 파악하려 함으로써, 결과적으로 삼위일체 신앙이 철학적이고 추상적인 것이라는 인상을 갖게 하였으며 동시에 구원 경륜을 등한시했다고 비판받는 점이 되었다.[79]

아우구스티누스 전통의 연장선상에서 아퀴나스는 아리스토텔레스 철학의 도식에 의해 존재와 신의 본질 등에 관한 질문에 집중하는 한편, 동시에 그의 철학에 따라 존재를 현실적이며 역동적인 것으로 이해하였다. 즉 심리적 유비로부터 출발한 아퀴나스에 있어서 하느님의 본질과 역사 안에서의 구원 경륜을 분리한 듯 보이기도 하지만 하느님의 본질 essentia은 하느님 존재 자체deum esse일 뿐 아니라 그 존재는 하느님의 존재 행위actus dei와 일치하는 존재로 보았다는[80] 점은 하느님을 세계와의 관계 하에서 파악하는 것이기도 하였다. 그는 존재란 어떤 상태나 소유가 아니라 어떤 본성을 갖고 존재하는 것으로서 하느님은 순수현실태actus purus로 존재하며 세계의 모든 피조적 존재들은 하느님의 존재 행위에 참여함으로써 존재하는 것으로 바라보았다.[81] 즉 신플라톤주의의 이해 방식처럼 아퀴나스의 큰 전제 중 하나는 모든 창조물은 창조주에 참여하고 있는 것이다.

하느님은 궁극적 원천으로 '스스로 존재하는 존재'Ipsum Esse Subsistens이며, 세계의 모든 존재의 원천이 된다. 그러므로 아퀴나스는 초월적 존재인 하느님을 직접 인식할 수 없는 존재인 인간은 세계의 창조물들을 통하여 하느님을 유비적으로 서술할 수 있다는 의미에서 존재의 유비analogia entis를 주장하였다. 즉 유한한 본성의 창조물들은 그의 원인자이며 탁월한 완전자인 하느님에게 인과적으로 참여participatio causalis함으로써 존재하게 된다는 점에서 하느님과 창조물은 유비적인 관계가 된다.[82] 그러므로 진리이시고 선이며 최고의 아름다움이라고 하느님을 서술하는 모든 언어는 필연적으로 인간의 유한한 경험을 통한 유비일 수밖에 없으며, 역으로 하느님의 삼위일체적 속성 역시 세계 안에서 유비적으로 발견할 수 있는 것이다. 즉 하느님의 발출의 성격을 피조 세계 안에서 인간 정신의 내적 인식행위와 유비하여 성자와 성령의 발출을 지성과 의지의 작용으로 이해하였다.[83]

그는 하느님의 위격에 관하여 "이성적 본성을 지닌 개별적 실체"Persona est rationalis naturae individua substantia라는 보에티우스Boethius, philosophus, 475/80경~524/26의 인격 개념을 받아들이면서, 리처드의 "공유될 수 없는 신적 본성divinae naturae을 지닌 존재자existentia"라는 위격의 정의를 통해 보완하였다.[84] 그것은 하느님의 본성과 위격은 우연적 속성으로 존재하는 창조물의 속성이나 인격과는 비교될 수 없이 무한한 성격의 것이라는 의미와, 하느님 위격들의 관계는 본질과 같은 자격으로 실체적 방식으로 지속적으로 존재하는 것이라는 의미를 포함하는 것이다.

아퀴나스는 그의 『신학대전』의 질문 27과 28을 통하여 하느님 안에서의 발출들과 그 관계들을 탐구하면서 발출된 위격들의 관계가 단순한 개념상의 관계가 아니라 실제적인 관계임을 밝히는 삼위일체의 내재적 존재방식을 설명하였다.[85] 궁극적 진리를 속성으로 갖는 하느님의 내재적 관계는 우연적 특성을 가진 관계가 아니라 온전한 본성의 관계일 수밖에 없으므로, 하느님 안에서의 내재적 실제 관계로부터 나오게 되는 위격들 간의 관계란 하느님의 본성과 다름 아니라고 파악하였다.[86] 다시 말하면, '한 분 하느님'은 존재 자체로 존재하는 본성을 밝히는 것이고, '세 위격의 하느님'은 관계로서 to-be-related 존재하는to-be 본성을 밝히는 것이라는 의미로서,[87] 그러므로 하느님의 내적 관계에서 이루어진 하느님의 발출 processus은 동일한 본성 안에서in identitate naturae 발출하는 자와 발출되는 자가 같은 본성을 갖는 것[88]이라는 설명이었다. 아퀴나스는 이를 요약하여 하느님의 위격을 '자립하는 것으로서의 관계'relationem ut subsistentem라고 정의하였다.[89] 이를 통하여 위격을 하느님의 내재적 본성 안에서 자존하는 것으로서 하느님 안에서의 관계적 관점에서 삼위의 실체성을 설명하려 하였다.

아퀴나스는 아우구스티누스와 마찬가지로 심리적 유비의 한계를 알고 있었으며 세 위격을 인간의 세 가지 측면과 비교한 것으로는 하느님 삼위일체를 온전하게 설명하기 어려웠다고 인정하고 있다.[90] 그럼에도 불구하고 아퀴나스는 아우구스티누스를 따라 성령을 성부와 성자를 일치시키는 사랑으로 보았다. 아우구스티누스에 있어서 이 사랑은 그의 심리적 유비에 한정되어 자신의 내적 작용에 의한 내면적 자기 사랑으로 비유된 것이지만, 아퀴나스는 성령을 성부와 성자를 일치시키면서 또한 그로부터 발출되는 사랑으로 설명하였다. 무엇보다도 그 사랑은 그 자신을 위한 각자의 사랑이 아니라 그를 다른 이와 연결하는 사랑으로 작용하는 확장된 개념의 것이었다. 그러한 측면에서 아퀴나스의 삼위일체 이미지는 내적이면서도 존재하는 실체들 간의 상호주관적 관점을 갖고 있다.[91]

하지만 그가 성경에 계시되어 있는 바와 같은 구원 경륜적 삼위일체[92]에 관하여 소홀히 다룬 것은 그의 결정적 약점으로 남아 있다. 아퀴나스가 하느님 위격들의 내재적 소통은 본질적이며 영원한 것으로 설명한 반면 하느님 위격들이 갖는 창조물 및 창조와의 관계에 관하여서는 어떤 암시도 피해 갔다는 점은 창조를 하느님 위격들의 효과가 아니라 하느님 본성의 효과로 보는 관점이었기 때문이었다. 그리하여 하느님의 삼위일체적 내재 관계와 성삼위가 세계와의 관계를 통하여 표출된 것으로 보는 창조는 서로 특별한 관련이 없는 것으로 유리되었고, 결국 삼위일체의 구원경륜적 가치는 등한시되었다. 창조자 하느님과 삼위일체 하느님이 분리된 그의 이러한 측면은 창조를 하느님과 세계와의 관계라고 통찰하였던 아퀴나스 스스로의 업적을 손상시키는 것이라고 지적된다.[93]

내재적 삼위일체Immanent Trinity[94]를 강조하고 구원 경륜적 삼위일체Economic Trinity를 등한시했던 아퀴나스의 접근 방식은 신학적 논제들을 엄격하게 분리하여 고찰하였던 신스콜라주의 신학에서 더욱 심화되어 갔다.[95] 그러한 분위기는 근대주의를 넘어서는 현대에 이르러 특히 라너로 시작하는 일군의 현대 신학자들에 의하여 아퀴나스의 신학이 비판받게 될 때까지 삼위일체 교의의 경륜적 실천적 사변을 주변으로 밀어내면서 그리스도교의 신학이 유일신론monotheism으로 치우침으로써 결과적으로 반생태적이 되었다는 비판에 노출되었다.

1.2 사회적 삼위일체론과 한계

서방 신학의 전통에서 삼위일체를 유일신론적 배경을 갖고 심리적 유비로서 해석하는 경향이 강하였지만 세 위격들을 개별적 실체들로 이해하려는 전통도 함께 공존하였다. 아우구스티누스는 하느님의 유일성에 관한 오해를 우려하여 '페르소나'persona 개념을 적극적으로 사용하기를 꺼렸다.[96] 그러나 이후 보에티우스는 그리스도의 위격을 설명하기 위한 여러 과정을 거치면서 페르소나를 "이성적 본성을 지닌 개별적 실체"로 정의하였다.[97] 이러한 보에티우스의 정의는 그리스도의 위격을 설명하기에는 효과적이었지만 관계성을 적절하게 설명하기는 어려웠기 때문에 삼위일체의 역동적 관계를 표현하기에는 부족하였다.

이러한 문제에 대안을 제시한 것은 12세기 중세의 수도사이며 영성작가였던 리처드였다. 그는 주로 영성적 문제에 관한 해석에 집중하였지만, 1162~1173년 사이에 쓰여진 것으로 추정되는 리처드의 후기 저작인 『삼위일체론』*De Trinitate*은 이성적 논증을 바탕으로 삼위일체의 신비를 사회적 모상을 통해 독창적으로 해석한 것으로 높이 평가되고 있다. 또한 이탈리아 출신의 시토회 수도자였던 요아킴은 역사론과 종말론을 중심으로 천년 왕국 사상을 선포하며 성삼위를 시대적으로 분류하여 해석하였다.[98]

1.2.1 성 빅토르의 리처드와 사랑의 유비

리처드는 한 분 하느님의 실체 안에 다수의 위격들이 존재하는 방식을 위격 상호 간의 사랑을 기반으로 한 사회적 이미지로 전개하였다.[99] 그의 주장은 켄터베리 주교 안셀무스 Anselmus Cantuariensis, Anselm of Canterbury, 1033/1034년~1109년의 "하느님은 그보다 더 큰 것이 상상될 수 없는 존재"라는 개념에 기반을 두어 하느님은 최고의 선이며 보편적으로 완전한 분이시라는 점에서 출발하였다. 그렇기 때문에 하느님은 능가할 수 없는 최고의 '애덕'caritas이며 '지복'felicitas이고 '영광'gloria이라고 할 수 있다. 그는 먼저 '애덕'caritas, charity과 '사랑'amor, love을 구분하여, 애덕은 사랑 안에 포함되지만 인간적 사랑보다 더 높은 단계로서 사랑이 자기가 아니라 상대를 향할 때 비로소 애덕이 될 수 있다고 보았다. 또한 사랑은 그 대상의 가치에 상응하는 것이므로 불완전한 우연적 존재인 창조물에 대한 사랑은 하느님 자신에 대한 사랑보다 클 수가 없다. 어떤 상대에게 무엇에도 비할 수 없는 최고의 사랑을 주려면 이러한 사랑에 합당한 대상이 필요하며, 그러므로 애덕의 본질적 특성에서 나오는 사랑의 충만함은 하느님 안에 필수적으로 다수의 위격이 있어야 함을 보여준다는 논리를 전개하였다.[100]

한편, 하느님이 창조물을 사랑하신다 해도 창조물이 하느님의 완전한 사랑을 온전히 받기에는 적합하지 못하므로 만약 하느님이 창조물을 온전히 사랑한다면 '애덕'의 부조화 inordinata, disorder가 생긴다. 그렇지만 하느님 안의 다수의 위격들은 온전한 사랑의 충만함을 나눌 수 있는 조건으로서 상호 우열이 있을 수 없는 동등한 가치를 지니고 있다. 이로서 최고의 선이신 한 분 하느님이라는 개념은 필연적으로 그 안에 동등한 위격들이 다수 존재하여야만 한다는 의미가 연결되어 있음이 드러난다고 보았다.[101]

리처드는 행복은 주어진 사랑에 의해서만 아니라 사랑을 받고 되돌려 주는 데에서 생겨난다고 보았다. 하느님은 최고의 '애덕'일 뿐 아니라 '충만한 지복'plenitudo felicitatis이기도 하다. 그러므로 하느님이 지복이시기 위해서 상호 간의 사랑이 필요하고 그러므로 하느님 위격은 다수일 수밖에 없다는 논리가 성립한다.[102] 하느님의 '충만한 영광'plenitudo gloriae에 관하여서도 비슷한 논리로 분석하였다. 하느님이 오직 하나의 실체, 하나의 위격으로만 존재한다면, 하느님은 그의 무한한 충만함을 나눌 수 있는 어떤 것도 가질 수 없다. 하느님이 그의 무한한 충만함 안에 고독하게 홀로 머문다는 것은 생각할 수 없기 때문에 영광이 충만하기 위해서는 부족함 없는 영광을 함께 나누는 것이 필요하다고 보았다.[103] 이러한 해석들을 통하여 리처드는 삼위일체에 관해 다음과 같이 결론 내린다.

진리와 순수 그리고 최고의 애덕보다 더 좋고, 더 행복하고, 더 숭고한 것은 없다. 그것들은 다수의 인격들 없이는 존

재하지 않는다.[104]

위격들의 다수성을 논리적으로 증명해 간 리처드의 삼위
일체론은 하느님 계시 신비의 교의적 진리를 합리적인 설명
으로 나타내고자 하는 시도였으며, 아우구스티누스 전통의
연장선상에 있는 능가할 수 없는 초월적 하느님에 관한 개념
을 유지하면서 하느님을 사회적 모상으로 생각하게 만든 독
창적 해석이었다. 리처드는 위격들의 다수성에 대한 필연성
을 논리적으로 분석하였지만 그 자체로는 아직 일치에 관한
논리가 부족하였다. 이것을 보완하기 위하여 그는 애덕의 유
형에 관하여 더욱 상세하게 분석해 갔다. 그는 둘 사이의 사
랑은 제삼자와 함께 할 때 더 높은 수준의 사랑의 모습이 발
견된다는 논리를 기반으로, 최고로 완성된 사랑은 둘 사이
에서 자신이 받은 사랑의 선물을 제삼자에게도 전달하여 나
눌 때 나타나는 것이라고 보았다. 그리하여, '상호 간의 사
랑'mutual love을 능가하는 더 높은 수준의 사랑인 '공유하는 사
랑'shared love이라는 개념을 제시하였다. '공유하는 사랑'은 제
삼의 인격이 두 인격들에 의해 공동체 안에서 조화롭게 사랑
받으면서, 두 인격들의 사랑이 제삼자에 대한 사랑의 불꽃에
의해 하나의 사랑으로 타오를 때 존재하는 것이다.

"서로 사랑하는 것에 있어서 둘 사이의 사랑이 서로에게
완성되기 위하여서 그들에게 나타났던 사랑을 나누는 사랑

이 필요하다. …… 그러므로 애덕의 완성에는 위격들의 삼위일체가 필요하다는 것을 볼 수 있다."[105]

그의 독창적인 삼위일체론은 위격들 안에 존재하는 하느님 본성의 일치를 긍정함으로써 하느님의 유일성을 보존함과 동시에 최고의 사랑은 세 개의 서로 동등하고 서로 영원한 하느님의 위격들이 필연적으로 요구된다는 삼위 존재의 당위를 논리적으로 증명함으로써, 각 위격들이 전능하고 무한한 방식으로 서로 함께 하나의 전능하고 무한한 오직 한 분 하느님을 나타낸다고 설명하였다.

리처드의 삼위일체론은 현대 신학자들과 종교 철학자들에 의해서 재해석되었다. 특히 현대에 등장하는 삼위일체론이 사회적 관계성에 특별히 주목하게 되면서, 위격들 간의 일치를 설명하는 곳에 자주 등장하는 '상호인격적' 혹은 '상호주체적'inter-subjective이라는 개념은 온전한 사랑의 삼위일체적 본성에 관한 라처드의 분석에 주목할 필요가 있었다.[106] 발타살에 의하면, 아우구스티누스가 삼위일체 유비를 인간의 정신적 능력 안에 갇혀진 상태에서의 삼중적 구조로 제한하여 설명하였다면 리처드는 두 위격 사이의 상호주체적 관계가 불가피하게 제삼의 것을 필요로 한다는 논리를 보여준 것이라고 보았다. 하지만 그는 리처드가 아우구스티누스의 심리적 유비에 대한 대안을 제시하였다고 하더라도 두 사람 모두 피조 세계의 논리가 어떻게 하느님의 삼위일체적 논리와

관계를 갖는지까지는 보여주지 못하였다는 점을 비판적으로 바라보았다.[107]

리처드의 사회적 유비는 하느님의 단일성 안에 있는 위격의 다수성을 이성적 방식으로 논증하는 것에는 성공하였다고 평가받을 수 있으나, 그가 하느님의 내재적 사랑의 관계가 인간의 사랑에 반영되어 있음을 설명했을지라도 하느님의 지고의 사랑의 내재적 관계가 그 바깥을 향하여 어떻게 세계와의 관계로까지 이어지는가 하는 설명에는 효과적이지 못하였다고 볼 수 있다. 즉 사회적 유비가 구원 경륜적인 하느님과 세계의 관계까지 확장되지는 못한 것이다.

리처드 이후 중세의 교회적 분위기에서 삼위일체에 관한 리처드의 사회적 유비는 아우구스티누스의 심리적 유비에 기반을 둔 토미즘 모델에 의해 가려졌고 한동안 교회의 역사에서 주목받지 못하였다. 삼위일체에 관한 사회적 유비를 받아들이기 힘들어 하는 분위기는 인간 역사 안에서 하느님의 구원 활동을 중심으로 삼위일체를 설명하였던 요아킴의 역사적 삼위일체 신학도 거부하는 모습을 보였다.

1.2.2 피오레의 요아킴과 역사적 이해

요아킴은 당시 시대의 사람들을 세 부류로 나누어 설명하였다. 첫째는 믿음에서 떠난 자, 둘째는 하느님을 안다고 주장하지만 행동으로는 그분을 부정하는 자티토 1,16, 셋째는 믿음과 행실이 하느님 보시기 좋은 자이다. 그리고 그는 이제 살아 계신 하느님의 심판이 임박했음을 예언자적으로 선포하였다.[108] 그리고 심판이 이루어진 다음에는 참으로 믿는 자들로 이루어진 천년 왕국의 시대가 올 것이라고 예언하며 인간의 역사를 종말과의 관계에서 바라보았다.

당시는 1095년부터 십자군에 의한 예루살렘 탈환 전쟁과 1187년 무슬림에 의한 예루살렘의 재점령을 경험한 시대였다. 요아킴은 요한 묵시록을 해석하여[109] 12세기 말의 혼란스러운 시대를 성자의 시대에서 성령의 시대로 넘어가는 시점으로 보면서, 두 차례에 걸쳐 이른바 적그리스도Antichrist가 왕과 사제의 모습으로 등장하고[110] 마침내 결국에는 그리스도에 의한 최후의 심판에 의해 산 자와 죽은 자가 갈릴 것이라고 예언하였다.[111]

이러한 그의 주장들은 그로 하여금 체제 도전적 사상을 주장하는 열정적 개혁가로 비추어지게 하였다. 하지만 그는 혁명가라기보다 복음의 기본 메시지인 하느님 나라가 제도 교회로 대체되었던 중세의 로마 패러다임 시대에서 하느님 나라 사상을 신학의 중심 메시지로 가져왔던 혁신적 신학자이면서 수도원에서 일생을 보낸 겸손한 은둔자였다.

요아킴의 기본적 견해는 종말론에서 비롯된 것이라기보다 그의 독특한 역사 해석에서 온 것으로 보는 것이 적절하다. 요아킴은 세계의 역사를 세 시대로 나누었다. "세계의 세 상태들이 하나의 이름으로 불리는 것이…… 실체로는 하나이고 위격에서는 셋인 하느님의 모상과 유사성이 있다."[112]고 하면서, 역사를 연대기적으로 나누어서 각 시대가 갖는 특징에 주목하여 성부·성자·성령의 시대로 나누었다. 또한 각 시대는 서로 관련을 맺으면서 진보하는 개념으로 파악하여 이를 삼위일체에 관한 이해와 연결하여 해석하였다.

> 한 시대는 아담으로부터 시작되어 그리스도에 이르는 시기로서 육체를 따라 살던 사람들의 시간 토막이다. 두 번째 시대는 예언자 엘리사 혹은 유다 왕인 요시아로부터 시작되어 현재(요아킴 시대)에 이르는 시기로서 이 시기에 사람들은 두 막대기 곧 육체와 영 사이에 살았다. 세 번째 시대는 성 베네딕토에서 시작되어 세상 끝까지 이르는 시기로서 이 시기의 사람들은 영적인 삶을 영위할 것이다.[113]

또한 그는 구약과 신약의 관계를 유비가 아닌 유형론typology으로 해석하였다. 사라와 엘리사벳, 이삭과 세례자 요한, 야곱과 인간 예수, 12지파와 12사도를 유형론적으로 대응시켜 파악하면서, 구약에서 시작하여 신약으로 연결되는 것을 넘어서는 제삼의 영적 이해가 있다는 통찰을 가져왔다. 이것은 구약에 성부가 계시다면, 신약에는 성자가 계신 것이며, 이를 넘어서 성부와 성자로부터 나오신 제3의 신비적 실재인 성령이 또한 계신 것으로 파악하는 것과 같은 것이었다.[114] 요아킴은 '유형'concordia 개념을 역사화하여 이 세상은 연대기적 흐름에 따라 구약에서 신약으로 이어서 제삼의 시대로 이행하며 그 도상에서 규칙적인 시간적 간격으로 하느님의 지혜와 가르침에 의해서 인도를 받는다고 보았다.[115]

요아킴은 아브라함으로부터 예수 그리스도의 출현까지 42세대를 성부의 시기로 보고, 그로부터 42세대가 지나는 1,260년이 성자의 시대가 완성될 것으로 기대하였다. 그로부터 이제 인류는 성령의 시대로 들어가므로 그가 살았던 시대는 그 성령의 시대를 준비해야 하는 시기로 파악하였다.[116]

그의 주장은 성부·성자·성령의 시대를 연대기적으로 설명함으로써 하느님 위격이 분리되는 것으로 오해될 소지가 있다. 그러나 성부·성자·성령의 시대가 각 시대의 특징에 따라 현재적으로 중첩되면서 전진하는 하느님의 운동에 근거한다고 보았고, 그것은 역사 진보의 원리를 담는 동시에 하느님 세 위격을 구별은 하였지만 결코 분리시켜 생각한 것은 아니었다.[117] 즉 각 시대는 성부로, 성자로, 성령으로 특징지어지는 시대일 뿐, 한 위격의 시대가 결코 다른 두 위격의 시대와 분리되어 존재하는 것은 아니었다.

요아킴이 강조하고자 한 것은 미래 지향적인 성령의 시대로서 하느님이 역사 안에 살아 계시면서 심판과 구원을 이루시는 삼위일체 하느님이라는 것을 인식하도록 하는 것이었다. 그가 제시하는 성령의 시대는 가난하고 약한 자들에게 구원이 주어지고 전쟁이 종식되며 '관조의 삶'vita contemplativa으로 나아가는 영적인 시대로서, 하느님의 구원 역사의 진보 과정이 성령의 시대에서 절정을 맞는 것이다.

요아킴은 중세 패러다임의 교회 중심적 배경 하에서 성령의 나라를 제시함으로써 하느님의 구원 역사와 하느님 나라에 대한 소망을 일깨웠다. 또한 카파도키아 교부들로부터 이어지는 동방 신학의 세 위격에 관한 상호내주 방식을, 변형된 형태이긴 하지만 역사의 지속적인 발전 안에서 성부, 성자, 성령이 서로 중첩되어 발전하는 방식으로 설명하였다. 그리고 성부와 성자로 부터 발출하는 성령이라는 서방 신학의 전통도 두 시대를 거쳐 성령의 시대에 이르는 역사관 안에 보존하고 있었다.

그의 급진적 주장은 일부가 1215년 제4차 라테란공의회 Fourth Lateran council, 1215에서 단죄되었다. 하지만 삼위일체에 대하여 역사적 해석을 시도하며 하느님 나라를 제시하였던 그의 신학은 교회 개혁적 시사점을 던진 것으로 평가받고 있다. 사도적 단순함으로 청빈하고 세속적 가치를 거부하는 초대 교회적 삶을 추구하였던 그는 프란치스코회 개혁 그룹들이 그들 자신을 '성령의 시대'를 안내하는 자들로 인식하게끔 하는 데 영향을 주기도 하였다.[118]

한동안 교회 역사에서 잊혔던 요아킴을 주목한 것은 몰트만이었다. 그는 저서인 『삼위일체와 하나님의 나라』Trinitat und Reich Gottes[119]에서 유일신에 의한 통치의 관점을 극복할 대안을 요아킴의 삼위일체론적 역사 이해에서 발견하고 있다. 몰트만은 특히 아퀴나스가 구약과 신약을 일치시키면서 묵시

사상의 비밀을 꿰뚫어 보려 하였던 요아킴의 사상에 대하여 성령이 지배하는 특별한 시대를 고대함으로써 삼위일체론을 역사로 환원시켰다고 부정적으로 본 것에 이의를 제기하였다.TK 243 그는 삼위일체에 관하여 독특한 역사적 해석을 시도한 요아킴이 받아들인 종말론이 교회의 전통 안에서 전승된 것임을 지적하면서, 그의 해석이 하느님을 역사 안에 살아 있는 분으로 인식한 점을 높이 평가하였다.

특히 그의 주장에 대해, 하느님의 7일간의 창조에 맞추어 세계도 일곱 시대를 통하여 하느님의 영원한 날을 맞이한다는 아우구스티누스의 종말론과 아버지의 나라와 아들의 나라, 성령의 나라를 구분하였던 카파도키아 교부들의 종말론을 결합시키는 데 성공한 것이라고 평가하였다.TK 244 또한 성부와 성자, 성령의 시대를 거치는 이러한 통치 주체의 변화란 서로 구분되어 교체되는 것이 아니라 한 시대의 형식이 다음 시대의 형식을 태동시켜 서로 침투함으로써 질적인 변천을 이루어 감을 의미한 것이라고 변론하였다.

요아킴의 견해에 의하면, 하나님의 나라의 시대들과 형식들은 아직도 밀접히 관련되어 있기 때문에 한 시대와 그 형식은 다른 시대와 그 형식을 태동하고 있고 그 안으로 침투한다. 성령의 나라는 아들의 나라 안에 이미 태동되어 있으며, 이와 같이 아들의 나라는 아버지의 나라 안에 이미 준비되어 있다. 물론 요아킴은 이 시대들을 즐겨 성경적-구원사적으로 더 침착하게 구획한다. 그리하여 예를 들어 아버지의 나라는 스가랴에까지 이른다고 말한다. 그러나 그의 삼위일체론에서 특징적인 것은 연대기적인 시대의 구분이 아니라—물론 이것은 그의 지지자들의 시대 의식에 대하여 매우 강한 영향을 주었지만— 각 시대들의 질적인 변천에 대한 기술이다. 즉 아버지의 나라와 아들의 나라는 성령의 나라로 육박하여 그 안에서 완성되고자 한다. TK 246

　몰트만은 요아킴이 하느님 나라의 역사를 삼위일체론적으로 이해하고 그 완성을 종말로 이해한 것을 탁월한 통찰로 바라보면서 자신의 삼위일체론에 요아킴의 삼위일체론적 하느님 나라의 관점을 도입하였다. 그는 첫째 형식인 아버지의 나라, 둘째 형식인 아들의 나라, 셋째 형식인 성령의 나라를 그의 신학에 받아들였지만, 그것을 요아킴과 같이 연대기적으로 성부와 성자와 성령으로 구분되는 시대로 본 것이 아니라, 그 각각의 나라들이 역사 안에 연속하여 언제나 현존하는 단계들 혹은 전이Übergänge를 표현하는 것으로 해석한 것이다.TK 249

　제4차 라테란공의회는 삼위일체론에 관한 당시의 다양한 교설들을 깊이 있게 정리한 중요한 공의회로서 성령을 성부와 성자 양쪽에서 발출한 것으로 규정한 첫 번째 보편공의회였다. 이 공의회에서 요아킴의 일부 교설이 단죄되었다.[120] 성령의 시대를 향한 요아킴의 역사적 접근은 세계를 신성화하는 은총이야말로 성령의 진정한 활동이라는 그의 신념에 바탕을 둔 것이었으며, 그것은 성령의 실체를 성부와 성자로부터 구별하여 이해하고자 한 것이었다. 요아킴은 거룩한 수도자로 인정받았고 교회와도 충돌하지 않았음에도 하느님 세 위격에 관한 하나의 동일한 본질을 간과하였고 강력한 사회적 유비를 사용함으로써 삼신론적인 경향이 매우 강하였던 점을 라테란공의회가 거부하였던 것이다.

몰트만이 독립적 개체성이 강한 요아킴의 위격에 관한 이해를 현대적 이해로 가져오며 높이 평가한 것은, 그의 삼위일체론 역시 삼신론이라는 의혹을 받는다는 점을 반증하는 것이기도 하다.

서방 신학의 역사에서 아우구스티누스 이후 하느님의 세 위격에 관한 이해가 유일한 하느님을 강조하는 것에 매몰되어 부각되지 못하였던 배경은 중세 패러다임 하에서 교회가 위계적 구조를 갖추게 된 것과 연관된다. 중세 신학을 집대성한 아퀴나스 또한 자연을 하느님 계시의 또 다른 책으로 보았다는 점에서는 생태신학적 의미를 갖지만 그의 존재의 가치에 관한 위계적 사고 또한 중세 교회의 분위기를 크게 벗어나지 못하였다.

그러한 분위기는 토미즘에 기반을 두면서도 하느님을 향한 인간의 존재 구조를 밝힘으로써 삼위일체의 경륜적 의미를 하느님의 내적 존재 방식과 일치시킨 라너가 현대의 지적 감각으로 신학을 전개하기 전까지 계속되었다. 이후 다양성과 평등함 그리고 친교적 일치가 전제되는 삼위일체에 관한 사회적 유비가 활발하게 발전하면서 세계성, 다양성, 평등함, 관계망을 주제로 하는 생태신학적 근거가 풍부하게 제공되게 되었다.

1.2.3 삼위일체론의 새로운 해석과 생태론

근대주의 시대를 거치며 사회의 분화와 개인주의가 일상이 된 현대 사회는 파편화된 사회의 극복을 위한 공동체적 관점의 회복을 필요로 한다. 그러한 시대적 요청은 신학자들로 하여금 다양성을 특징으로 하는 개별 존재들이 일치를 이루는 공동체적 관점의 사회적 유비로 삼위일체를 해석하도록 이끌었다. 삼위일체에 관한 사회적 유비는 하느님을 일방적인 절대자로 파악하기보다 인간 및 창조 세계와 함께 동반하며 구원으로 이끄시는 친교적 공동체의 모습으로 다가온다. 다양성의 조화와 통일을 추구하는 생태 담론의 관점에서 일치된 친교적 공동체로서의 하느님 개념은 인간과 자연의 관계에 관한 원형을 제시할 수 있다.

삼위일체에 관한 관계적 이해를 기반으로 하는 사회적 모델은 현대 신학에서 약진하고 있다고 할 수 있다. 이러한 사회적 모델은 근본적으로 명확히 구분되는 세 위격의 관계성에 주목하면서, 하느님의 내재적 존재 방식이 '사회'라는 공동체적 형태로 살아가는 인간과 창조물에 대하여서도 그 존재 방식이 유비된다고 이해하는 것이다. 아우구스티누스의 삼위일체 이해가 하나의 인격 주체성의 내부에서 발생되는 마음에서 하느님의 형상을 찾는 심리적 유비에 근거하는 것에 비하여, 사회적 유비는 하느님 세 위격이 각각의 주체성을 가지면서, 그 주체성들 간의 일치를 통해 단일성을 형성하는 상호주체적 개념을 갖는다.[121]

현대 신학에서 사회적 삼위일체 모델이 나타난 것은 19세기 후반 20세기 초 영국 성공회 신학자들 사이에서였다. 그들 중 가장 주목할 인물은 레오나르도 호지슨Leonardo Hodgson, 1889~1969으로 『삼위일체 교의』[122]를 통해 사회적 삼위일체론을 피력했으며 지금까지 이 저서는 사회적 삼위일체 모델의 기준으로 평가 받고 있다.

현대의 사회적 삼위일체 신학자 중 가장 많이 알려진 사람은 개신교 신학자인 몰트만을 꼽을 수 있다. 몰트만은 삼위일체론의 출발점을 '한 분 하느님'의 초월적 실체로부터 출발하는 것이 아니라, 예수 그리스도의 십자가 사건에서 구체적으로 계시된 성부, 성자, 성령의 사건에서 시작되어야 한다고 주장하였다.[123] 따라서 하느님은 초월적 절대 주체 이전에 십자가 사건에서 드러나는 하느님이며, 그리스도의 십자가는 삼위일체의 진정한 흔적임을 주장하면서 구원 역사를 통하여 활동하시는 삼위일체 하느님을 파악하는 것을 신앙의 핵심으로 보았다.

하느님을 삼위일체로 이해한다는 의미는 하느님과 세계

의 상호 관계적 특성이 삼위일체적으로 인식되고 경험된다는 것을 나타내는 것으로, 하느님에서 유래하는 세계란 하느님에게 의미 있는 존재임을 전제하는 관점에서 출발하는 것이다. 즉 성부와 성자 및 성령의 관계란 세 위격의 창조물들과의 관계를 통해 세계에까지 이어지는 것이다.[124] "무관계성과 분리는 모든 피조물에게 있어서 죽음과 폐기를 의미할 뿐"[125]이며, 세계에 대한 삼위일체의 사귐과 사랑의 관계는 상호 평등하고 의존적인 관계로서 스스로 존재할 수 있는 것은 아무 것도 없는 우주적 연대의 관계임을 강조하는 것이다.

그는 삼위일체론에 있어서 칼 바르트Karl Barth, 1886~1968, 이하 '바르트'와 라너의 주장을 비판하면서, 이들의 주장은 하느님의 단일성에서 출발하기 때문에 충분하게 삼위일체적이지 않다고 평가하였다. 몰트만은 칼 바르트가 "하느님은 주님이시다."라는 명제를 지나치게 강조하여 세 위격을 단지 한 분 하느님의 존재 양태 정도로 만듦으로써 성경의 계시와 같이 온전한 세 인격으로 보지 못하였다고 비판하였다.[126] 또한 라너가 초월자로서 한 분 하느님을 강조하면서 전통적으로 사용되던 자기 충족적 실체로서의 위격의 개념 대신에 '구별되는 자존적 실체의 방식'distinctive manner of subsisting이라고 설명한 것에 관하여, 그것이 세 위격의 완전한 상호 구분과 인격성을 충분히 말하지 못하고 있다고 비판하였다.[127]

몰트만은 하느님에 관하여 성경에서 증언되듯이 아버지와 아들 그리고 영으로서 온전히 구분되는 세 신적 위격을 강조한다.[128] 그는 명확히 구분되는 독립적이고 자존적인 세 위격이 일치를 이루어 한 분 하느님이 되는 단일성의 방식을 '사랑의 페리코레시스'를 통해 상호내주적 연합을 이루는 것이라고 설명하였다. 하지만 그가 주장하는 개별적 지성과 의지를 갖는 독립적이고 주체적인 세 위격 간의 페리코레시스적 일치는 하나의 신적 본성을 갖는 존재로서의 일치라기보다 도덕적 일치moral union일 뿐이라고 평가되면서 삼신론 비판에서 자유롭지 못하다.[129]

동방 교회의 신학자인 지지울라스는 삼위일체에 관한 카파도키아 교부들의 용어의 분석을 통해 존재론을 재해석하지만, 그의 논의의 중심은 존재론이 아니라 인격성personhood이었다. 인격이란 독립적인 개별자의 것이라는 서방의 개념과 대비하여 지지울라스는 진정한 정체성이 발견될 수 있는 것은 오직 '관계 안에서'일 뿐이라고 보았다. 개별성이란 존재론에서 파생되는 것이 아니라 사역적causative으로 이해되는 것으로서, 삼위일체 역시 세 위격의 '관계-내-존재'being-in-relation인 '친교로서의 존재'Being as Communion로 이해하였다.[130]

그는 동방 교회의 전통에 따라 성부를 그 친교의 근원으로 보는 것에 강조를 둔다는 점에서 상대적으로 그리스도론을 강조하는 서방 신학과 다른 관점을 보이며, 친교의 개념을 하나의 인격이 자신의 인격을 유지한 채 타자로 향하는 활동으로서의 친교가 아니라 인격들 간의 경계를 허무는 사랑으로서의 친교로 설명하였다. 그러므로 일치를 이루는 사랑이란 각 위격들로부터 유출되는 나오는 것이 아니라 서로의 경계를 허물어 한 하느님을 구성하는 요소라고 할 수 있다.

현대에 이르러 새로운 삼위일체론의 부흥기라고 할 만큼 다양한 해석들이 등장하면서 아우구스티누스로부터 아퀴나스에 이르며 교회의 주류적 해석으로 확립되었던 심리적 유비의 삼위일체론에 관한 재해석이 요구되었다. 그것은 인간이 상상할 수 없는 불가해한 존재인 하느님의 초월성을 긍정하면서, 그러한 초월성이 세계와 분리된 것을 의미하는 것으로 이해하기보다 창조물과 연결되어 내재하는 하느님으로 이해하며, 위격들의 고유한 방식으로 창조물과 경륜적 관계를 통해 존재하는 하느님으로 이해하는 것이 될 것이다. 이러한 이해는 라너에 이르러 초월적 하느님이 존재의 증여를 통해 세계 안에서 창조물과 함께 존재하며, 궁극적 구원을 향해 활동하는 하느님의 삼위일체를 하느님의 존재방식 자체로 돌아보게 하였다. 하느님의 세계 내재성을 강조하여 밝힌 라너는 창조계를 하느님이 내재하는 거룩한 장소이며 사건으로 보도록 이끔으로서 전통적 삼위일체론을 현대적 의미의 생태론으로 이해할 수 있는 기반을 제공하였다.

제 **2** 장

칼 라너의 삼위일체론과 생태론

개인의 주체성이 강조된 근대주의적 패러다임 하에서 과
학 기술의 발전 및 문화적 상황의 세계화로 인하여 전통적
방식으로 교회가 가르치는 교리와 전통들이 더 이상 현대인
들에게 설득력을 갖지 못하는 상황이 되었다. 라너는 인간에
대한 분석을 통하여 신학적 주제들에 관한 응답을 제시함으
로써 현대인들이 보다 현대적 감각에서 합리적으로 이해할
수 있도록 하는 사목적 의도를 갖고 신학에 접근하고 있다고
밝히고 있다.[131]

　　라너는 20세기 그리스도교 신학에서 가장 중요한 의미를
갖고 있는 신학자 중 한 명이다. 그는 중세 이래 신학의 주류
였던 아퀴나스와 신스콜라주의의 연장선상의 방법론을 사용
하면서도 신학을 현대적 이해에 합당하도록 해석하는 데 성
공함으로써 중세 신학을 마감하고 현대 신학으로 진출하는
길목 역할을 하였다고 평가받고 있다. 그는 하느님과 인간이
밀접하게 연결되어 있음을 논증하면서 하느님의 자기-전달
로서 인간의 초월론적 구조를 탐구해 갔다. 삼위일체에 관한
논문을 통하여 라너는 하느님 삼위일체의 경륜적 활동이 곧
하느님의 내재적 존재방식이라는 공리를 세우고, 세계와 일
상의 삶에 깃들어져 있는 삼위일체 하느님의 초월적 신비를
발견하는 것에 의미를 부여하였다. 인간학적 분석을 통한 그
의 신학은 그리스도의 육화가 가져다주는 물질성의 의미를
강조하면서, 진화론적 관점에서 완성을 향하여 전진하고 있
는 우주에서 인간의 위치를 세계 내 정신으로 제시하였다.

2.1 라너 신학의 배경적 사유: 초월 철학

　라너는 일상의 삶에서 하느님을 발견하는 것에 큰 의미를 두었다.[132] 또한 그리스도교의 계시야말로 인간 즉 우리가 누구인지, 인간이 무엇인지에 관하여 가장 잘 설명해 줄 수 있는 것이라고 생각하였다. 그러므로 예수 그리스도의 삶과 죽음 그리고 부활을 통해 드러난 하느님 뿐 아니라, 인간 경험 안에서 끊임없이 자신을 계시하시는 하느님이 그의 신학의 기반이었다.[133]

　현대의 심층 생태론적 관점은 그리스도교의 인간중심주의적 성향을 비판하며 가능한 인간의 역할을 축소함으로써 우주적 세계의 모든 자연적 생물과 사물들을 모두 일정하고 동등한 가치의 기준에서 평가하려 한다. 그러므로 인간에 관한 분석에서 출발하는 라너의 초월 신학을 생태론에 적용한다는 것이 의미를 가질 수 있는지에 관하여 부정적 선입견에서 출발할 수 있다. 하지만 신학에서 그것이 생태론적 의미를 갖는다는 것은 하느님과 창조 세계의 상호 관계성에 관한 진술들이 명확히 드러나는 것이며, 인간과 세계의 관계, 하느님과 세계의 관계 그리고 특별히 구원 과정에서 모든 물질적 피조계의 의미와 전망에 관한 응답들을 포함하는 것이라고 할 때, 이러한 관점에서 조망한 라너의 신학은 그의 철학적 인간학, 삼위일체 하느님의 신비에 관한 이해, 그리스도의 육화에 관한 지구적 의미 그리고 하느님과 세계 관계의 성취로서의 종말론 등을 통하여 위에서 질문되는 상황에 관한 진정한 생태 신학적 응답을 전해준다는 것을 발견할 수 있다. 즉 그의 인간에 대한 분석은 인간 및 세계가 하느님과 근본적으로 밀접하게 연관되어 있음을 인식하여 가는 작업이었다. 그로부터 출발하여 하느님과 인간 그리고 세계는 어느 것도 그 나머지 것들로 환원되지 않는 그 자체들의 상호 간의 관계성 안에서 고유의 존재론적 특성과 사명을 갖고 있음을 밝히고 있다.

　라너는 하느님 세 위격이 자기-전달의 존재방식을 통하여 세계에 은총을 전달함으로서, 하느님의 본성이 세계에 깃들어 있는 신비를 통찰하였다. 그의 신학이 세계를 절대자 창조주 하느님의 자기-전달로 파악한다는 점에서 생태신학의 측면에서 신 중심적이라고 할 수 있지만, 그가 하느님 세 위격을 단순한 심리적 유비가 아닌 실체적으로 구별되는 존재 방식으로 보았으며 일상에서 하느님 현존을 삼위일체적 은총으로 경험하도록 인도한다는 점에서 세계의 생태계를 바라보는 시각에 삼위일체적 접근을 가능하도록 한다. 그의 신학은 하느님과 세계, 창조와 구원, 내재와 경륜 등이 서로 대비적인 것들로 나뉘지 않는다는 비이원론적 형이상학에 근거하고 있으며, 육화적 그리고 성사적 모델의 생태신학을 전하고 있다고 볼 수 있다.

2.1.1 인간학적 초월 철학

근대주의 이후 기계론적 세계관의 압도적 영향 아래의 인간관은 인간을 단지 환경에 놓여 있는 생물학적 유기체로서 자신의 욕구 충족과 번식 및 사회적 기능을 수행하는 객체로서 평가하여 왔다. 하지만 다른 한편에서 고대의 철학자들로부터 이어 내려온 인간에 대한 질문은 존재하는 모든 것들에 대한 질문과 함께 인간이 무한한 궁극적 초월자에 노출되어 있다는 것을 인식하게 한다. 이러한 인간 이해 방식은 인간을 신비와 조우하는 '정신'의 측면에서 고찰하는 것으로, 인간을 자신의 경계를 넘어서는 무엇인가를 추구하는 초월적인 성향을 지닌 존재로 바라본다.[134] 그렇기 때문에 신학에 있어서 초월 철학적 방법은 홀로 궁극적 초월자이신 하느님을 인식하는 것으로서, 초월을 향해 열려져 있는 인간 구조를 밝히는 것이다. 라너는 인간이 스스로 하느님을 목적telos으로 인식하는 방향으로 움직이면서 하느님을 인식할 때 인간이 갖게 되는 선험적인 것a priori을 하느님의 '은총'이라고 하며, 이 은총은 "인식하는 주체 안에 존재하는 하느님의 현존"이라고 설명하였다.[135] 즉 하느님은 인간에게 자신을 전달하여 은총으로 인간 안에 현존한다.

르네 데카르트Rene Descartes, 1956~1650와 임마뉴엘 칸트Immanuel Kant, 1724~1804를 거치면서 인식의 확실성을 인간 주체로부터 발견한 근대 철학의 대전환은 더 나아가 오직 인간만을 대상으로 하는, 즉 신이 사라진 인간학으로까지 진출한 역사를 갖고 있다. 하지만 라너가 추구하고자 하는 인간에 대한 이해는 하느님이 인간 인식과 존재의 근거가 됨을 논증하는 것이었다. 그리고 그는 그 근거를 인간학적 초월 철학에서 찾았다.[136]

그것은 인간의 본성을 살피는 철학과 신앙 경험인 신학을 인식형이상학적 관점에서 연결한 것으로, 그의 철학적 인간학을 통하여 인간이 처한 상황을 끊임없는 인간 정신의 초월적 과정을 통하여 하느님이 계시하는 '복음을 듣는 자'라고 규정하였다. 또한 라너는 그리스도교 신앙의 근본적 계시인 복음을 윤리적 의미로서가 아니라 실존론적 존재론의 측면에서 '실존 · 존재론적 물음'existential-ontologische Frage, GG 24/43으로 이해하였다. 즉 복음은 인간의 삶 안에서 진리를 상기시키는 역할을 함으로써 인간이 현실의 일상의 순간에 고정되지 않고 매 순간 새롭게 진리 앞에 서도록 하는 것이다.

그러므로 실존적 물음을 통해 복음의 계시를 이해하는 과정은 궁극적 초월자를 인식해 가는 인간의 초월적 정신의 과정을 통하여 비롯되는 것이며, 라너는 그러한 과정이 일어나는 인간의 정신적 인식 구조를 먼저 이해하고자 하였다.

그는 전통적으로 내려오는 교도권의 신스콜라주의적 신학이 하느님에 관한 논의를 추상적인 것에 머물게 하거나 혹은 교리로 규정한 것을 해석 없이 암송하여 받아들이도록 가르침으로써 이러한 '물음'이라는 본래의 과정을 간과하였던 점을 비판적으로 바라보았다. 이러한 접근 방식은 삶과 복음을 유리시키는 것으로, 근대주의의 시대를 거쳐 온 현대의 패러다임에서 더 이상 전승되는 신앙의 진리를 올바르게 설명하기에는 적절하지 않은 것이었다. 따라서 그는 인간의 실존적 이해 구조를 먼저 규명하고, 그로부터 궁극적 초월자인 하느님과 인간의 관계를 설명하는 방법으로 접근하였다.

인간은 결코 자신을 구성하고 있는 제반 현실적 요소들의 합으로만 이루어지는 것이 아니라 항상 그 이상이 된다. 이것은 인간의 초월적 본성에 관한 라너의 언급이지만, 과정 신학에서 브라켄이 사회로서의 실체가 개별적 구성원의 합 이상으로 통합하는 기능을 하는 '지배하는 소사회'dominent subsociety가 존재한다는 것을 설명한 논리의 근거이기도 하다.[137] 그러므로 인간이란 근본적으로 질문을 갖는 존재라는 경험은 자신이 처한 상황 이상을 능가하는 어떤 것을 통하여 자신의 주체성을 구성하여 간다는 것을 의미한다. 즉 인간은 본성적으로 자신을 의식하고 무한히 개방되어 있는 초월론적 경험transzendentale Erfahrung, GG 31/51을 피할 수 없는 존재이다.

2.1.2 세계 내 정신으로서의 인간

라너는 『세계 내 정신』Geist in Welt[138]을 통하여 아퀴나스 『신학대전』의 '제1부 제84문제 7절'을 주석하면서 인식 형이상학의 가능성에 관한 탐구를 통하여 초월 철학적 인간 규정을 논증하고 있다. 나아가 인간의 인식 형이상학과 존재론을 결합한 '인간학적 초월 철학'의 조명 아래에서 인간과 세계 안에 존재하는 하느님을 규명하는 그의 초월 신학 Transzendentaltheologie이 정립된다. 아퀴나스는 『신학대전』 위 본문에서 "인간 지성이 어떤 것을 현실적으로 인식하기 위하여 감각적 표상으로의 전회turning to the phantasms없이 지성의 가지상intelligible species만으로 인식할 수 있는가?"하는 명제적 질문을 던지면서, 아리스토텔레스의 통찰을 들어 인간 지성은 감각적 표상 없이 아무 것도 현실적으로 인식할 수 없다고 파악하였다. 그러므로 육신과 결합되어 있는 인간은 현실의 삶에서 감각적 표상을 향하지 않고는 실제적으로 인식하는 것이 불가능하며 '감각적 표상을 향하는 정신의 정향'conversio intellectus ad phantasma은 인간 인식 능력의 본질적 특성이라고 보았다.[139]

라너는 아퀴나스의 명제를 근본적으로 수용하면서 초월적 방법으로 경험인식을 가능하게 하는 칸트의 선험적 인식 가능성을 긍정하고 있으며, 그 선험성은 인식을 가능하게 하는 능력이라는 의미에서 존재론적인 동시에 인간 실존의 지평이 된다.[140] 나아가 경험 인식에는 언제나 형이상학적 존재 이해가 함께 놓여 있다는 것과 인식 주관과 존재는 근원적인 통일을 이룬다는 조셉 마레샬Joseph Marechal, 1878~1944의 논리를 채택하여 칸트의 불가지론을 극복하며 신학적으로 접근할 수 있는 인간학적 초월론의 입장을 전개한다.[141]

라너는 '존재'Sein와 '인식'Erkennen을 원천적으로 동일한 것으로 보았다. 인간은 존재에 대하여 질문을 제기함으로써 '본연적 존재'Beisichsein[142]로서 인간의 본성을 수행하며 본질을 실현한다.[143] 이러한 접근은 모든 인식 가능성의 선험적 조건을 인식자로서의 인간 안에서 규명하는 인간학의 초월적 전환을 도모한 것이며, 그에게 있어서 존재와 인식은 원천적으로 단일한 것으로서 존재에 대한 인간의 물음은 그 존재가 초월적이 되기 위한 조건이 된다. 인간 정신은 타자를 만남으로서 자기에게로 회귀하게 되는 수용을 통해 비로소 본연적 존재로 자기 자신에게 있을 수 있으며, 초월을 위한 조건으로 감각적 표상을 지향하면서 자신을 성취하게 된다. 라너는 이렇듯 '선험적 세계 내재성'육신과 '세계 초월성'정신의 양면성을 지닌 단일 존재로서의 인간을 '세계와 하느님 사이에서 부유하는 중간'으로서 '세계 내 정신'으로 규정하고 있다.[144]

하느님을 지향하여 초월하는 인간의 인식 형이상학적 구조를 밝힌 것이 『세계 내 정신』Geist in Welt이었다면, 라너는 그의 이후 저서인 『말씀의 청자』Hörer des Wortes[145]에서 역사 안에서 하느님의 말씀을 듣는 인간의 특성을 밝히며 인간을 향한 하느님의 자기 계시의 가능성을 제시한다. 자연적 초월을 본성으로 갖고 초자연적 실존을 수행하는 인간이라 하더라도 그의 실존은 역사와 떨어져서 생각될 수 없는 것 또한 인간 존재의 필연적 현실이다. 그러므로 순수 존재인 하느님을 향하여 정향되어 있는 필연적 구조의 인간이 물질계를 수반한 창조계 안에서 하느님의 구원 역사에 어떻게 다가가는지에 관한 인간학적 차원을 밝히는 과정에서 삼위일체 하느님의 존재 방식이 그 이해의 근거로 제시된다.

하느님은 초월의 영역에만 존재하는 것이 아니라 인간의 일상적 삶을 통하여 언제 어디서나 무한성으로 존재하며, 유한한 인간은 의문을 갖고 질문함으로써 그 무한성에 다가간다. 그러므로 인간이 일상의 삶에서 하느님의 초월적 신호들을 알아듣는 것이 중요하다는 것은 라너 신학의 실천적 기본 명제이기도 하다. 즉 내가 누구이고, 어디로 부터 왔으며, 어디로 가는 것이고, 인생의 의미가 무엇인지 등은 인간이 처해 있는 구체적 역사성 안에서 하느님의 구원 역사를 돌아봄으로써 답변을 얻을 수 있는 것이다.[146] 그 계시의 정점에는 인간의 역사 안에서 하나의 실제 사건으로 현존하였던 예수 그리스도가 있다. 그가 선포한 복음은 하느님의 구원과 계시의 역사가 그리스도를 통해 인간에게 전달된 것으로, 그것은 하느님의 존재 자체가 인간의 구세사에 전달되는 하느님의 '자기-전달'Selbstmitteilung Gottes인 것이다.

2.1.3 하느님의 자기-전달

무한한 존재를 향하여 '초월'을 지향하는 정신을 인간의 본성으로 파악한다면, 역으로 그 무한한 존재는 인간을 향하여 자신을 내어주는 존재로 이해될 수 있다.[147] 라너는 인간 자체를 하느님의 '자기-전달' 사건이라고 파악한다. 이는 하느님이 어떤 직접적 계시 형태로 스스로 말씀하시는 것이 아니라 하느님 스스로를 인간 존재의 심오한 핵심이 되도록 하시는 것이 하느님 고유의 모습이라는 의미에서 존재를 부여하는 자기-전달을 의미한다.GG 163 이는 인간의 본질인 세계 초월적 구조를 통하여 인격적이고 신비 자체인 하느님이 인격적이며 정신적 존재인 인간을 향해 아무런 조건 없이 절대적으로 자신을 내어주는 은총인 것이다.

인간의 본성적 초월성을 자연적 초월로 파악한 라너는 예수 그리스도의 육화와 구원 행업에서 비롯된 은총을 지복직관을 향한 초자연적 초월의 가능성의 조건으로 제시하였다. 그리고 하느님의 은총을 향한 인간의 내적인 의식의 역동성을 인간의 초자연적 실존으로 구분하였다.[148] 즉 초기에 철학적 언어로 인간의 실존 조건을 탐구하였던 라너는 초자연적 초월에 따른 실존 개념과 인간에게 절대적으로 부여되는 하느님 존재의 증여를 연결하여 그리스도교적 인간 이해의 핵심 개념으로 삼으면서 신학적 차원으로 발전하게 된다. 다시 말한다면, 초자연적 실존인 하느님의 자기-전달로서의 은총이 모든 인간에게 전달되고 있으며, 인간은 하느님의 자기-전달을 받아들이는 자연적 능력을 갖고 있다. 그러므로 하느님과 인간은 은총을 통하여 상호 관계가 이루어지는 것이다.

라너는 창조를 하느님의 절대적 자기-전달이 가능하기 위한 조건으로 파악한다. 즉 절대적 자기-전달을 본질로 갖는다는 의미는 상대방이 존재한다는 뜻이며, 그러기 위해서는 하느님이 그 대상을 창조한다는 의미를 함축한다. 또한 하느님의 창조물로서 구체적 역사 안에 현존하는 인간에 대하여 하느님은 자기-전달을 통하여 초월적 영역에만 머무르지 않고 그 객체들과 일치되어 역사 안에도 현존한다. 그러므로 역사 안에서 인간이 접근할 수 있는 형태로 선사된 하느님의 자기-전달은 피조 세계를 향한 하느님의 구원 역사에서 중요한 의미를 갖는다.

요약하면, 하느님과 창조물의 관계는, 하느님은 자기-전달을 위하여 창조물을 창조하였고, 그 창조물은 하느님에게서 무상의 선물을 받기 위하여 존재하며, 하느님의 자기-전달은 구원의 역사 안에서 창조물의 죄를 용서하고 치유하며 세계를 하느님 자신의 고유한 생활을 통하여 회심하도록 한다고 할 수 있다. 그러므로 인간 개인이 자기를 이해하려면, 자신의 내부로부터 이해하려 하지 말고 자신에게 증여되어 있는 하느님의 신비에 내어 맡김으로써 자신에게 도달된 하느님의 증여를 수용하며 초월을 경험하여야 하는 것이다.

한편으로 개인적 경험은 인류의 집단적 경험과 서로 연결되어 해석될 수밖에 없다. 그러므로 한 인간의 개인적 경험은 인류의 구원과 계시의 집단적 역사에 있어서도 주체가 된다. 그렇게 하여 인간은 초월적 차원을 지닌 육체를 가진 정신으로서 세계 안에서 하느님의 진정한 자기-전달의 사건이 된다.GG 183 하지만 증여된 하느님 본성의 초월적 차원은 창조물 안에서 창조물의 차원으로 훼손될 수는 없는 것이다. 자기-전달을 통하여 스스로 존재하시는 하느님은 창조물의 역사를 통하여 자기-전달을 하시면서 역사 안에서 활동을 통하여 현존하신다. 이 자기-전달의 초자연적 은총으로 전달된 것은 그것이 수용된 후에도 여전히 불가해하고 신비로운 본성을 유지한다. 즉 스스로 선사된 하느님의 본성은 수용된 창조물 안에서 그로 말미암아 창조물의 수준으로 격하되지 않는 것이다.[149]

세계와 유리된 절대적 초월자로서 하느님을 이해하던 이분법적 방식에서 인간에 대한 이해를 통하여 세계 안에 자신을 전달하여 존재하는 하느님이라는 이해 방식으로 전환함으로써 모든 창조물이 하느님이 주신 본원적 고유 가치를 지니고 있음과 창조물 안에 내재하는 하느님을 통하여 모든 창조물이 연결적 관계 안에 있다는 생각을 갖도록 한다. 이는 하느님에 관한 신론에서 출발하여 물질적 창조 세계에 필연적으로 깃들어 있는 하느님의 존재를 인식해 가는 인간학적 초월 신학에 근거를 둔 생태신학을 제시하는 것이라고 할 수 있다.

2.2 하느님 자기-전달의 존재 방식

라너는 인간에게 전달되어 있는 하느님의 초월성에 관한 구조를 논증함으로써 신학 전반에 걸쳐서 인간학적 해석으로의 전환을 이루었다고 평가받으며 삼위일체론에 있어서도 이것을 현대적 해석의 기반으로 가져왔다. 그가 하느님의 삼위일체에 관하여서 별도로 언급한 것은 여러 신학자들과 공동으로 편찬한 『구원의 신비』*Mysterium Salutis* 안에 포함된 논문에서 사목적 접근을 목적으로 현대적으로 해석한 삼위일체론을 발표한 것이었다.[150] 그는 아퀴나스로부터 이어진 스콜라 신학이 하느님의 내재적 존재 방식에만 집중해 온 결과, 그 교의가 세계와는 상관없는 것으로 분리되면서 실제로는 유일신론으로 흘렀다는 비판을 제시하면서 그의 논지를 시작하고 있다.[151]

2.2.1 삼위일체에 관한 초월 신학적 해석

삼위일체 교리가 일상의 삶에 있어서의 의미를 잃게 되는 분리는 아우구스티누스 이래 하느님의 단일성에 관한De Deo uno 교리와 하느님 세 위격의 교리De Deo trino를 분리하여 다루었던 서방의 스콜라 신학의 경향에서 기인한 것이 크다. 이러한 단절은 하느님이 '성부'를 의미하였던 성경과 그리스 전통으로부터 하느님은 하나의 공통된 신적 본성을 가리키는 것일 뿐 세 위격에게서 추상된 것은 아니라고 인식하는 아우구스티누스적 전통이 이어진 결과였다. 라너는 아퀴나스가 결정적으로 이러한 분리를 서방 교회의 확고한 교리로 고착화하는 역할을 하였다고 지적하면서, 그러한 배경을 가진 스콜라 신학에서의 하느님은 원그리스도교적 경험과는 분리되어 추상적이고 형이상학적 성격으로 변질되어 이해되어 왔다고 비판하였다.

그것은 하느님을 구원사로부터 유리시키는 결과를 가져왔고, 교회의 가르침이 그리스도인의 경험과는 아무 상관없이 내재적 삼위일체에 지나치게 집중하는 삼위일체 교리를 형성되게끔 한 원인이 된 것이다. 큰 틀에서 라너는 하느님에 관한 이해는 구원사의 원천으로 돌아가야만 한다고 주장하였다.TT 14-18 그렇게 함으로써, 삼위일체 교리가 인간과 아무런 상관없는 사변적 신비인 하느님의 알려지지 않은 내적 존재 방식에 관한 서술이 아니라, 은총의 경험을 표현하는 구원의 신비로서 드러나야 한다는 점을 강조하였다.

라너는 교회에서 공식적 교리로 가르치는 삼위일체론이 현대인들이 이해하기에는 지나치게 어렵거나 합리적 이해와 거리가 있다고 보고, 그 내용들에 접근하기 위한 용어들에 관하여 그것이 현대적 사고에 의해 이해될 수 있는 개념을 찾았다. 삼위일체 교의의 용어들은 초기 교회에서 수많은 논쟁을 통하여 정립되었던 것으로 시간이 흐르면서 그 용어들에 관한 일반적 개념들이 다양하게 변화 · 발전되어온 것이다. 천오백 년 전에 사용하였던 '휘포스타시스', '위격', '우시아', '본성' 등의 용어가 오늘날의 현대인들에게 그 시대에 의도하였던 개념으로 이해되기 힘들다는 것은 당연한 일이다. 라너는 특히 현대인들이 "다른 사람과 구별되는 고유하고 자유로운 행위의 중심"의 의미로 사용하고 있는 인격의 개념을 하느님의 위격과 혼동하여 이해할 경우에 하느님의 유일성에 관한 교회 전통의 가르침과 혼란을 피할 수 없게 된다는 점을 지적하고 있다.GG 187 그는 삼위일체에 관한 개념상 혼란과 오류를 피할 수 있는 현대적 이해 방식으로서 구원 역사 안에서의 은총에 관한 경험에서 출발하는 '하느님의 자기-전달'이라는 설명 방식을 제시하였고, 전통 신학에서의 '위격' 개념을 하느님이 창조물에게 은총과 육화를 통하여 행하는 하느님의 '자기-전달로서의 존재 방식'으로 설명하였다.

하느님이 우리를 신화神化하는 구원으로서 인간 한 사람 한 사람의 실존에 있어서 가장 깊은 중심으로 오실 때, 우리는 이 하느님을 참으로 '거룩한 숨결', '성령'이라고 부르는 것이다. 그리고 이 동일한 하느님이 우리 실존의 구체적 역사성 안에서 예수 그리스도에게서 우리를 위해 현존할 때, 우리는 이 하느님을 '로고스' 또는 '아들'이라고 부르는 것뿐이다. 그리고 우리 곁에 오시는 하느님이 항상 말로 나타낼 수 없는 존재이고, 거룩한 신비이고, 아들과 영에서 올 때의 파악하기 어려운 근거와 원천이고, 당신 자신을 그러한 존재로서 유지할 때, 이

하느님을 유일한 하느님인 아버지라고 부르는 것이다.GG 188

그리고 라너는 하느님의 유일성과 위격들의 관계를 "명확히 구별되는 자기-전달의 세 가지 방식으로 존재하는 유일한 하느님"으로 규정하였다. 이를 통하여 라너는 아우구스티누스에서 아퀴나스로 이어져 내려오던 삼위일체론의 유일신론적 경향을 극복하려는 노력과 더불어, 현대의 인격 개념과 동일하게 삼위일체의 위격을 이해하려는 경향도 함께 경계하였다.

그는 이러한 자신의 의도를 더욱 명확하게 하기 위하여, 그동안 분리하여 고찰해온 하느님 삼위일체의 내재적 존재방식과 세계에 대한 경륜적 삼위일체를 동일한 것으로 일치시키는 논리를 전개하였다. 즉 세계와 우리의 현실적 삶을 통하여 서로 구별되는 세 가지 방식을 통하여 삼위일체로 자신을 내어주는 것 자체가 유일하고 무한한 충만으로 가득 찬 하느님의 본질적 존재 방식이며, 우리는 세계에 대한 구원 경륜의 역사 안에서 하느님의 자기-전달에 의한 존재 방식인 삼위일체성을 경험하여 인식하게 된다는 이해였다.

2.2.2 하느님의 '위격' 개념

하느님 '위격'의 용어적 개념에 관한 문제들은 근대 계몽주의의 시대를 지나온 현대 신학자들에게 도전이 되었고 새롭게 해석해야 할 과제를 던져 주었다. 신정통주의 신학자로 분류되는 칼 바르트는 한 분 하느님이 계시자로서의 성부의 양식, 계시된 자로서의 성자의 양식, 그리고 계시 활동으로서의 성령의 양식의 세 가지 존재 양식mode of being으로 존재한다고 주장하였다.[152] 그는 하느님 세 위격을 '삼중적 반복의 한 하느님'the one God in threefold repetition을 의미할 따름이라고 설명하며 '위격'person이라는 용어가 하느님의 단일성을 혼란케 하는 잘못된 개념으로 오해될 가능성이 있으므로 그것을 '존재 양식'으로 대체하자고 주장하였다.[153]

하지만 라너는 세 위격에 관하여 바르트와는 구별되는 지점에서 위격들의 고유한 차이를 부각하는 '구별성'을 강조하였다. 그는 하느님의 위격을 새롭게 해석하여 설명하기 위하여 그의 신학의 기본 사유인 하느님의 '자기-전달'에 관한 개념에서 시작하였다. 즉 한 분 하느님의 자기-전달은 하느님이 우리에게 구체적으로 주어지는 곳에서 세 가지의 방식으로Weise 일어나는데, 그렇다고 동시적 발생을 의미하지는 않기 때문에 양태론과는 구분된다는 것이었다. 그것은 서로가 상대적으로 '관계'하는 방식에 있어서 구별되는 구체적인 하느님이라는 의미를 갖는 것으로, 세 가지 구별되는 존재방식 drei distinkten Subsistenzweisen[154]이라고 설명한 것이다.

그렇게 하여 라너는 삼위일체를 "세 가지 구별되는 존재방식으로 존재하는 유일한 하느님"the one God subsists in three distinct manners of subsisting, TT 113이라는 정식을 세움으로서, 한 분 하느님과 세 위격으로 나누어 고찰하던 토미즘 전통의 추상적 신론에서 좀 더 교회 초기의 하느님 경험과 가까운 통합된 의미를 갖는 위격의 개념을 살리고자 하였다.

이로부터 하느님의 존재방식에 관한 내재적 삼위일체는 삼중의 방식으로 존재하는 오직 하나의 절대적 주관성의 의식으로 설명된다. 이러한 라너의 해석에 의하면 하느님의 위격이 육화하거나 혹은 발현되는 것은 임의적인 것이 아니라 성자와 성령이 세상에 대한 그들의 사명에 의해 삼위일체 안에서 분명한 구분을 갖고 각각의 명확한 성격을 반영하는 것을 의미한다.TT 28-30 그러므로 삼위일체의 구분은 내재적 신성 안에 감추어져 있는 것이 아니라 구원의 역사를 통하여 드러나는 것으로, 경륜이 일어나는 세계 안에서 현존하는 것이라는 의미를 갖는다.

그러므로 라너는 신앙인들이 구원과 은총의 경험을 통하여 삼위일체에 관한 감각의 원천을 회복하여야 한다는 점을 강조하였다. 그렇게 함으로써 우리는 세계의 일상에서 감추어져 있고 인간에게서 유리된 하느님이라는 사변적 느낌에서 벗어나 삼위일체가 세계와 정신 안에 현존한다고 자각할 수 있는 것이다. 라너는 삼위일체 교의를 현대인의 인식과 경험 안에 살아 있는 것으로 만들어, 그것을 통하여 하느님을 지각하고 은총을 경험할 수 있는 길을 제시하고자 하였다.TT 39

우리는 라너가 절대적 하느님을 유일신론적으로 이해하던 경향을 극복하기 위하여, 인간 역사 안에서 삼위일체의 방식으로 현존하며 신앙인들의 의식 안에서 삼위일체로 인식되는 하느님을 강조하였다는 것을 알 수 있다. 하지만 한편으로 그는 삼위성을 강조하여 의식함으로써 삼위일체의 진리를 깨닫고자 노력하는 것이 간혹 실제적으로 종교적 감각을 통하여 삼신론으로 인식되는 경향도 있다는 것을 함께 언급하고 있다. 이러한 경향은 근대적 개념으로 사용된 인격person 개념에 의해 하느님의 세 위격을 이해하려는 것에서 비롯되는 것이다. 라너는 삼위일체를 구성하는 하느님 세 위격의 개념을 현대적 인격 개념으로 파악하는 것은 사벨리우스적 양태론보다 더 위험하다고 경고함으로써, 유일신으로 이해되는 하느님 개념을 극복하고자 하는 삼위일체론이 자칫 삼신론으로 빠질 수 있는 것에 우려를 나타내었다.

현대의 인격 개념은 의식, 영적 생명력, 활동의 중심 등이 명백히 셋으로 구분되는 것이다. 이것은 계시 경험에 기반을 둔 삼위일체의 위격과는 전혀 다른 의미로서 의식의 개별적 주체를 의미하는 근대 철학적 개념과 인간 사회의 일반적 경험에서 생성된 개념이다. 라너는 교의 전통의 이러한 맥락의 차이를 인식하지 못한 채 '하느님 세 위격'이라는 정식을 '하느님 안에 셋으로 구분되는 의식들, 영적 생명력들, 활동의 중심들'이 존재하는 것으로 파악한다면 명백히 삼신론적 오류가 될 것이라고 강조하였다.TT 42-43 현대의 사회적 삼위일체론이 성경의 내러티브를 근거로 하여 세 인격들의 구별성을 강조하는 것과 대비하여, 라너의 삼위일체론은 관계적 특성을 갖는 위격들의 구별성은 강조하였을지라도 그것이 우리가 통상 이해하는 '인격'을 의미하는 것이 아니라는 점에서 사회적 유비로까지 진출한 것은 아니었다.

2.2.3 삼위일체와 실재상징

라너는 그의 신학적 논고를 통해 상징의 개념을 존재론적으로 해석하면서 하나의 본질적인 열쇠 개념ein wesentlicher Schlusselbegriff으로 보았다.[155] 그는 상징을 실재상징Realsymbol과 대리상징Vetretungssymbol으로 구분하였는데,[156] 존재론적으로 해석되는 실재상징은 상징과 실재 사이에 내적이고 상호원인적 관계성이 있다. 그런 점에서 라너는 삼위일체를 상징의 존재론적 측면에서 바라보고 있다. 즉 역사 안에서 구현된 하느님의 말씀인 그리스도야말로 삼위일체 하느님의 본성을 드러내는 하느님의 실재상징이 되는 것이다.

상징된 실재는 자신과 구분되는 하나의 상징 안에서 자신을 실현한다. 또 한편으로 상징은 자신 안에 상징된 실재가 현존하고 작용함으로써 자신을 실현한다. 다르게 말한다면, 상징은 그 안에서 상징된 실재가 자신을 실현하는 방식이면서 동시에 상징된 실재를 일으키는 하나의 원인이 되기도 한다고 볼 수 있다. 그러므로 "상징과 실재는 내적으로 관계되어 있으므로, 서로 분리하여 별개의 것으로 이해할 경우 적절하게 이해될 수 없는 것"[157]이라고 할 수 있다.

상징은 상징하는 실재의 참다운 존재를 현존하게 하는 것으로 '실재상징'과 '상징된 실재'는 서로 동일하면서도 동일하지 않다. 즉 상징과 상징된 것은 서로 구분되지만 분리되는 것은 아니다. 그러므로 라너는 "실재상징은 하나의 실재로부터 비롯되어 그 실재와 하나로 결합되어 있는 상징의 한 방식이자 상징 안에 실재가 참으로 현존하는 방식"[158]이라고 설명하면서 삼위일체에 관한 이해의 틀을 상징의 측면에 놓고 있다.

> 만물은 자신이 존재하고 있는 범주 안에서, 자신의 존재를 그와 대비된 것으로 상정되는 '타자'로 표현함으로써 스스로 온전한 자신을 실현하고자 한다. …… 그것은 단지 표지 혹은 인식적 지시가 아니라, 존재론적 실재이다.[159]

교의로서의 삼위일체론 역시 하나의 상징으로 볼 수 있다. 하느님을 창조주, 역사적 구세주, 일상에 상존하는 은총이라는 삼중적 방식으로 고백하는 삼위일체론은 그 자체가 그리스도교의 실재적 전망을 담고 그것을 표상하는 것이라고 할 수 있다.[160]

또한 창조된 실재는 하느님의 자기-전달의 결과로서 드러난 것ㅠ 101이라는 라너의 논지는, 하느님 신성의 전달이 단순히 예수의 신적 본성으로만 확대되는 것이 아니라 예수의 위격적 결합을 통해 보편적 인간의 본성으로까지 확대된다는 것을 의미한다. 라너는 인간의 위치에 관한 이러한 통찰을 통해 로고스에 관한 언급이 어떤 의미로 인간 존재에 관한 설명과 연관될 수 있는지에 관하여 실재상징의 개념으로 설명하고 있다. 라너가 설명하고자 하는 인간 실재의 본연성이란 처음부터 하느님 로고스의 실재상징이 된다는 점을 그는 분명히 하고 있다.

> 인성 일반은 하느님의 권능과 창조적 인식의 잠재적 대상이다. 왜냐하면, 로고스는 성부가 자신을 표현하려는 곳에서 성부의 말씀이며, 자유로이 비신성 속으로 자신을 비우는 분이며, 그렇기 때문에 본질적으로 '말로 표현할 수 있는' 분이기 때문이며, 이러한 일들은 인성이라고 부르는 것에서 발생하기 때문이다. 다른 말로, 인성은 실체가 없이 추정되는 가면(프로소폰)이 아니라, 로고스가 세계 안에서 일을 하기 위하여 그 배경으로서 뒤로 가려진 것이다. 처음부터 그것은 본질적 구성요소로서 로고스 자신의 실재상징이다.TT 32-33

인간 역사 안에서 구체화된 로고스를 인류로까지 확대하려는 라너의 견해는 유한한 인성과 측정 불가능한 신성 사이의 범접할 수 없는 구분을 전제하는 전통 신학의 개념들로부터 많은 신학적 반론들이 제기될 수밖에 없었다.

첫째는, 그가 사용하는 개념에서 신플라톤주의의 유출설 emanationist적 요소가 많이 발견되기 때문에 창조에서 하느님의 자유라는 측면이 양보된 듯이 보인다는 점이다. 즉 라너가 삼위일체의 두 번째 위격을 피조된 인간 존재와 어떤 방식으로든 연관 지어 동일한 것으로 확장하려는 것은 하느님의 절대적 차별성과 자유를 침해하는 것은 아닌가 하는 점이다.

둘째로, 라너가 인간을 로고스의 실재상징으로서 밀접하게 동일시한다면, 결국 구원의 보편주의라는 결과가 나온다는 점이다. 이러한 경향이 지나칠 경우 자기 자신을 받아들이는 것은 그리스도를 받아들이는 것과 동일하게 되고, 이웃에 대한 사랑은 하느님에 대한 사랑과 같아짐으로써 초월적 하느님에 관한 인식이 보편적 사랑이나 자비 등으로 대체될 수 있다는 점 등이 신학에 있어서 문제점으로 제기되었다.

2.3 하느님의 세계 내 존재방식

라너는 '우리는 육체를 거쳐서 하느님께 나아갈 수 있다.'는 의미의 테르툴리아누스의 격언인 "육신은 구원과 연결시키는 경첩이다."caro cardo salutis, the flesh is the hinge of salvation를 그의 원칙의 하나로 삼았다.[161] 그리스도론은 하느님 자신이 인간이 되신 '육화'가 그 중심 주제이며, 육화란 하느님이 육신이 되셔서 그의 은총을 지금 여기에서 인간 실재를 위해 구체화하신 것, 즉 역사적인 것이 되게 하신 것이다. 그렇기 때문에 라너는 그리스도론이 인간학과 밀접한 관계가 있을 수밖에 없다고 보았다.

라너는 그리스도론을 계몽주의적으로 환원된 방식으로 접근하여 부활 이전 예수의 자기 이해에 국한시키는 것을 거부하는 한편, 또한 신약의 신앙이란 근본적으로 특정한 역사적 사건에 근거하고 있다는 것을 확실히 한다. 따라서 구체적으로 육화한 하느님이신 그리스도를 현실의 삶 안에서 본받아 닮아가는 것을 인간의 신화神化, Deificatio라고 라너는 설명하고 있다.[162]

2.3.1 육화와 위격적 결합Unio Hypostatica

육화에 관하여 언급하려면 우리는 필연적으로 역사적 예수를 바라보아야 한다. 육화에 관한 신학적 고찰에서 역사적 예수가 결여된다면, 즉 역사적 예수와 신앙의 그리스도가 분리된다면, 현양된 그리스도란 예수에 관한 다양한 생각들 중 하나의 특수한 계기로 전락한다. 이러한 측면은 라너가 루돌프 불트만Rudolf Karl Bultmann, 1884~1976에 대하여 비판한 점이기도 하다.[163]

하지만 라너는 예수의 역사적 사실성에 관하여 우리의 인식이 불확실하고 예수의 자기 해석과 이에 대한 예수 자신의 증명 등이 불명확한 것 등을 문제로 생각하지 않았다.GG 235/311 예수의 역사적 사건이 단순히 어떤 시간적 시점에서의 일련의 계기들에 관한 것만을 의미하는 것이 아니라면, 부활 이전 역사적으로 현존했던 예수의 자기 이해와 그리스도로 고백하는 육화의 교리 사이에 어떤 연속적 연관성이 있어야만 할 것이다. 라너는 이 두 가지를 일치시키기 위하여 불확실하고 애매모호한 방식을 사용할 필요가 없다고 생각했다. 나자렛 예수라는 인간이 존재했었고 십자가상에서 죽음을 맞이했다는 정도 말고는 예수에 관해 별다른 역사적 사실을 밝혀 낼 수 없다 하더라도, 예수를 그리스도라고 고백한 이들의 증언을 받아들임으로써 신앙을 갖게 되는 것 또한 실제적 역사에 의지하지 않고는 있을 수 없는 일이기 때문이다.

라너는 그의 초기 단계부터 하느님 구원 경륜이 피조 세계 안에서 현실화된 역사를 강조하여 왔다.[164] 『세계 내 정신』에서 라너는 인간을 그의 인식의 감각과 추상 그리고 초월을 통하여 타자를 향하여 개방된 것으로 규정하며 궁극적 존재를 향하여 자기 존재의 지평을 확대하는 정신성으로 보았다. 그러므로 역사 안에서 구체적으로 현존하는 인간 정신은 궁극적 초월자에 대하여 개방되어 있으므로 인간은 범주적 세계에서 초월적 하느님의 말씀을 들을 수 있는 존재인 것이다.[165]

라너는 또한 "하느님 육화의 기적은 절대적으로 하느님 자신의 자유로운 행위"[166]에 의한 것으로서 하느님과 인간 사이를 중재하는 '표상'vorstellung과 '개념'begriff 사이의 본질적인 연결로 파악하였다. 이것은 또한 인간의 초월적인 길 안에서만 육화의 가능성을 말할 수 있음을 의미하는 것이며 인간 현실 안의 역사적 사건에 의해서만 발생할 수 있는 것이다. 이러한 초월적 그리스도론은 로고스의 육화가 역사 안에 실재하였던 예수 안에서 이루어졌다는 신앙을 기반으로 한 것이다. 그리고 그러한 역사적 인식 이후에 초월적 그리스도론은 그 역사적 사건을 대체하는 성격이 아니라 육화가 이해될 수 있는 '이해의 틀'을 제공하는 것으로 보고 있다.[167] 그러므로 라너에게 있어 초월적 그리스도론이란 세계와 유리되어 초월 영역에 존재하는 그리스도를 의미하는 것이 아니라, 하느님께 정향되어 있는 존재인 인간이 역사 안에 전달된 하느님을 찾는 스스로의 초월적 조건과 관련된 그리스도라고 말할 수 있다. 그것은 인식과 자유가 갖는 무한한 초월성과 역사적 존재인 인간 사이의 뛰어 넘을 수 없는 간격을 연결하는 자리를 경험하는 것이다. 다시 말한다면 초월론적 그리스도론이란 "인간이 그리스도의 복음을 받아들이기 위한 선험적 가능성"GG 207/275을 묻는 것이라고 라너는 설명한다. 이것은 인간이 역사적 현실의 세계를 떠나 하느님을 구하는 것이 아니라 인간이 되신 예수 그리스도를 향함으로써 하느님을 발견하게 되는 것으로, 바로 그 지점에서 그리스도인은 하느님 삼위일체를 인식하고 경험하기 시작한다는 것을 라너는 정확히 설명하고 있다. 결국 삼위일체론은 그리스도론에서 출발하게 된다.

라너는 신성과 인성이 그리스도 안에서 일치를 이룬 육

화의 본질을 "인간 실재가 전적으로 실현된 최고의 유일회적 경우이며, 그 인간은 자기 자신을 포기함으로서 얻어졌다."[168]고 설명한다. 유일회적 역사적 사건으로서의 육화는 단순히 그것이 인간의 구원을 향한 하느님의 자유의지에 의한 것이라는 설명만으로 만족할 수 없다. 다른 한편으로 생각해 본다면 육화가 유일회적 사건이라는 것은 그것이 종말론적 성격을 갖기 때문이라고 할 수 있다.

> 육화 사건의 위상으로 인하여 모든 인류는 점근적으로 asymptotically 발전하고 있다. 즉 전 우주적 그리고 도덕적 차원에서 은총과 종말론의 차원에서의 '진화'라고 인식될 수 있는 어떤 것이 진행되고 있는 것이다. 육화에 의해 하느님이 세계로 진입하였고, 그리스도를 통하여 하느님의 자유로운 무한성에 온 세계가 진정으로 개방됨으로써 이미 전 세계에 구원이 실현되었기 때문에, 모든 '진화'의 정점은 이 육화 사건을 능가할 수 없다. 그리고 이 육화 사건을 통하여 이미 분명히 일어난 것이 여전히 세계 안에서 그 자체를 계시하고 있음에 틀림 없을 것이다. …… 그것은 종말론적 절정이다.[169]

그러므로 우리는 예수 그리스도 사건을 통하여 하느님 자신이 포함된 되돌릴 수 없는 하느님 말씀으로 축복된 약속의 상황에 마주하게 되었고, 이것은 세계가 은총으로 인도되어 가는 그 완성의 상황이라고 할 수 있다. 그러므로 라너에게 있어서 육화는 종말을 예견하여 보여주면서 세계 안에 현존하는 것으로, 유일회적 사건으로서의 육화는 종말론적 완성이 움직이는 방향이 된다고 할 수 있다.

한편 개별적 인간의 측면에서 필연적으로 궁극적 자기 초월이 가능한 구조가 되는 것은 정신과 물질이 통합되는 '위격적 결합'unio hypostatica에 근거한 것으로 라너는 설명하고 있다. 이것은 예수 그리스도에게만 있는 것이 아니라 그로부터 세계 전체가 신화되어 가는 시발점이 된 '필연적'이고 '항구적'인 것으로, 시작은 하였지만 아직 완성되지 않은 신비에 싸여 있는 것으로 보았다.

> 인간이란 물질이 정신 안에서 자기를 초월함으로써 자기를 발견하려는 근본적 경향이 그 안에서 결정적으로 성취되는 그런 존재자이다. …… 그런데 바로 이 인간의 본질이란 그 최고이고 자유로운 자기초월, 하느님에 의한 은총에 의해 가능하게 된 완전한 자기초월에 의해서 하느님 안으로 자기초월하고, 이렇게 해서 하느님의 자기양여에 참여하여……자기와 세계의 완성을 대망大望하는 것이다. …… 그 시발점은 우리가 '위격적 결합'unio hypostatica이라고 일컫는 것이다.
>
> GG 181/240-241

라너는 육화를 개별적 인간의 차원을 넘어서 세계가 신화되기 시작하는 시발점으로 보았다. 즉 육화는 세계사의 궁극적 단계가 시작된 지점으로, 인간이 신적 본성에 참여하게 되는 신비가 그곳에서부터 역사 안에서 파악될 수 있는 모습으로 드러나는 것이라고 해석하였다. 그러므로 그리스도의 육화는 하느님의 은총_{하느님의 현존}이 구체적인 역사적 실재로서 주어지는 최고의 절정으로서 하느님 삼위일체의 신비가 시작되는 출발점이 된다. 또한 세계에 주어지는 하느님 은총의 육화를 설명하는 것으로서 하느님의 신성과 인간의 인성이 그리스도 하나의 위격 안에 일치되는 '위격적 결합'은 하느님과 세계의 관계를 단적으로 설명하는 원리라고 보았다. 라너는 그 원리에 관하여 다음과 같이 설명하고 있다.

> 구약 성경에 따라 창조주 하느님은 하늘에 있는 분이고 우리는 땅에 존재하는 것으로 여전히 말할 수도 있다. 그러나 그 하느님이 우리가 그리스도 안에서 고백하는 하느님이라면, 그러므로 확실히 우리가 존재하는 곳에도 존재하는 분이라고 고백되어진다면, 하느님은 세계 안에서도 발견될 수 있다. 그 하느님은 무한한 존재로서 세계와 다른 곳에 존재하는 별개의 존재를 의미하는 것은 아니다. 그것은 유한함이 무한한 깊이로 주어져서 더 이상 무한한 존재와 대립되는 것이 아니라는 것을 의미한다. 그리고 그 무한한 분 자신은 모든 유한한 존재가 무한함으로 들어서는 길을 연 분이 되었다.[170]

'위격적 결합'은 은총으로서의 하느님의 자기-전달이 예수의 역사적 인간 실재 안에서 구체성을 갖고 일어난 것이다. 이는 더 이상 '영적'spiritual인 것만을 의미하는 하느님의 자기-전달은 아니기 때문에 예수의 구체적 인간 실재는 하느님이 세계 안에 근본적으로 현존할 수 있게 하는 가장 적절한 수단인 것이다. 라너가 분석한 인간 본성은 정적이고 한정되어 고립된 존재가 아니라 하느님의 절대적 신비에 개방되어 있는 존재이다. 즉 인간은 근본적으로 하느님을 향하는 물음이면서 동시에 응답도 가질 수 있다. 그 응답을 인간 안에서 위격적 결합이 이루어진 '신인'Gottmensch이라고 하였다.GG 223/225/297 이러한 위격적 결합 안에서 예수의 인성은 로고스와 단순히 형식적으로 결합되어져 있는 그대로의 인성 자체가 아니다. 그 보다는 예수의 온전하고 진정한 인성이 그것 또한 로고스의 실재인 참된 다른 것이 되는 것이다. 예수의 인간 실재는 그와는 다른 하느님의 실재에 부가된 인간이 아니라, 인간 실재로서 바로 하느님의 실재인 것이다.[171] 그러므로 '예수의 인간 본성의 유한한 실재가 하느님과 구별되는 가운데 하느님 자신의 실재가 된다.'는 의미는 창조주-창조물의 관계를 폐지하는 것이 아니라 그것을 실현하는 것이고 완성하는 것임을 뜻하는 것이다. 즉 위격적 결합으로서의 로고스의 육화는 세계의 물질을 수용하여 하느님 자신의 현실로 창조하는 것이다.

하느님의 로고스는 물질성을 자신의 타자das Andere로서 창조한다. 이 결과 바로 이 물질성이 하느님의 로고스 자체를 세계 내에 표현하고 현존하게 하는 것이다. 하느님의 로고스가 물질과 정신에서 이루어진 유일한 세계 현실의 한 조각을 스스로 취한다. …… '창조'란 '하느님이 세계화되는 과정'Weltwerdung Gottes에서의 한 부분적 계기로 생각되기 때문이다.GG 196-7/261

그러므로 우리가 살아가고 있는 유한한 물질세계란 예수의 구체적 인성이 드러난 곳으로서 하느님의 현존을 인식하는데 방해가 되는 것이 아니라 그것을 매개하는 것이며 동시에 하느님 현존이 머무는 곳이 된다. 하느님과 세계는 '위격적 결합'을 통하여 세계의 물질성 안에 존재하는 하느님을 구체적으로 인식할 수 있는 관계로 존재한다.

2.3.2 세 위격의 고유성과 세계와의 관계

아우구스티누스에서 아퀴나스로 이어지는 전통적 서방 신학은 하느님의 측량할 수 없는 무한함과 단일성을 강조하는 것에 중점을 둠으로써 삼위의 개별적 고유함에 관한 서술에 그다지 관심을 기울이지 않았다. 교회는 제일 먼저 한 분이시며 전능하신 아버지 하느님을 고백하였고, 그분은 구약의 야훼 하느님과 같은 분으로 육화를 통하여 그리스도의 아버지로 드러난다. 하지만 전통적으로 삼위일체를 이해하는 방식은 아직 인간의 역사를 통하여 그 내재의 구조를 온전하게 드러내는 삼위일체라기보다, 하느님의 위격들 중 일부 하나가 육화를 통하여 인간이 되었고, 특별한 계기에 국한하여 인간과 조우하는 것으로 생각하였다.

그러나 라너는 로고스의 육화에 관하여 말하면서 그것은 단지 하느님 위격들 중 일부인 어떤 하나에 우연적으로 적합하게 되어 발생된 것이 아니라 구원 역사 안에서 그만의 고유한 사명을 갖고 세계 안의 하나의 현실적 실재로서 존재하는 것이라는 점을 강조하였다.TT 23 그것은 오직 하느님의 한 위격으로만 설명될 수 있는 고유한 속성이라는 개념을 강조한 것이었다.

그가 삼위일체의 세 위격이 창조물과 갖는 관계의 측면에는 각기 고유함이 있다는 점을 강조하려 한 맥락에서 육화는 가장 분명한 사례라고 할 수 있었다. 라너의 삼위일체론에서 그리스도의 육화란 단순한 대속 이상의 훨씬 중요한 의미를 갖는다. 즉 하느님은 육화를 통하여 로고스 자신만을 순수하게 드러내는 것이 아니라, 하느님의 위격이 창조된 실재와 '위격적 결합'을 통하여 하느님의 신성 안에서 자신의 특정한 관계적 특성을 갖는다는 것을 의미한다.TT 28 이것은 "그리스도론은 인간학의 시작이요 끝이다. 또한 이 인간학이 그리스도론에서 가장 심도 있게 실현될 때에, 그것은 궁극적으로 신학이 된다."[172]는 설명으로 요약될 수 있는 그리스도론과 인간학의 밀접한 관계성을 보여주는 것이기도 하다.

성자는 성부로부터 창조되지 않고 낳음을 받으신 분으로 성부와 동일 본질이라는DH 71, 526 일치 관계는 원시 그리스도교의 경험에서 인식하고 식별한 근본적 경험이다. 육화를 통하여 역사 안에서 구체화된 그리스도는 '구원의 절대적 중개자'로서 아버지의 사랑을 세상에 전달하는 사명을 갖는다. 즉 성부의 세계에 대한 구원 경륜적 사랑의 자기-전달을 성자는 자신 안에서 온전히 수용하면서, 이러한 내재적 관계를 통하여 자기-전달의 신비가 구원 경륜에 의해 세계에 드러나는 것이다. 성삼위의 내재적 신비가 외부로 표출되는ad extra 그러한 하느님의 자기-표현은 세계 안에서 활동하는 한 분 하느님에 의한 것이라기보다 다른 위격들과 구별되는 한 위격인 로고스의 육화에 속한 것이라는 이해가 필요하다.TT 23 이러한 이해를 바탕으로 우리는 하느님 자신 안에서의 내재적 자기-전달과 세계를 향한 자기-전달은 서로 독립적인 별개의 과정이 아니라, 떼어놓고 생각할 수 없는 불가분의 관계에 놓여있다는 것을 확실하게 알 수 있다. 이것이 그가 내재적 삼위일체와 경륜적 삼위일체를 동일한 것이라고 정리한 배경이 되었다.

성부와 성자의 영인 성령은 성부의 본성이 성자를 통하여 증여될 때 이를 수용하는 역할을 한다. 그리하여, '창조되지 않은 은총'Gratia increata[173]으로서 성령은 그 자체로 아버지와 아들과 동일한 신성을 가지면서도 서로 구별되는 실재로서 인간이 되신 로고스와 같은 고유의 관계를 갖는다.

위격을 하느님이 세계에 대하여 갖는 고유한 관계성의 측면에서 이해한다는 관점은, 세계에 대한 세 위격 각자의 사명이 서로 독립적으로 존재하는 것이 아니라 상호 연결되어 있다는 것을 의미한다. 이것은 라너가 위격을 하느님의 세 가지 사명으로 이해한 것이 아니라 하느님의 삼중의 표현 방식으로 이해한다는 관점을 갖고 있음을 보여준다. 즉 육화와 성령의 은총을 통하여 세계에 대한 삼중의 표현 방식으로 자기-전달을 하는 하느님은, 세계와 '하나'의 관계로서가 아니라 세 위격의 각기 고유한 방식으로 드러나는 삼중적 관계를 가진다고 밝히고 있다.TT 27-28 이러한 측면에서 라너는 그리스도론과 은총에 관한 교리란 엄격히 말해서 삼위일체의 교리 TT 120라고 말하고 있다.

두 발출들processions 사이의 구별은 이중의 내재적 자기-전달에 의해 구성된다. 기원이 없는unoriginated 하느님성부은 그 스스로 진리로 표현되는 분성자이므로, 그 스스로 사랑 안에서 받아들여진 분성령이다. 그렇기 때문에, 그는 이러한 이중의 방식으로 스스로 자유롭게 통교할 수 있는 분이다." 그러므로 라너는 발출과 파견을 동일한 것으로 보고 있다.[174]

라너는 하느님 자신 안에서의 이러한 구조가 경륜 안에서 발출과 피조된 실재들과의 관계에서 '형상인'formal causality으로서의 연결점을 갖는다고 보았다.[175] 물론 그 관계들은 각각의 위격에 고유한 것들이다. 이러한 점은 성령론에서 '창조되지 않은 은총'과 '창조된 은총'에 관한 중요한 개념으로 작용한다. 즉 "네오스콜라적 개념은 인간이 성화되었기에 성령이 인간 안에 거처한다고 본 반면, 라너는 성령이 인간 안에 존재하기에 인간이 성화된다고 본다."[176]고 한 점에서 그 입장의 배경과 차이를 알 수 있다. 성령은 단지 피조된 실재들에 대한 창조된 은총으로만 활동하는 것은 아니라, 피조된 인간이 그리스도를 수용하도록 작용하기 위하여 그 안에 이미 고유하게 갖추고 있는 그런 어떤 것으로 보는 것이다. 그러므로 라너는 하느님의 자기-전달에 관하여 은총의 의미를 그리스도론적이라기 보다 성령론적 용어로도 설명하고 있다고 볼 수 있다.

하느님과 세계의 관계는 하느님의 세계 내재와 하느님의 초월성의 관계에 관한 이해와 연관된다. 이 경우 하느님을 범주적으로 이해하게 되면 하느님은 세계와 분리되어 존재함으로써 하느님의 초월성은 세계와 아무 관련이 없이 단지 영원성과 불변성을 갖는 어떤 외부적인 하느님이 될 뿐이다. 이러한 범주적 하느님 이해를 바탕으로 사고하던 전통적 신학 태도는 내재와 초월을 상대적인 두 개의 양 극으로 해석했고, 그럼으로써 하느님의 구원 경륜에 관한 이해에서도 영원한 삶의 천당과 영원한 벌의 지옥 등 내세 지향적이며 이분법적 방식으로 접근하였다.

라너의 이해는 하느님의 초월성을 본질적 불가해성 혹은

절대적 신비의 상태로 이해한 것이 아니라, 하느님은 무한한 초월이면서 동시에 무한히 세계에 내재하시는 분으로서 세계 내재성과 초월성을 변증법적 두 계기들로 파악하였다. 세계의 창조에 관하여 창조주 하느님을 범주적으로 이해함으로써 하느님이 자신과는 분리되어져 있는 객체로서의 다른 세계를 창조한 것이라고 말하는 것은 온전한 신학적 이해라고 할 수 없다. 창조는 하느님이 스스로 자신의 실재를 자기-전달의 삼위일체적 존재 방식으로 세계에 전달한 것이다. 초월자 하느님은 세계 너머에 홀로 존재하는 분이 아니라 세계 안에서 세계와 운명을 함께 하는 분이다.

> 그리스도인이 하느님에 관하여, 하느님과 세계가 함께 존재하는 것이 아니라 전적으로 분리되어 존재하는 것으로 이해하는 것은 가장 잘못된 생각이다. 하느님과 세계를 분리하여 이해하는 바로 그 순간에도, 하느님은 여전히 세계의 모든 실재의 중심이며 세계는 하느님 자신의 진정한 숙명이다. 바로 이것이야말로 그리스도인이 가져야 하는 진정한 하느님 개념이다.[177]

이것은 하느님과 세계가 근본적으로 구별된다는 원칙에는 변함이 없지만, 그 구별이 하느님과 세계가 범주적으로 분리된 서로 다른 실재로서 외적으로 나타나는 어떤 것을 의미하는 것은 아니라는 말이다. 즉 하느님은 결코 세계에 포함된 하나의 객체가 아니라는 의미에서 세계의 창조물과 차이를 갖는 것이다. 다시 말하면, 하느님과 세계의 차이는 근원을 향해 가는 초월적 경험 안에서 하느님이 존재의 원천이고 목표로서 전 존재의 현실이 하느님에 의해 지탱된다고 인식하는 가운데, 그 하느님과의 일치 안에서 구별되어 이해되는 것이다. 라너는 그 차이에 관하여 다음과 같이 말하고 있다.

> 하느님은 세계와 당신 자신의 구별을 스스로 창설하고, 또 스스로 이 구별 자체이고, 그러므로 바로 이 구별에서 최대의 일치를 가능하게 하는 것이다. 구별 자체도 역시 하느님으로부터 유래한다. 그리고 구별 자체가 하느님과 동일하다고 해도 좋다.GG 93

라너는 창조자 하느님과 창조물 세계를 구분하는 이원론을 우선 극복해야 할 과제로 보았지만 하느님과 세계를 무차별적으로 일치된 것으로 파악하는 범신론 역시 잘못된 것임을 지적하고 있다. 이원론을 극복하기 위하여 범신론적인 통합으로 단순히 전환한다고 문제가 해결될 수는 없다. 그렇지만 하느님을 우리의 본원적 근거로서 인식하는 일치를 통하여 얻게 되는 초월적 경험의 측면에서 범신론적 사고가 어느 정도 진리의 일부를 담고 있다는 점을 라너는 받아들였다.GG 93 즉 이 두 관점을 상호 배타적인 것으로 보는 것이 아니라 각기 부분적 진리를 갖고 있다고 봄으로써 이원론과 범신론을 중재하는 방식을 보인 것이다.

하지만 이러한 라너의 견해를 범재신론으로 규정하는 것은 성급한 판단일 수 있다. 라너는 그의 신학적 전제로서 하느님을 인간의 유한한 능력으로 파악 불가능한 절대적 신비로 보는 데에는 변함이 없다. 즉 하느님은 세계를 통하여 계시되고 드러나지만 유한한 존재인 인간이 접근할 수 없는 절대적 신비라는 점에서 구별된다는 것이 그의 신학의 바탕을 이룬다.[178] 그는 세계를 하느님의 성사로 바라본다. 하느님의 은총이 유한한 물질적 세계를 통하여 자기-전달되며 세계의 모든 창조물을 통하여 하느님이 현존하심을 경험한다.

세계를 대상으로만 비라보았던 인간중심주의 세계관의 대안으로 제시된 생태주의 세계관은 지구를 비롯한 모든 창조물 자체가 스스로 영적 생명을 갖고 있다고 보았다. 창조주와의 관계가 배제된 세계만의 생태신학은 인간 중심의 문제점을 극복하기 위한 방향을 지구 혹은 우주 자체의 생명에 둔다거나 생태평등주의로 나아간다. 창조주 의식이 없는 생태주의는 그 이념을 이끄는 주체가 또한 인간이라는 점에서 결국은 인간중심주의의 다른 양상일 수밖에 없다. 그러한 측면에서 라너가 제시하는 구원 경륜의 삼위일체 하느님에 관한 성찰은 인간 중심적 접근과 생태주의 양 극단의 무신론적 생태론에 모든 창조물의 조화로운 질서를 추구하는 창조주의 의지를 반영하는 대안적 가치를 제시할 수 있다.

2.3.3 내재적 삼위일체와 경륜적 삼위일체의 일치

라너는 존재의 원천이신 하느님이 위격들 고유의 방식으로 자신을 세계에 전달하고 있다는 그의 생각을 "경륜적 삼위일체는 내재적 삼위일체이고, 그 역도 마찬가지이다."TT 22[179]라는 공리로 정리하여 제시하였다. 경륜과 내재가 동일하다는 이 명제가 의미하는 바는 성삼위에게 있어 별도의 내적 생활이 있고 또 세계와의 관계를 통한 구원 경륜의 삼위의 활동이 있다는 것이 아니라, 구원 역사 안에서 행하시는 방식 그 자체가 성삼위일체의 존재방식임을 의미하는 것이다.[180] 라너의 이 공리에 대하여 전지전능하신 하느님에 관하여 내재와 경륜을 일치시켜 버린다면 하느님의 유일성과 자유를 지탱하는 근본적 토대를 무시하는 것이라는 비판이 제기되었다. 즉 하느님은 당신의 자유로운 의사와 행위로 세계에 자신을 계시하시는 분이신데, 하느님의 경륜적 삼위일체가 곧 내재적 존재방식이라면 온전히 전능한 하느님의 자유가 부정되고 필연적으로 역사 안에서 활동하는 하느님으로 제한되는 것은 아닌가 라는 점이다.[181] 라너에게 제기되는 이러한 비판들은 그의 주장들이 아우구스티누스-안셀무스-아퀴나스로 이어지며 하느님의 유일성이 강조되던 서방 신학의 전통적 이해와는 분명한 거리를 두고 있다는 점이 발견되면서 그에 관한 반론으로 제기되는 것들이었다.

현대에 이르러 신학의 방향을 새로 정립했다는 평가를 받는 라너의 담론들에는 그의 인간학적 초월 신학의 바탕을 흐르는 은총에 관한 하느님의 자기-전달 개념이 있다. 세 위격은 자신들의 고유한 독특성과 다양성 안에서 위격들 간의 관계적 특성에 의하여 상호 자기-전달이 일어남TT 35-36과 동시에, 자신들의 고유한 방식에 의한 무한한 은총으로서 인간과 관계한다. 하느님의 세 위격이 각각 인간과의 관계에 있어서 모두 성자의 위격과 같은 방식으로 관계한다면 그것은 삼신론이 될 것이다. 하지만 그리스도교 전통의 신앙 경험을 통하여 전승되어 오는 신앙 감각은 세계 안에서 인간이 되신 그리스도의 고유한 관계 방식을 다른 두 위격과는 명확히 구분하여 인식하고 있기 때문에 세 위격은 삼신론적 복수성을 갖지 않는다.TT 29 한 분 하느님뿐만 아니라 하느님을 세 위격으로서 인식할 수 있는 근거는 각 위격들이 구원 경륜의 관계에 있어 매우 독특한 차이점들을 갖고 있기 때문이다. 즉 세계를 향한 위격들의 특별한 관계적 차이가 삼위일체의 근거가 되는 것이다.TT 28-29

  라너는 삼위일체와 세계의 관계에 관한 설명을 통하여 아들의 사명인 육화는 하느님이 구분되지 않는 온전한 단일성으로 세계에 현존하는 것이 아니라 한 분이지만 위격들로 구분된 삼위일체로 현존하는 것을 분명히 보여준다고 강조하였다.TT 23. 27 또한 성삼위의 근거가 되는 성부에 관해 서술할 때, 하느님의 본성에 관한 추상적 사변에서 출발하지 않고 구체적으로 자신의 말씀과 영에 의해 그 자신과 통교하는 아버지 위격으로 관계하는 하느님으로서 접근하는 것을 보여주었다. 그러므로 우리는 하느님을 구원 역사를 통하여 세계와 소통하는 분으로서 알아볼 수 있으며, 스스로 세계와 삼중의 방식으로 통교하면서 자기-전달을 하시는 하느님이란 삼위일체를 통하여서 이루어지는 것이다.TT 44-45; 58-59 그러므로 내재적 삼위일체와 경륜적 삼위일체는 구분하여 생각할 수 없는 동일한 것이라는 통합적 관점을 갖는다.

2.4 라너 신학에 관한 비판과 의의

2.4.1 비판적 접근

'내재적'이라는 말은 하느님 안에 어떤 '내적인 삶'을 갖고 있다는 인상을 준다. 하지만 캐서린 모리 라쿠나Catherine Mowry LaCugna, 1952~1997, 이하 '라쿠나'는 하느님과 세계의 경계를 가르는 지평이란 애당초 존재하지 않으므로 이 말은 '하느님이신 하느님'God in se 혹은 God ad intra을 '우리를 위한 하느님'과 구분하기 위하여 사용하는 용어라는 점을 오해하지 말 것을 강조한다.[182] 라너가 보여준 '내재적'이라는 의미는 한 분 하느님의 자기-전달, 즉 다른 위격들과 소통하는 위격들로서 구체적으로 존재하는 하느님을 의미한다. 그러한 의미에서 그때

까지 내재적 접근 위주의 삼위일체가 내재와 경륜의 상호 호혜적 관계로 이동하게 된 것은 라너의 공헌이 아닐 수 없다.

하지만 창조 이전부터 친히 완전하신 분으로 그 존재가 창조에 의해 구성되는 것도 아니고 창조의 확장도 아닌 하느님의 존재를 세계와 너무 밀접하게 동일시하여 세계와 관계된 존재로 규정함으로써 마땅히 인정되고 존중되어야 할 하느님의 자유와 창조된 세계의 자유가 위험에 처하게 되었다는 비판에 기본적으로 노출되고 있다.[183] 발타살은 일찍이 이점에 대하여 심각하게 문제를 제기하였다. 그는 내재적 삼위일체란 경륜적 삼위일체에 근거를 제시하는 실재를 의미하므로 두 가지가 라너가 말하듯이 단순하게 동일한 것이 아니라는 점을 잊어서는 안 된다고 보았다. 그렇게 된다면, 하느님의 무한한 독립적 자유는 제한되어 하느님은 유한한 세계의 과정을 거치지 않고는 당신 자신일 수 없게 된다는 중요한 오류에 직면하게 된다는 것을 지적하였다.[184]

그렇지만 라너가 그의 신학의 핵심 주제로 삼고 있는 자기-전달 개념은 하느님과 세계와의 관계에서 초월의 기반이 되는 것으로 이미 근본적으로 자유롭고 무상적으로 전달된 것이다. 그렇기 때문에 그가 제시한 공리는 하느님의 자유에 관한 문제를 설명하려는 것이 아니라 경륜과 하느님 존재를 구분하여 생각하던 신학적 오류를 바로잡는 것을 목적으로 한다고 볼 수 있다. 라너가 생각하고 있는 하느님은 여전히 인간의 인식에 의해 파악될 수 없는 초월적 신비이며 또 그러한 신비의 성격에 의해 파악되는 분이다.[185] 하느님의 자유에 관한 비판에도 불구하고 많은 신학자들은 "라너는 하느님의 영원성이란 세계의 역사에 의해 자기를 구성해 가는 것과는 상관없이 독립적이라는 전통적 주장을 견지하였다."[186]고 보고 있다.

경륜과 내재에 관한 그의 공리의 관심은 세계의 역사가 된 육화가 어떻게 하느님 자체의 페리코레시스를 위한 내적인 것이 되는 것인지를 설명하는 길을 제시한 것이었다.[187] 그리하여 세계의 구원을 위한 사명을 지니고 육화한 그리스도가 세계 안에 진입하게 됨으로써 유한한 모든 창조물 전체는 하느님의 '자기-관계성'의 영원성 안으로 편입하게 되는 것이다. 라너의 이러한 통찰의 연장선상에서 라쿠나는 내재적 삼위일체가 신학적 공론 내지는 허구로 주장되어서는 안되며 하느님 존재 자체는 존재론적 차원이 아니라 세계와의 '관계' 속에서 성립하는 것이라고 주장하였다.

> 하느님은 사실상de facto 세계와 관계하면서 존재한다. 하느님께서 관계 속에 존재하지 않는 것본질 자체인 양 하느님을 이론화하거나 하느님과 세계의 관계를 하느님의 본성에 관한 기초 진리로 가정하는 것은 존재하지 않는 하느님에 대한 환상이다.[188]

라너가 그의 그리스도론에서 창조를 어떤 측면의 유출

emanation이나 연장extension이라고 파악한 것에 관하여 그것이 어떻게 그리스도인 신앙의 맥락에서 고백하는 하느님의 사랑에 해당할 수 있는지가 불명확하다는 점도 제기되고 있는 비판의 하나이다.[189]

지금까지 신학의 삼위일체론이 설명하고자 한 하느님 세 위격이란 세계와의 관계에서 단지 어떤 가능성만 제시하는 것으로서 그리스도를 믿는 신앙인에게 있어서만 실제로 발생하는 하느님의 이타적 사랑의 신비로 설명되었다면, 라너는 삼위일체론을 통하여 하느님의 존재 구조에서 세계에 대한 창조와 구원에 관한 설명을 발견하려고 하였다.[190] 그러므로 인간 예수와 삼위일체를 통합하는 방법으로서 경륜적 삼위일체를 강조한 중심에는 단지 그리스도교 신앙인만의 구원이 아닌 인간의 속성을 지닌 전 인류에 대한 보편주의적 관점이 존재한다.

이는 그의 '익명의 그리스도인'Anonymous Christian 주장과 함께 정통주의 혹은 복음주의 신학에서 비판을 받는 주요 논제이기도 하다. 라너에 의하면, 하느님의 자기-전달에 의한 열려진 은총의 구조는 하느님 보편적 구원의지와 필연적으로 연결된다. 그러므로 하느님의 초자연적 계시 역시 세계에 개방되어 언제나 어디서나 필연적으로 일어나며 인류의 구체적 역사는 그 자체가 하느님 구원사가 된다는 주장은 다양한 문화와 전통에 개방되어 있는 오늘날 그리스도교 신앙을 보다 합리적으로 설명하는 장점을 가질 수 있는 것이다.

내재와 경륜의 일치에 관한 라너의 명제를 하느님을 인식하는 방법의 원리로서 생각한다면 경륜적 삼위일체가 내재적 삼위일체를 드러낸다는 그의 언명에 동의가 가능하지만, 그 명제의 상호 호혜적 측면은 내재와 경륜을 연결하는 지점에서 관계론적 개념보다 존재론적으로 해석되기도 한다는 점이 지적되기도 하였다. 이것은 본래 라너가 설명하고자 의도한 것과는 전혀 다른 것으로, 하느님과 세계를 범주적으로 구분지어 생각함으로써 비롯되는 것이다. 그러므로 세계 안에 함께하시며 구원 경륜을 통하여 창조물과 함께하는 역사를 강조하는 쪽으로 신학적 방향을 선회시킨 그의 의도의 맥락에 주목하여 그의 명제를 세밀히 고찰할 필요가 있다.

라너는 삼위일체의 심리적 유비와 사회적 유비가 모두 어느 정도 문제를 갖고 있다고 보았다. 삼신론을 경계한 그는 인간 인격의 근대적 개념과 '세 위격'이라는 정식이 연관되어 이해될 것을 걱정하여 삼위일체를 세 위격의 공동체로 이해하는 사회적 유비를 제시하지 않았다.

그는 심리적 유비에 의한 삼위일체론은 구원 경륜을 쉽게 망각한다는 점도 비판하였다. 그것은 은총의 경험보다 하느님의 내적 본성에 관한 사변적 이론화에 기반을 둔 영지주의에 가까운 지나친 사변으로 구원 경륜에서의 하느님 경험을 무시하는 것이라고 비판한다.GG 135/187-188 하지만 하느님이 세계와 인간 영혼에 삼위일체의 성격으로 현존하는 특성에 중점을 두었던 라너의 삼위일체론은 삼위일체에 관한 접근에 있어서 단일성 보다 삼위성에 강조를 두고 있는 것은 확실하다.

그리고 라너가 세 위격에 관한 심리적 유비를 거부한 것은 역으로 사회적 유비를 고려해 볼 만한 길을 마련한 것으로도 볼 수 있다. 그럼에도 불구하고, 현대의 인격 개념과는 차이가 있으면서 그렇다고 양태론의 모델도 아닌 라너가 제기한 하느님 '위격'의 개념에 관한 질문들은 사회적 삼위일체 모델이 딛고 넘어야 할 도전으로 남아 있다. 이에 관해서는 뒤에 설명할 상호주체성 개념과 사회로서의 실체 개념을 도입하여 삼위일체를 과정 철학적으로 설명하고 있는 브라켄 등의 방법론에서 새로운 형이상학적 가능성을 찾아볼 수 있다.

2.4.2 생태론적 의의와 한계

라너의 인간학적 접근은 신이 사라져 버린 인간 중심의 계몽주의적 인간학과는 철저하게 다른 근거로 시작한다. 그는 아퀴나스의 인식론적 명제를 주석하면서 초월적 특성을 지닌 인간의 정신에 의해 하느님이 인간 인식의 근거가 됨을 밝혔다. 존재에 대한 인간의 물음은 초월을 위한 조건으로서, 이러한 인간은 육신적 특성인 세계 내재성과 정신적 특성인 세계 초월성을 지닌 양면적 유일 존재로서 '세계 내 정신'이라고 규정하였다. 인간의 초월적 특성은 하느님이 자신을 전달할 수 있는 근거가 된다. 하느님이 은총의 방식으로 자신을 세계에 증여함으로써 하느님은 초월의 영역에만 머무르시는 분이 아닌 세계의 일상적 삶 안에서 어디서나 무한성으로 존재한다. 이러한 하느님의 세계 내 존재 방식은 하느님 스스로의 내적 존재 방식과 구분되는 다른 것이 아니다. 그간의 서방 전통 신학이 하느님과 세계를 이원적으로 생각하였다면, 라너는 구체적 역사 안에 존재하는 하느님과 하느님 자신을 구분하지 않는 일원론적인 입장을 확실히 하였다.

라너의 삼위일체론도 역시 성부 하느님에서 출발한다. 하지만 하느님의 무한한 유일성에 관심이 집중되었던 종래의 전통 신학과는 달리 세 위격의 고유성을 그 사명과 연관시켜 명백히 구별되는 것으로 인식한다. 또한 라너의 삼위일체론은 하느님의 '자기-전달'의 개념을 기반으로 한다. 구원 역사에서 경험되는 하느님의 위격은 하느님이 창조물에게 육화와 은총의 방식으로 스스로를 전달한 것이다. 이렇게 하느님이 피조 세계에 대하여 자신을 전달하는 방식은 곧 하느님 자신의 존재 방식이 된다. 역사적 사건 안에서 발생한 하느님의 육화는 하느님과 인간 사이의 본질적인 연결이 구체적 역사성 안에서 발생한 것으로 인간에게 있어서는 하느님의 '자기-전달'이 이루어진 초월성을 경험하는 자리이다. 이는 삼위일체론이 구체적으로 출발하게 되는 지점이기도 하다.

인간이란 물질이 정신을 통하여 하느님 안으로 자기 초월함으로써 하느님의 자기-전달에 참여하여 자신을 발견하는 존재자이다. 개별 인간의 측면에서 궁극적 자기 초월은 신적 본성에 참여하여 신성과 인성이 일치되어 가는 신화를 통하여 이루어지며, 육화는 개별적 인간 차원을 넘어서서 세계가 신화되기 시작하는 지점이 된다.

하느님의 자기-전달에 의한 은총은 항상 구체적으로 세계에 주어지며, 육화를 설명하는 '위격적 결합'은 세계에 실재하는 하느님 현존을 설명하는 기본적 원리이다. 그리스도교의 핵심적 신앙이란 유한한 물질적 세계가 하느님 현존을 인식하는 데 방해가 되는 것이 아니라 오히려 하느님의 현존을 매개하고 나아가 현존이 머무르는 곳이라는 것을 인식하는 것이다.

구원 역사 안에서 구체적이고 고유한 사명을 지닌 성령은, 육화와 더불어 성부와 성자의 영으로서 하느님의 자기-전달을 수용하는 역할을 갖는다. 성령은 더욱 존재론적으로 설명될 수 있는 것이 아니라 고유한 역할을 가진 구별되는 실재로서 관계적으로 이해되는 것이다. '창조되지 않은 은총'인 성령과 함께 하느님의 자기-전달은 고유한 삼중적 발출의 관계로 나타나게 된다. 그러므로 그리스도론과 은총론은 삼위일체 교리의 한 부분이 된다.

라너는 그간의 신학이 그리스도교 신앙인들의 삶 안에서의 믿음과 영성에서 단절된 내재적 하느님의 유일성에 초점을 맞추었던 것에 반론을 제기하는 것으로 그의 삼위일체론을 시작하였다. 삼위일체 신학의 출발점은 구원 역사 안에서 삼위일체 하느님을 경험하는 것이어야 하기 때문에, 궁극적으로 삼위일체는 구원 계시의 신비이지 추상적 사변일 수는 없다는 것이다. 라너의 방법은 삼위일체를 하느님의 내적 존재에 관한 사변에서 벗어나, 그리스도교 메시지의 중심에 암시된 어떤 것으로서 보도록 하였다.

그러므로 라너는 하느님에 관한 질문의 답을 인간 외부에 있는 자연을 통해서가 아니라 자기 경험을 분석하는 자기반성을 통하여 얻을 수 있다고 보고 있다. 이런 측면에서 출발하는 라너의 신학은 인간 중심적이라기보다 하느님 중심적이 된다. 하비 이간Harvey D. Egan, 1937~ 은 은총과 인간 사이의 상호 관계를 고려할 때 라너의 신학이 본질적으로 '하느님 중심의 인간학'이라고 설명한다. 인간이 경험하는 하느님의 계시를 이해하기 위하여 인간의 실존을 규명하는 신학적 작업을 수행하였던 라너의 신학은 하느님과의 일치를 바탕으로 하느님의 말씀으로 경험되는 내용을 이해하게 되는 하느님 중심적 인간학의 신학이라고 볼 수 있다.[191]

그리스도 육화에 의한 세계의 신화의 시작은 종말론적 완성을 향한 도상에 있다. 라너의 신학이 분명한 용어로 생태신학을 직접 언급하지 않더라도 삼위일체적 계시가 가져다주는 그리스도교의 근본적 신론이 전달하는 생태신학적 의미를 충분히 밝히고 있다는 것을 알 수 있다.

한편 라너의 삼위일체론이 세 위격을 구원 경륜의 측면에서 명확하게 구별되는 것으로 확인하는 측면에서는 성공하였다고 하더라도, 인간의 인식 구조를 통한 분석은 사변적 추상성을 벗어나지 못한다고 볼 수 있다. 그런 측면에서, 라너가 유한한 하느님으로 환원되는 것은 아닌지 비판의 눈길을 돌렸던 유기체 철학을 기반으로 한 신학에 주목할 필요가 있다.

특히 일련의 유기적 구조를 갖는 사회를 존재의 단위로 해석해 간 브락켄은 하느님 삼위일체에 있어서도 세계의 존재들과 동일한 형이상학 원리 안에서 실체성을 설명하였다. 브락켄의 유기적 모델은 과정 사상의 형이상학적 원리를 사용하여 모든 만물이 상호 관계를 통하여 연결되어 있는 공동체적 존재이며, 그 안에 그들 개별 개체들의 합을 초월하는 상호주체성과 그것을 통합하는 정신성이 존재한다는 것을 자연과학과 신학을 통합하는 일원적 실체론으로 해석하여 간다. 사회적 존재론을 통하여 설명한 다자의 합생 및 특정한 복합체의 사회를 구성하는 과정에서 개체적 통일성을 획득해 가는 모습 등은 전체주의를 배격하며 생명의 논리에 기반을 둔 진정한 생태 윤리적 비전을 제시하는 것이기도 하다.

다음 장에서는 라너의 삼위일체론에서 명확하지 않았던 실체적 접근을 염두에 두고 브락켄의 삼위일체론과 그것의 생태신학적 의미를 살펴보고자 한다.

제 **3** 장

조셉 브락켄의 삼위일체론과 생태론

미국 예수회 신학자인 브락켄은 아리스토텔레스적 실체론을 벗어나 과정 자체를 존재로 바라보는 현대 과정 사상의 틀을 응용하여 한 분 하느님을 세 위격의 사회적 실체로 이해하고자 시도하였다. 그는 모든 만물은 역동적인 변화의 과정 안에 있으며 존재하는 모든 것은 상호 연관되어 있다는 과정 사상의 기본 원칙을 받아들여 인격을 한 순간에서 다음 순간으로 연속하여 이어지는 경험들에 반응하여 형성되는 끊임없이 변해가는 것으로 이해하였다.[192] 이를 통해 하느님의 위격을 '개별적으로 질서화된 사회'로 보고, 하느님의 단일성을 '세 위격의 사회'로 설명한다.

'개별적으로 질서화된 사회들의 사회'society of personally ordered societies는 그 자체에서 전체를 통합하여 총괄하는 사회가 파생되어 존재론적으로 단일화됨으로써 개별 구성원들의 단순한 합보다 더 큰 것이 된다. 그러므로 하느님 세 위격이 한 본질로서 단일성을 갖는 구조를 과정 사상의 형이상학에 의하여 구체적 실체로서 존재할 수 있음을 논증하면서 세 위격의 일치된 결합이야말로 존재에 있어서 그 개별성 이전에 이미 원초적으로 근본적인 것으로 본다.

3.1 브락켄 신학의 배경적 사유: 과정 사상

브락켄은 화이트헤드의 과정 형이상학적 접근방식을 사용하여 하느님의 삼위일체에 관한 설명을 전개하였다. 그의 신학적 접근은 화이트헤드 뿐 아니라 과정 철학을 신학으로 발전시킨 하트숀의 영향을 받았으며, 특히 그는 사회심리학적 '장'이론field theory을 도입하여 하느님 세 위격이 공동으로 구성하는 활동의 장을 공동체적 결합의 원리로 설명하였다. 과정 형이상학에 근거한 그의 사회적 삼위일체론은 존재에 관한 개념에서부터 화이트헤드의 유기체 철학에 근거하여 출발하고 있다.[193]

3.1.1 존재론의 전환으로서 과정과 실재[194]

화이트헤드는 윌리엄 제임스William James, 1842~1910의 '경험의 방울들'drops of experience이라는 개념에 착안하여 인간의 경험 구조 자체를 사물들의 본성을 이해하는 하나의 실마리로 생각하였다.[195] 그는 근본적으로 지금까지의 입자적 세계관에 의한 실체적 존재론을 부정하고 변화와 창조의 과정 자체를 존재로 바라보는 존재론의 전환에서 출발하였다.

역동적 변화 과정에서 경험의 한 단위를 존재의 단위로 바라보는 그의 독창적 형이상학은 정신과 물체를 이원적으로 조망하지 않고, 하나의 '현실적 존재'actual entity 혹은 '현실적 계기'actual occasion 안에 '물질적 극'physical polar과 '정신적 극'mental polar이 통합되어 있는 것으로 바라본다. 즉 물이나 돌 등과 같은 자연적 사물들도 물질로서만 존재하는 세계의 수동적인 계기로서가 아니라 정신성의 강도만 차이가 있을 뿐 물질과 정신이 통합된 것으로서 스스로 주체적인 것으로 바라본다. 이러한 생각은 주체성의 전제가 되는 정신을 오로지 인간 만이 가지고 있다고 봄으로써 그 외 모든 자연적 창조물은 객체적 대상이 되는 인간중심주의적 사고를 그 형이상학적 근원에서부터 근본적으로 부정하는 것이다.

입자적 실체가 아니라 경험 안에서 상호 의존하는 경험의 방울들을 존재의 단위로 본 화이트헤드는 그 기본 단위를 경험의 양자들quanta로 간주하여 '현실적 존재' 혹은 '현실적 계기'라는 용어로 표현하였다.[196] 현실적 존재는 인접한 환경 여건과의 관계 안에서 그 여건들을 자기화appropriation 하는 과정을 통하여 궁극적이며 실재적인 사물real thing로 존재하게 되며, 이러한 과정은 매 순간 발생하는 자기 창조의 과정이라고 할 수 있다.

매 순간의 '현실적 존재'는 존재가 이행되는 과정의 선후 관계는 있지만 스스로 시간적 추이를 갖지는 않는 오직 현재만이 존재하는 것이다.[197] 이러한 현실적 존재들이 상호 간의 관계를 통하여 서로 영향을 주고받는 과정을 화이트헤드는 '합생'이라는 용어로 표현하였다.[198]

화이트헤드가 설명하는 경험은 현시적 직접성presentational

immediacy으로 나타나는 감각지각뿐 아니라, 인과적 효과성 causal efficacy의 양태로 나타나는 의식을 동반하지 않는 비감각적 지각까지 포함하고 있다.PR 172/356 주로 감각기관이 발달한 고등 유기체들은 직접적 현시성에 의한 감각 지각의 경험이 발달되어 있지만 인과적 효과성에 의한 비감각적 지각은 무기물을 비롯한 모든 유기체가 가지는 경험이다. 따라서 그는 인간과 사물은 존재론적으로 그 강도와 복잡성의 정도만이 다를 뿐 인간에게 다른 사물과 구별되는 특별한 선험성이 있는 것은 아니라고 보았다.[199]

그는 현실적 존재가 합생의 경험을 통하여 실재로서 존재하게 되는 것을 존재의 궁극적 근거로 설정하면서, 존재가 있음으로써 과정이 발생하는 것이 아니라 존재는 바로 경험 과정 그 자체일 뿐이라는 원리를 제시하였다. 그가 "현실적 존재의 '있음'실재적 현존은 그 '생성'에 의해 구성된다."PR 23/87고 말한 것은, 모든 현실적 존재란 스스로 어떤 방향성을 지니는 주체적 지향에 의해 그 계기의 가치가 부여될 수 있다는 것을 의미한다고 할 수 있다. 상호 관계적인 경험 과정을 실재로 파악한 화이트헤드의 혁명적 존재론은 인간 혹은 생물중심주의를 뛰어넘어 전 우주의 모든 사물을 주체적 지향을 갖는 존재로 바라보는 것임을 알 수 있다.

3.1.2 존재들의 공동체적 상호 내재 구조

화이트헤드의 유기체 철학을 이해하기 위해서는 그가 새롭게 정의하고 있는 용어들을 과정적 관점에서 이해할 필요가 있다. 그가 주장하는 존재의 궁극적 단위는 경험을 통하여 자기를 구성해 가는 과정process으로서의 존재이므로, 존재가 무엇인지에 관한 질문은 그 존재의 생성becoming에 관한 질문과 같은 의미이다.PR 23/87 그러므로 존재의 생성 과정인 '합생'은 존재의 실재적인 내적 구조라고 할 수 있으며 PR 212/426, 연속적으로 발생하는 합생의 과정은 그것의 '만족'satisfaction[200]을 목표로 하여 나아가는 것이다.[201] 즉 모든 현실적 존재는 합생의 과정 속에서, 다자many가 새로운 일자one로 되어가는 연접적 통일의 과정 속에 존재하는 것이 그 본성이다.

화이트헤드는 그의 유기체 철학의 개념을 설명하기 위하여 새로운 용어들을 사용하거나 기존의 용어들을 자신의 의미에 맞도록 조정하여 정의하였다.[202] 합생 과정 안에서 현실적 존재들은 주체적으로 자신의 환경을 느끼고 파악한다. 화이트헤드는 그 파악의 방식에 있어서 현실적 실체를 여건으로 하는 물리적 파악과 영원한 객체eternal object[203]를 대상으로 하는 개념적 파악이 공존하고 있다고 보았다. 영원한 객체란 개념은 아리스토텔레스의 형상과 유사한 의미로 사용된 것으로서, 한 존재 안에서 물리적 파악과 개념적 파악이 동시에 발생한다는 것은 하나의 존재에 두 가지 극polar이 함께 존재함을 의미하는 것이다. 이것은 물질과 정신을 이분법으로 나누어 온 서양의 전통적 철학 방식과는 다른 것으로 모든 존재에 있어서 기계론적인 것과 목적론적인 것이 조화되어 있음을 의미한다.

느낌과 파악을 거쳐 합생의 마지막 단계인 '만족'satisfaction에 도달하면 기존의 현실적 존재는 소멸하고 새로운 느낌들의 '자기초월체'superject가 연속되는 경험의 계기들을 통하여 새롭게 살아 있게 된다. 이러한 과정을 거치는 합생은 물리적 계기뿐 아니라 개념적 파악 또한 동시에 존재하기 때문에 생성은 방향성을 통제하는 '주체적 지향'PR 25/90에 의하여 이끌린다. 그러므로 이러한 방향성을 갖는 주체적 지향에 의하여 합생을 계속해 가는 현실적 존재는 자기 초월의 주체가 되며, 그러므로 스스로 내적 가치를 갖는다고 할 수 있다.

그렇지만, 경험의 단위로서의 '현실적 존재'는 우리가 지각할 수 있는 단계의 것은 아니다. 유기체 철학에 따르면 세계 안에서 우리가 지각하는 사물들은 다수의 현실적 존재들이 '공재'togetherness하는 '결합체'nexus, PR 20/81[204]로서 존재한다. 그리고 이러한 결합체들 중에 어떤 사회적 질서를 드러내는 현실적 존재들의 집합체를 '사회'society라고 부른다.PR 89/208 실제로 우리가 세계 안에서 지각할 수 있는 모든 사물들은 '사회'의 형태로 존재하는 것이며 그 사회는 각기 저마다의 질서에 의해 다양한 구조를 갖고 있다.

화이트헤드는 텅 빈 공간에 홀로 존재하는 계기가 아니라 시간을 통하여 지속되며 개별적 질서를 갖는 '존속하는 객체'enduring object의 예로 하나의 분자를 들었다. 그러한 분자들이 모여서 여러 기체들과 액체들 그리고 돌과 같은 다양한 형태의 물리적 객체들이 형성된다. 이것들은 '입자적 사회'corpuscular societies를 형성한다. 하지만 현실의 실체들은 단순한 존속하는 객체 혹은 입자적 사회로 존재하는 것이 아니다.

돌을 예로 든다면, 돌은 잘게 부수어도 그것은 분자들의 입자적 사회로 존재할 뿐으로 단순하게 원자로 나눌 수 있는 것은 아니다. 분자의 구조는 단순히 원자들이 공재하는 그 이상의 것으로 그 전체는 부분의 합과는 전혀 다른 것이다. 그러므로 분자는 단순한 '입자적 사회'corpuscular society라기보다 '구조를 갖는 사회'structured society[205]로 존재한다고 말할 수 있다.

이것은 다른 사물들에 관해서도 동일하게 생각할 수 있다. 인간 역시 시간을 통하여 동일성을 지속해 가는 하나의 의식으로 존재한다 하더라도, 결국 수많은 현실적 존재들이 복합체로서 상호 공재하면서 어떤 질서를 갖추고 있는 '사회'로 존재한다. 이 사회 안에서 발생하는 수많은 현실태들에 대한 물리적 느낌들은 우리의 인지 구조 안에서 하나의 물리적 느낌으로 변환되어transmuted feeling, PR 251/495 다수의 현실적 존재들의 집합을 하나의 통일체로서 지각하게 된다. 가령

나무에 대해서도 우리는 그 나무를 구성하는 모든 경험과 작용들로서 인식하는 것이 아니라 그 모든 것을 포함하는 하나의 나무로 인식하는 것이다. 이 과정에서 현실적 존재들은 내적인 관계에서 상호 일정한 패턴을 갖고 어떤 구조를 이루는 것으로 지각된다. 하나의 세포 역시 분자라는 '종속 사회들'surbodinate societies로 구성되어 일정한 패턴을 갖는 '구조를 갖는 사회'이다. '구조를 갖는 사회'는 자신이 품고 있는 다양한 종속 사회가 자신을 실현하기 위한 조건을 제공한다.

이러한 화이트헤드의 형이상학적 통찰은 브락켄의 삼위일체론을 통하여 그동안 아리스토텔레스의 입자적 실체론으로 충분히 설명하지 못하던 세 위격과 한 분 하느님의 긴장을 위격들로 구성된 구조를 갖는 사회로서 설명할 수 있는 발판을 제공하였다. 또한 현실적 계기들의 합생 과정에서의 지향성은 창조성의 근원으로서 현실 세계를 조건 짓는 비시간적 추상적 존재인 신이 제시되는 근거가 되었다.

3.1.3 양극적 신 이해

화이트헤드는 모든 현실적 존재가 '정신적인 극'mental pole 과 '물리적인 극'physical pole을 갖는 것처럼 신 역시도 양극적 성격을 갖는다고 보았다. 즉 신의 정신적인 극은 '원초적 본성'Divine primordial nature을 갖고, 물리적인 극은 '결과적 본성'Devine consequent nature of God을 갖는다.PR 653-654

화이트헤드가 제시한 '영원한 객체'라는 개념은 현실적 존재들이 현실화되기 위한 형식과 패턴 등의 경험을 설명하기 위하여 도입한 것으로 그 자체의 근거가 되는 무엇인가가 요구되는 것이었다. 화이트헤드는 이러한 영원한 객체들의 존재론적 근거로서 비시간적인 현실적 존재인 '신의 원초적 본성'을 제시하였다.[206] 또한 신은 '느낌의 주체적 형식'을 갖고 모든 개념에 대한 가치를 평가하며, 새로움이나 창조적 전진의 과정은 이러한 개념의 파악에 의하여 신이 제공하는 '최초의 지향'initial aim에 의하여 이루어진다. 즉 신의 '원초적 본성'이란 모든 영원한 객체를 포함하는 개념적 느낌을 통합하는 합생이며, 이 합생은 주체적 지향에 의하여 그 방향이 잡힌다.PR /205-206

하지만 신은 각 현실적 존재들에게 압력을 넣어 의지를 결정하게 하는 방식으로가 아니라 가능태를 제시하는 방식으로 존재한다. 즉 각 현실적 계기들에게 어떠한 가능태를 실현할 것인지를 결정할 자유를 부여하는 것이다. 이것은 다른 의미에서, 신은 시간적 계기들에게 자신을 창조하기 위한 조건을 제공하는 방식으로 창조자로서 현존한다고 보는 것이다.[207] 이런 의미에서 신과 시간적 현실존재들은 현실세계에서 공동으로 창조를 하고 있는 것이다. 하지만 신은 시간의 제약을 받지 않는 무제약적 존재인 반면 시간적 현실존재들은 과정 안에서의 짧은 순간 동안의 창조물이라는 점에서 본질적으로 구분된다.

모든 현실적 존재들은 경험 과정의 합생을 통하여 느낌을 받아들이는 물리적 파악의 수용적 위상과, 그에 반응하여 특정한 개념을 떠올리는 개념적 파악의 반응적 위상 그리고 두 가지 파악이 통합되는 통합적 위상을 경험하게 된다.

화이트헤드는 신 또한 하나의 현실적 존재로서 동일한 위상들을 갖게 된다고 보았다. 그것은 경험을 통한 물리적 파악의 수용적 위상과 '원초적 본성'에 의한 개념적 파악의 반응성 위상, 그리고 이 두 가지가 통합되는 위상으로서 '결과적 본성'으로 이루어진다. 시간적 조건하에서 창조된 세계의 현실적 존재는 창조되자마자 소멸되어 다시 새롭게 생성되는 존재들의 여건이 되는 것으로 존재하지만, 그러나 신의 결과적 본성은 소멸하지 않고 '영원적'everlasting이라는 점에서 유한한 속성의 세계 내 존재들과 구별된다.PR 346/654

> 신의 결과적 본성은 의식적이다. 그것은 신의 본성의 통일성에서의, 그리고 신의 지혜의 변형을 통한 현실 세계의 실현이다. 원초적 본성은 개념적이며, 결과적 본성은 신의 물리적 느낌들이 신의 원초적 경험들 위에 짜여 들어간 것을 말한다.
>
> PR 345/653

결국 신의 결과적 본성은 세계의 시간적 현실적 존재들을 파악함으로서 우리가 경험하는 것에 관한 가치 평가의 근거가 되어 신념을 주기도 하고 종교적 직관을 부여하기도 한다.

그러므로 신은 현실의 세계와 유리되어 초월 세계에 존재하는 신이 아니라 현실성에 충만한 신이 되는 것이다.

화이트헤드는 현실태들이 신의 결과적 본성 안으로 흡수되어 들어가는 것을 종교적으로 설명하는 신의 구원이라고 하였다. 하지만 그 과정을 통하여 신이 지향하는 방향을 거스르며 신의 의지를 거부하는 것들은 '악'으로 평가되어, 신은 부정적 파악을 통하여 그 내용을 소멸시킨다.

> 신의 결과적 본성은 세계에 대한 신의 심판이다. 신은 세계가 신 자신의 삶의 직접성 속에 들어올 때 세계를 구원한다. 신의 결과적 본성은 구원될 수 있는 것은 그 어떤 것도 버리지 않는 사랑의 심판이다.PR 346/655

그러므로 원초적 본성이란 절대적으로 풍부한 가능태에 대하여 무제한적으로 펼쳐지는 개념적 실현이며, 결과적 본성이란 세계 내의 다양한 현실태들이 자유롭게 의지를 수행하는 과정을 수용함으로써 그것들이 신 자신의 경험이 되어 세계의 진화를 파악[208]해 나가는 것이다. 즉 진화하는 세계란 신의 결과적 본성이 신의 원초적 본성의 완결을 향하여 이행해 가는 과정이라고 설명할 수 있으며, 그러므로 신과 세계는 불가분의 관계로 결합되어 있다고 볼 수 있다.

세계가 신에 내재한다고 말하는 것은, 신이 세계에 내재한

다고 말하는 것과 마찬가지로 참이다. 신이 세계를 초월한다
고 말하는 것은 세계가 신을 초월한다고 말하는 것과 마찬가
지로 참이다. 신이 세계를 창조한다고 말하는 것은 세계가 신
을 창조한다고 말하는 것과 마찬가지로 참이다.PR 348/658

　　유기체 철학에서는 신의 본성을 설명하면서 원초적 본성
과 결과적 본성 외에 초월적 본성도 함께 제기한다. 하지만
화이트헤드에게 있어서 신은 소멸하지 않고 결코 객체화할
수 없는 영속적 주체이므로 스스로 초월적 본성을 가지는 것
은 아니다.[209] 다만 신의 자기 초월적 본성이란 원초적 본성
과 결과적 본성에 이은 제3의 본성이 아니라, 초월적 창조성
을 규정하는 측면에서 그것을 설명하기 위한 실용적 가치의
성격으로 이해된다.PR 88/206 즉 현실적 존재는 합생 과정을
통하여 세계를 형성하면서 신의 결과적 본성 안에 흡수되고,
신이 자신 안에서 개념적인 것과 물리적인 것의 통합을 가져
올 때마다 다시 자신을 세계에 부여하는 과정을 신의 자기초
월적 본성이라고 보았다.

　　화이트헤드의 신 개념에서는 하느님을 일방적인 힘이 아
니라 철저히 관계적인 힘을 행사하는 분으로 이해한다. 즉 영
향을 주면서도 영향을 받는다고 할 수 있다. 하지만 영향을
받는다는 의미는 다른 것들에 의하여 수동적으로 통제된다
는 의미가 아니라, 세상과 민감하게 반응하는 개방적 능력,
지속하여 자기를 창조하는 능력, 먼저 영향을 받아서 줄 수

있는 능력을 의미한다.

과정 신학에서 해석하는 하느님 사랑은 철저히 응답하는 사랑이다. 매 순간 하느님은 창조물의 경험에 참여하며 그 창조물들에게 응답하는 방식으로 반응을 보인다.[210] 나아가 창조물을 향하여 창조적인 사랑으로 자신을 계시하면서 끊임없이 변화를 주고받는 화이트헤드 유기체 철학의 신과 세계는 서로에게 새로움을 위한 도구가 되는 것이다.PR 349/659

신은 세상의 현실적인 것들에게 '최초의 지향'initial aim을 제공하면서 세상을 향하여 자신의 뜻을 드러내고, 세계는 이러한 신이 지향하는 의지 혹은 방향에 대하여 스스로 자유로이 주체적 판단을 내리고, 다시 신은 자신에 대한 세계의 판단에 귀기울인다. 그러므로 신의 창조적 활동은 신이 세계에 대하여 창조적으로 응답한 것이다.[211] 신은 더 이상 부동의 원동자가 아니라 그의 결과적 본성 속에서 실재가 더해지면 질수록 변화를 요구받으며 세상과 함께 끊임없이 변하여 가는 것이다.

화이트헤드는 "신은 진·선·미에 관한 자신의 비전에 의해 세계를 이끌어가는 애정 어린 인내심을 갖고 있는 세계의 시인이다."PR 655라고 설명하였다. 이것은 신이 자의적으로 세계를 이끌어가며 각 현실적 존재들의 자유 앞에서 힘을 행사하는 전능한 존재로서 활동하는 것이 아니라, 매 순간 발생하는 현실적 계기들의 합생의 결과가 신을 향하여 서서히 움직이도록 기다리는 수용적인 분이라는 의미이다. 이런 점에서 신은 세계의 현실태들에 대하여 더 많이 알고 있기 때문에 더 많이 고통 받는다고 할 수 있을 것이다. 그러한 맥락에서 "신은 위대한 동반자companion, 이해하며 함께 고통당하는 친구fellow-sufferer who understands이다."PR 351/663라고 화이트헤드는 말하고 있다.

정신적 극으로서 원초적 본성과 물리적 극으로서 결과적 본성을 지닌 화이트헤드의 신 이해에 의하면 하느님은 이상적 존재이며 동시에 현실적 존재이다. 또한 만물의 원인이자 결과이기도 하며, 초월적이면서 동시에 내재적이다. 양극적 본질의 하느님은 신과 세계가 서로 내재하고 초월하는 관계론적 세계관에 따라 범재신론panentheism적 사유의 기반을 제공한다.

브락켄의 삼위일체론은 화이트헤드의 양극적 신 이해를 넘어서서 새로운 주장을 하는 것이 아니라 그것을 바탕으로 하여 삼위일체의 신비를 설명하고 있다. 다만 그의 삼위일체론이 과정 형이상학의 방법론을 바탕으로 세 위격의 주체적 개별성과 한 분 하느님으로서의 일치의 관계를 존재에 관한 사회적 접근과 자연과학적 '장'이론을 적용하여 설명하고 있다는 점에서 그의 고유성이 있다.

3.2 사회적 실체로서의 존재

물리적 극과 정신적 극이 통합된 현실적 존재 혹은 계기를 존재의 기본 단위로 본 화이트헤드의 유기체 철학은 실체에 관한 내재적인 세계를 보다 잘 설명할 수 있다. 또한 이에 기반을 둔 양극적 신론은 하느님의 영원성 안에 통합되어 가면서 지속적으로 새로움을 창조하는 세계와 하느님의 불가분의 관계를 통합적으로 바라보는 근거를 마련하였다. 하지만 현실적 존재는 우리가 현실에서 경험할 수 있는 연속체로서의 구체적 모습을 갖춘 것은 아니다.

현실적 존재 혹은 계기는 세계에서 그것들의 복합체로 존재하며 사회를 이룬다. 브락켄이 의미하는 사회는 현실적 계기들이 일정한 장 안에서 상호주체성을 갖고 어떤 객관성을 구성한다고 파악함으로써 그 자체가 행위자가 된다는 점에서 화이트헤드의 이론을 변형하여 사용한다.

브락켄은 실체를 설명하기 위하여 현실적 계기들 보다 구조적으로 결합된 실재인 사회에 존재론적 우선권을 두고 있다.[212] 이에 대하여 브락켄은 우리가 현실적으로 경험하는 사회적 실체에 대하여 '구조를 갖는 활동의 장'SFA이라는 개념을 도입하여 설명하였다.

3.2.1 구조를 갖는 활동의 장

화이트헤드 철학을 변형시켜 신학적으로 발전시킨 하트숀은 세계를 하느님의 몸으로 보고 하느님과 세계의 관계를 영혼과 육신의 유비로 제안하였다.[213] 즉 인간에게 있어서 정신이 인간 육신 안의 다양한 기관들을 통합하여 질서를 부여하는 역할을 하는 것처럼, 하느님은 세계 내의 다양한 사회들을 구성하는 모든 현실적 존재들을 통합하고 질서와 지향성을 제시한다고 본 것이다.

하지만 브락켄은 무제약적인 하느님과 유한한 계기들의 세계를 이와 같은 방식으로 유비적으로 보는 견해가 존재론적으로 문제가 있다고 평가하였다. 즉 제한적인 육체성에 종속되어 있는 인간과 달리 하느님은 세계가 없어진다 해도 사라지지 않는 무제약적 존재이기 때문에 하느님의 존재가 육신을 갖는다는 것은 하느님의 존재론적 자유를 해치게 되는 것이고 세계의 모든 창조물이 하느님 몸의 일부라고 하는 것도 창조물의 독립성을 해친다고 본 것이다.[214]

한편, 유기체 철학의 경험주의자들인 버나드 멜란드Bernard Meland, 1899~1993와 버나드 루머Bernard Loomer, 1912~1985 등은 세계가 의미의 원천이고 세계의 창조적 진보가 일어나는 성스러운 장소이며 궁극적 신비에 싸인 곳이므로 '세계가 곧 하느님'이라고 주장하였다.[215] 브락켄은 이러한 견해 역시 하느님의 실재를 세계의 실재들로 편입시키고 있다고 비판하

였다.[216]

　브락켄은 과정 신학의 합리주의와 경험주의를 대표하는 이 두 가지 입장을 통합적으로 발전시키고자 하였다. 유한한 피조계의 사회는 모든 것을 포괄하는 하느님의 위격들 안에 참여함으로써 하느님의 실재가 세계의 실재를 담고 있다는 하트숀의 의견을 수용하면서, 이 세계는 하느님의 창조적인 변화가 작용하는 활동의 장 내지는 매트릭스로서 하느님을 경험하는 곳이라는 경험주의자들의 의견을 통합하였다.

　브락켄의 '사회' 개념은 화이트헤드가 현실적 존재 혹은 현실적 계기를 존재의 기본 단위로 하여 그것의 결합체로서 특정한 질서를 갖는 파생적 개념으로 사용한 '사회'와는 다른 것이다. 화이트헤드의 생각에 모든 존재의 행위자agency는 현실적 존재이지 사회가 될 수 없다. 하지만 브락켄은 서로 다른 활동 수준의 실재들을 결합시키는 구조로서의 '장'field 개념을 도입하였다.[217]

　'장'이론field theory, 場理論은 전기장, 자기장 등과 같이 공간 안에서 실재가 작용하는 현상을 설명하는 자연과학적 개념일 뿐만 아니라, 하나의 전체로서 그 부분들은 즉각적인 관계 안에 있으며 서로에게 반응하고 외부에 영향을 받는 관계적인 특성을 지닌 심리적 사회적 현상을 설명하는 개념이다. 또한 사회과학에서는 분리되고 고립되어 있는 입자적 실체라는 개념을 현상학적으로 파악되는 '장'으로 대체하여 이해하는 데에 사용된다.

브락켄의 이론에서 사회는 순간의 경험들이 계승되면서 지속되어지는 장소이면서, 또한 상호 연관되어 구조화되는 과정을 통하여 보다 높은 차원의 사회가 그것을 구성하는 하부 사회들의 현실적 계기들과 연결되어 소통하는 구조를 갖는다. 그런데 브락켄은 이렇게 존속하며 계승하는 사회의 전체적 결합을 유지하기 위하여 서로 다른 다양한 강도를 갖는 사회들을 통합하여 적절화하는 파생된 행위자derivative agency에 주목하였다.TP 98 이는 개별적으로 인격적 질서를 갖춘 personally ordered 인간이나 고등 동물들에게 있어서 정신soul이 그 개체 안의 모든 종속된 세포들과 그 세포들로 이루어진 장기 기관들을 통합하는 작용을 하는 것과 마찬가지로 하등 생물과 무생물 등에서도 강도의 정도는 다르지만 일정한 패턴을 유지하여 전체를 통합하여 존속 계승하는 행위자agency가 있음을 의미하는 것이다.TP 99

3.2.2 공동체와 공동 행위자corporate agency

브락켄은 1978년에 발표하여 학계로부터 주목 받은 논문인 「과정철학과 삼위일체 신학」Process Philosophy and Trinitarian Theology[218]에서 삼위일체의 공동체적 존재론을 통하여 세 위격의 일치의 논리를 과정 철학적으로 해석하여 설명하였다. 화이트헤드는 오직 현실적 계기만을 경험적 주체이며 활동을 이루는 행위자로 이해하였기 때문에 '사회'에 관한 그의 개념은 단지 특정한 구조를 갖고 이루어진 현실적 계기들의 집합체일 뿐 사회 자체를 행위의 주체적 행위자agent로 보지는 않았다. 하지만 브락켄은 데이비드 그리핀David Ray Griffin, 1939~ 이 그의 논문에서[219] 일정한 질서를 갖고 구조화된 사회 안에 형성된 통합하여 지배하는dominant, regnant 사회가 그 자신의 활동과 존재의 수준에서 고유한 행위를 실행한다고 본 것을 주목하였다.

> 화이트헤드는 복합적 존재들의 활동은 단지 가장 단순한 부분들의 활동의 기능에 불과한 덧으로 축소하지 않았다. …… 높은 수준의 현실태들은 낮은 수준의 것들에게 의존한다. 하지만 높은 수준의 것들도 동등하게 실재적이며, 그들 자신의 효과성을 가지고 있다. 그러므로 살아 있는 세포의 활동은 전적으로 무기 구성물들의 산물이 아니라, 그 세포 안에 있는 살아 있는 계기들에 부분적으로 기인한다. 인간의 활동은 전적으로 육체 세포들의 산물이 아니라, 경우에 따라 의식을 가지는 일련의 중심적인 현실적 계기들에 부분적으로 기인한다.[220]

브락켄은 각 사회를 구성하는 현실적 계기들의 통합을 달성하기 위하여 그 기관 안의 서로 다른 소사회들을 협력하도록 하는 '지배하는 소사회'dominant sub-society가 파생되어 존재한다는 것에 주목하였다. 이것은 다양한 소사회들을 통합하는 상호주체성을 갖는 사회로서 우리가 경험하는 실체로서의 사회적 실재의 핵심적 요소가 된다고 보았다. 이렇게 경험되는 실체는 끊임없이 변화하는 세계 안에서 오랜 시간 연속성을 갖고 유지되는 집합체로서 전통적 아리스토텔레스 철학의 실체와 유사하다. 하지만 브락켄이 의미하는 사회적 실체는 낮은 단계의 종속 사회들이 그들 상호 간의 소통을 통하여 서로의 사회에 속하기도 하면서 동시에 높은 단계의 사회에 참여한다는 점에서, 즉 보다 상호 관계적이며 과정적이라는 점에서 전통적 실체 개념과는 구분되는 개념이다.

더 나아가 브락켄은 인격적 질서를 갖고 경험의 계기들이 옮아가는 일종의 환경과 같은 것으로 화이트헤드의 사회 개념을 사용하면서,[221] 전통 형이상학의 연속체와 같은 실체에 대응하는 것으로 '장'개념을 사용하였다. 그 '장'은 현실적 계기들이 활동하는 구조화된 장소이고, 계승하는 경험 계기들의 패턴이 유지되는 장소이며, 개별적 계기들로 이루어진 사회로부터 파생된 '통합적 행위자'가 계승하는 계기들의 법칙을 결정하면서 존재론적 전체성으로 작용하는 곳으로,[222] 그것은 우리가 현실에서 경험하는 입자적 실체와 유사한 것이다.

브락켄은 이 '장'의 내부에서 개별적으로 질서를 갖고 있는 계기들을 통합하여 '지배하는 소사회'로서의 정신이, 이 '구조를 갖는 활동의 장'Structured Field of Activities, 이하 'SFA'을 통하여 그 안을 의식하게 된다고 설명하고 있다.[223] 예를 들어, 인간은 몸 안에서 작동하는 수많은 계기들의 모든 소사회가 활동하는 구조화된 장소이다. 그러나 인간은 그의 '정신' 혹은 '개별적으로 질서를 갖는 살아있는 계기들을 지배하는 소사회'를 통하여 셀 수 없이 많은 계기들의 소사회를 가진 몸을 지배하여 의식을 행사한다. 이로부터 브라켄은 SFA로서의 '사회'를 하나의 실체 단위로 보는 새로운 사회적 존재론을 전개한다.[224]

화이트헤드가 존재의 기본 단위로 본 현실적 존재는 순간적으로 발생하였다가 사라지는 것이지만, 우리가 경험하는 실체는 이러한 '사회' 혹은 SFA가 물리적이고 정신적인 면 모두에서 영속하는 실체의 단위가 된다. 하지만 전통적 개념에서는 실체가 능동적으로 활동을 구성하는 행위자인 반면, 현실적 계기들의 결과인 SFA 개념에서는 그것이 현실적 존재들의 과정적 결과이므로 수동적이라는 점, SFA는 집합적 행위자collective agency라는 점 그리고 SFA 안에는 정적인 존재being 보다 역동적인 되어감'becoming이 있다는 점에서 개념적 차이를 갖는다.[225]

브라켄은 삼위일체에 관하여서도 이외 같은 원리를 적용하여 고찰하였다. 즉 하느님의 삼위일체적 존재방식에 관하여, 독립적 활동의 중심을 가진 세 위격이 함께 존재하는 공동체적 사회로서, 무한한 특성을 갖는 각 위격의 공통된 활동의 장을 통하여 그것을 관통하여 존재하는 하나의 의식인 한 분 하느님으로 존재한다고 이해하는 방식을 제안한 것이다.

그러므로 모든 세포와 그들의 복합체이자 사회인 기관들의 유기적 결합체인 인간의 육체가 단순한 집합적 성격을 초월하여 개체의 구성원 전체를 유기적으로 지배하는 소사회인 정신이 발생한 것으로 이루어졌다고 한다면, 하느님 세 위격의 공동체는 이와 유사한 원리에 의해 위격들의 사회를 초월하여 관통하는 공동의 상호주체적 행위자를 통하여 한 분 하느님의 실체로 인식된다.

이것은 우주적 영혼이나 의식을 갖는 현실적 계기들이 개별적으로 질서화된 사회와는 다른 것이다. 즉 특수하며 개별적인 존재로서의 하느님이 아니라 사회적 공동체와 그 공동체를 이루는 조직적 체계가 강조되는 보편적인 접근의 하느님인 것이다.TP 106 이것은 브라켄이 조시아 로이스Josiah Royce의 책 『그리스도교의 문제』The Problem of Christinity[226]에서 설명한 공동체적 존재에 관한 이해와 같은 맥락을 삼위일체론에 적용한 것이었다.

공동체는 단순한 개별자들의 집합이 아니다. 그것은 일종의 살아있는 결합체로서, 개별자의 몸이 기관을 갖고 있듯이, 기관들을 갖고 있다. 어떤 공동체의 개별 구성원이 이러한 특성을 가지고 있는 것과 마찬가지로, 공동체는 성장하기도 하고 쇠퇴하기도 하며, 건강하기도 하고 병들기도 한다. 젊거나 나이 들기도 한다. 공동체 혹은 개별 구성원 중의 어느 한쪽은 다른 쪽과 마찬가지로 살아있는 생물과 같다.[227]

브락켄은 로이스의 논지로부터 공동체 자체가 어떤 초개인적인 인격이 있는 것으로 파악된다는 점에 주목하였다. 그로부터 공동체 자체가 자신을 구성하는 인격적 구성원들의 존재와 행위를 초월하여 민주적으로 질서화된 구조를 갖는 사회를 이룬다는 통찰을 이끌어 냈다.[228] 그는 공동체에 관한 로이스의 이해를 삼위일체 교리에 적용하여 하느님 세 위격은 공동체로서 생활하며 지속되는 해석의 과정 안에 공통적으로 참여하기 때문에 한 분 하느님이라고 말할 수 있다고 보았다. 그렇지만 하느님 세 위격의 공동체는 인간의 공동체와 다르다는 점 또한 강조하고 있다.

첫째로, 그들 각각은 완전한 자기 인식과 다른 두 위격에 관하여 무제약적인 이해를 갖고 있다. 그렇기 때문에, 그들 사이에는 서로의 의지에 관한 무시 혹은 오해의 결과로 발생하는 불일치 점이 없다. 둘째로, 세 위격은 우리 인간은 단지 불확실하게 인지할 뿐이라는 것을 온전하게 알고 있다. 개별 위격 안의 의지와 마음의 내적 역동성은 초월을 향하며, 보다 광범위한 '마음' 그리고 공동체의 '의지'에 참여한다. 그렇기 때문에 하느님 세 위격은 항상 같이 생각하고 행동함으로써 모순을 경험하지 않는다. 나아가 분명한 공동체[화이트헤드 용어로는 구조화된 사회]로서, 그들은 분리되고 개별적으로 질서화 된 사회로서 각각의 위격들이 이론적으로 가능한 수준보다 더 높은 수준의 일치와 더 큰 현실태를 갖는다. 그렇기 때문에, 구조화된 사회 안에서 오직 서로 간의 관계에 의해서만 이루어진 하느님의 공동체는 하느님의 세 위격으로 이루어진 그보다 더 큰 것이 생각될 수 없는 지고의 존재인 참 하느님이다.[229]

하느님의 내적 생활을 세 위격의 공동체적 해석과정이라고 설명하는 브락켄의 견해는 라너가 삼위일체의 내적 생활을 자기-전달의 방식에 관한 일치로 해석한 것보다 더 뚜렷하게 개별 위격들의 공동체를 부각하고 있다. 동시에 그 위격들의 상호 인격적 과정의 측면을 형이상학적 측면에서 설명함으로써 공동체의 단일적 실체성을 규명하는 것에 초점을 맞추고 있다.

3.2.3 상호주체성

그리스도 신앙인은 그가 속하여 있는 신앙공동체나 혹은 개인의 신앙에 의하여 하느님을 기도나 전례 혹은 기타 종교적 체험에 의하여 인격적으로 경험한다. 이때 경험되는 하느님은 성부, 성자, 성령의 특징적 형태로 우리의 삶 안에서 활동하시는 분으로 해석되어 경험된다.

브락켄은 삼위성을 갖는 하느님의 계시에 있어서 위격이란 아퀴나스의 정의와 마찬가지로 '자립하는 것으로서의 관계'로 보았지만, 그 존재에 관한 해석에서는 과정 형이상학의

방식을 적용하여 '되어감becoming의 지속적인 과정'TP 97으로
보았다. 이 부분에서 그는 관계와 과정에서의 상호주체성 개
념을 도입하여 관계적 실체들을 통한 공동체적 존재론을 전
개한다.

화이트헤드의 유기체 철학에서 존재의 기본 단위인 모든 현
실적 존재는 변화하며 나아가는 과정 안에서 역동적 상호관
계의 주체이다. 끊임없이 발생하는 수많은 상호관계는 동일한
경험을 반복하여 공유하면서 객관적 세계를 쌓아 올리게 되는
동시에 다른 현실적 존재의 주체를 대상으로가 아니라 공통의
우리로 인식하게 된다. 후설의 현상학의 주요 개념이기도 한
'상호주체성' 개념은 화이트헤드의 유기체 철학과 함께 브락
켄에게서 사회적 존재론을 이끄는 주요 개념이 된다.

브락켄은 개별적 인격의 존재론을 중시하는 근대주의적
사고의 실체 개념이나 혹은 사회가 단순한 개체들의 연합
에 불과하여 스스로의 주체성이 없는 것으로 보는 비인격적
모델의 공동체와는 다르게, '공동체, 대화, 상호관계'에 근거
한 상호주체성을 갖는 근본적인 사회적 존재론을 제안하였
다.230

브락켄의 사회적 존재론에 의하면 개별 실체적 존재보다
상호주체성을 갖는 전체성 혹은 집단이 우리가 세계에서 경
험하는 사실적 존재의 출발이다. 하느님에 관한 담론에서도
그와 동일하게, 세 위격으로 이루어지는 상호주체성과 사회
적 존재론을 통하여 일치된 한 분 하느님으로 인식할 수 있

는 것이야말로 우리가 현실적으로 경험하는 하느님 존재의 출발점이 된다고 보았다.

브락켄은 사회적 유비를 적용하여 삼위일체론을 펼친 몰트만 역시 상호주체성을 강조하였음을 지적하였다. 몰트만은 유일신을 우선적으로 강조하는 전통적 삼위일체론에 반대하면서 세 위격의 신적 친교라는 공동체적 사회의 개념을 끌어들여 삼신론적 경향을 보상하려 하였다. 즉 상호인격적 과정의 친교를 강조하는 사회적 유비의 모델을 사용하여 성부, 성자, 성령의 존재론적 일치를 강조함으로써 그리스도교 전통의 근본적 신앙 고백을 유지하려 한 것이다.

브락켄은 몰트만의 이러한 접근 방식이 하느님의 세 위격이 동일한 본성의 영적 실체를 공유하는 형태로 이해한 전통적 삼위일체와는 달리 동등한 위상의 세 위격이 상호 인격적 과정을 통하여 일치를 이루는 현대적 방식의 이해라고 평가하였다.[231] 브락켄은 몰트만의 저서 『십자가에 달리신 하나님』The Crusified God에서 나타나는 성자와 성부의 고통에 관한 몰트만의 이해[232]는 절대적이며 불변하는 하느님 개념에서 벗어나 분리되는 존재의 괴로움을 겪고 새로운 결합을 경험하는 과정적 개념으로 넘어온 것으로 평가하고 있다.

하지만 브락켄은 하느님 세 위격의 내재적 공동체 생활 역시 변화의 과정 안에 있는 것으로 이해하는 이러한 몰트만의 삼위일체론은 그것이 인간 역사의 과정과 어떤 면에서 일치되고 어떤 면에서 구분되는지에 관해, 즉 세계 안에서의 내재

와 세계와 구별되는 초월에 관해 명확하게 설명하고 있지 않다는 지적을 하고 있다.[233]

사회적 모델이 삼신론을 피하려면 세 위격의 연합에 관하여 하느님 본성으로의 통합된 일치가 보다 존재론적으로 단단히 뿌리를 박고 있어야 한다. 브락켄은 몰트만과 동일한 사회적 유비를 사용하였지만 접근 방식에서 다른 길을 취하였다. 일치에 관한 존재론적 개념을 몰트만의 방식과 같이 사회적 연합 개념에 부가적으로 덧붙인 것이 아니라, 보다 근본적으로 성부, 성자, 성령의 위격들 간의 친교로 이루어진 사회적 연합 자체가 최고의 차원에서 존재론적 일치가 될 수 있음을 증명하려 한 것이다. 그것은 화이트헤드의 유기체 철학에 기반을 둔 과정 형이상학으로 존재론적 관점을 이동함으로써 보다 철학적으로 접근하는 것이었다. 브락켄이 발전시킨 삼위일체에 관한 사회적 모델은 특히 양자역학이나 '장' 이론 등 현대 물리학을 설명하는 방식과 동일한 방식을 신학에 적용함으로써 근대주의를 넘어서 통합적 이해를 추구하는 것이라고 볼 수 있다.

그는 라너의 삼위일체론에 관하여 논평하면서, 현대인들이 삼위일체 교의에 무비판적으로 동의하면서도 실제로는 유일신론으로 받아들이고 있는 상황에 관한 라너의 비판에 기본적으로 동의하였다. 또한 라너가 이를 극복하고자 은총에 관한 경험을 바탕으로 경륜적 삼위일체와 내재적 삼위일체의 연결을 시도한 점도 높이 평가하고 있다. 하지만 삼신론의 극복을 위하여 라너가 세 위격을 '하느님 자기-전달의 세 가지 방식'으로 설명함으로써 위격들의 상호관계적 특성보다 하느님의 절대성에 기반을 둔 유일성에 지나치게 강조를 두고 말았다는 점을 지적하였다. 그러므로 그가 시도하였던 내재와 경륜의 일치는 실질적으로 실패한 것이라고 보았다.

즉 내재적 삼위일체를 위격들 간의 '상호 인격적'inter-personal 성격으로 받아들였다면, 그리하여 하느님의 일치에 관하여 위격의 개념을 수정하여 이해를 시도하기보다 하느님의 상호 인격적 본성으로 파악하였다면 보다 더 성공적이지 않았을까하는 점을 지적하고 있다.[234] 이러한 브락켄의 라너 비판은 유일신론으로 회귀하지 않으면서 온전하게 자기의식을 갖는 위격성을 확실히 증명할 수 있어야 한다는 그의 신념을 단적으로 보여주는 것이기도 하다.

브락켄은 또한 라너의 인간학적 관점이 하느님과 세계의 관계에 있어 인간 이외의 모든 창조물과 하느님의 관계는 고려하고 있지 않다는 점도 지적하였다. 이러한 점에서 라너가 비록 하느님과 세계의 관계에 대하여 하느님 자기-전달을 통한 상호인격적인 경륜적 관점으로의 전환을 이루었지만, 여전히 토미즘적 세계관과의 사이에서 완전히 해결하지 못한 긴장이 남아 있다고 보았다.[235] 브락켄이 하느님 은총의 증여를 통한 하느님과 창조물의 역동적 관계의 통교에 주목하는 점에서는 라너에게 동의하면서도, 불변성을 전제하고 있는 비인격적 지평의 하느님과 세계의 관계에 관한 라너의 관점은 브락켄이 기반하고 있는 상호주체적 성격으로 볼 수 없는 점에서 그와 구별된다고 할 수 있다.

3.3 하느님 매트릭스

브락켄은 하느님의 본성에 관하여 그것을 세 위격의 존재와 활동의 조건이 되는 창조적 변화의 원리라고 보았다. 그리고 세 위격이 공동으로 구성하여 하느님의 창조가 끊임없이 발생하는 신적 활동의 장에 관하여 하느님 매트릭스라는 용어를 사용하여 설명하고 있다. 그것은 기억할 수도 없는 수많은 시간으로부터 셀 수 없이 많은 유한한 현실적 계기들의 존재와 활동에 의하여 구성되는 것으로 하느님의 위격들 상호 간의 역동적 관계를 통하여 구성하는 활동의 장인 것이다.TP 103

이곳은 태곳적부터 발생하여 온 무수한 현실적 계기들과 하느님 위격들의 '의지를 가진 활동'이 작용하는 하느님 활동의 장[236]으로서, 매 순간 발생하는 창조는 하느님 세 위격의 공동체적 생활 안으로 끊임없이 통합된다.[237] 모든 현실적 계기들 혹은 현실태들이 끊임없이 발생하고 통합되는 이러한 하느님 활동의 장 즉 하느님 매트릭스는 원초적으로 모든 유한한 그리고 무한한 현실적 계기들의 활동과 존재의 불가피한 조건으로서 하느님 안에 존재하는 하느님 본성이라고 할 수 있다.

3.3.1 하느님 창조 활동의 장

브락켄은 하느님 매트릭스를 화이트헤드가 『과정과 실재』에서 언급한 과거와 현재 그리고 미래 전체 세계에 놓여진 모든 관계적 복합체인 '연장적 연속체'extensive continuum[238]로 이해될 수 있다고 밝히고 있다.TP 103 화이트헤드의 설명에 따르면, 이 관계적 복합체는 현실 세계와 관련된 사실들로부터 도출되는 것이기 때문에 철저히 실제적일 수밖에 없으며,PR103 그러므로 이는 개념적 장소가 아니라 세계와 관련된 실재적인 것을 발생시키는 현실적인 것이다. 현실적 계기들이 끊임없이 발생하여 창조되는 연장적 연속체로서의 하느님 매트릭스는 하느님 위격들의 상호 역동적 관계를 구성하는 활동의 장이 되어 계속되는 우주적 과정을 만들어 간다.

이는 무한한 활동의 장을 구성하는 하느님 세 위격이 그 안에서 위격들 상호 간내재적 그리고 세계와의 관계경륜적를 계속하여 객체화하는 동시에, 시공간적 조건 안에 있는 피조적 경험 주체들 역시 세 위격과의 관계를 통하여 자신들을 객체화함으로써 하느님의 공동체적 생활 안으로 포함되는 것이다. 그리하여 하느님 매트릭스 안에서 세 위격은 각각의 서로 다른 역할을 제외하고는 모든 것을 공유하면서 일치된 한 분

하느님으로서의 존재론적 결합을 구성한다고 보았다.[239]

브라켄은 전통 신학의 '무로부터의 창조'Creatio Ex Nihilo라는 교의를 '장'의 개념으로 설명되는field-oriented 하느님 매트릭스의 개념으로 해석한다.[240] 미립자로부터 은하 세계에 이르기까지 모든 창조 세계는 현실적 계기들이 위계적으로 질서를 갖는 장으로서 하느님 창조의 매트릭스를 구성한다. 이 창조계 전체를 통하여 하느님 세 위격은 그들 자신의 고유한 활동의 장을 점유하면서 모든 창조물과 하느님 삼위일체의 내재적 존재 방식을 나누기 위하여 매 순간 자유로이 결정을 내리고 있으며 우리가 경험하는 현 세계는 그에 대하여 모든 현실적 계기들이 반응한 결과라고 브라켄은 해석하였다. 그러므로 하느님 매트릭스로부터 나오는 창조는 비록 위격들의 자유로운 결정을 통하여 이루어지지만 그것은 하느님 존재의 초월적transpersonal 차원에서 나오는 것이다. '무로부터'ex nihilo라는 것의 의미는 세계의 창조가 이러한 하느님의 초월적 차원의 어떤 적격한 '인식'에서 비롯된다는 의미에서 그렇다는 것이라고 브라켄은 해석한다.

'무로부터의 창조'에 관한 전통적 개념은 창조에 대하여 하느님이 일방적으로 권능을 행사하는 것을 의미하기 때문에 항상 악의 존재에 관한 신정론이 필요하였다. 그러나 브라켄의 원리 중 하나인 상호주체성에 관한 보편적 접근 방식에 의하면 창조도 하느님과 창조물이 일방적이 아닌 상호적 방식으로 이루어지는 초월적transpersonal 차원에서 생성되는 것이다. 그것은 '작동 원인'efficient causality 측면에서 하느님은 창조물이 스스로 결정을 내리도록 허용하여 선과 악에 관한 책임을 갖도록 하면서, '목적 원인'final causality 측면에서 하느님은 창조물의 결정이 우주적 과정에 속하도록 다음에 발생할 일련의 계기들에게 다음 행동을 위한 적절한 '유혹'lure을 제시하는 형식으로 작용하는 것이다.[241]

그러므로 브라켄이 어떤 힘이 도달하는 범위인 '장'의 개념을 사용하여 설명한 '하느님 매트릭스'는, 하느님과 분리된 창조물은 있을 수 없다는 의미를 가지면서 동시에 모든 창조물은 하느님 안에 존재하는 다양한 활동의 장들의 거대한 네트워크 안에서 자신의 존재론적 온전함을 향유하고 있다는 것을 의미한다.

3.3.2 위격들의 고유성과 세계와의 관계

인간은 하느님이라는 실재를 자신의 신앙의 매개를 통하여 세 위격의 역동적 상호관계로서 직접적으로 경험하며 하느님의 본성을 느낀다. 즉 그리스도 신앙인들은 기도와 성찰을 통하여 하느님의 창조를 비인격적 원리로서 깨닫는 것이 아니라, 세 위격의 인격적 특성을 경험하게 되면서 우리의 하느님이 삼위일체이심을 고백하게 되는 것이다. 동시에 세 위격을 고정된 실체로서가 아니라 우리가 살아가는 삶 안에서 활동하며 만나게 되는 역동적 주체로서 경험하는 것이다. 그러므로 하느님의 세 위격은 역사적으로 '자립하는 것으로서의 관계'로 인식되었으며, 이것은 유기적 원리에 의하여 계속 되어지는 되어감becoming의 과정으로 존재한다고 할 수 있다.

브락켄은 하느님의 세 위격을 '각각 온전하게 살아있는 연속적이면서 개별적으로 구조화된 사회로서, 경험의 범위와 깊이와 이해에 있어서 무한한 의식을 가진 살아있는 현실적 계기'TP 100라고 설명한다. 그는 하느님 삼위일체의 내재적 존재 방식에 관하여 각기 구별되는 위격들의 역할을 다음과 같이 설명하고 있다.

> 세 위격은 그 장소 안에서 세 가지의 서로 다른 주체적 초점들 혹은 활동의 중심들을 나타낸다. 이처럼 그들은 세 가지의 구별되는 '인격들'이며, 상호연결적으로 활동하지만 하나이고 동일한 활동의 장소 안에서 서로 다른 기능을 한다. …… 어떤 주어진 순간에, 세 위격이 모두 그들 공통의 활동의 장에 존재하는 거대한 가능태의 영역을 살피면서, 성부는 홀로 어떤 가능태가 그들 공통의 역사의 그 순간에 적절한지를 결정한다. 둘째로, 모든 세 위격이 신의 결과적 본성을 공유하면서, 성자는 홀로 그들의 공통의 생활에서 성부가 선택한 그 가능태를 활성화할 것을 결정한다. 마지막으로, 모든 세 위격이 신의 초월적 본성을 공유하면서, 성령은 홀로 이 활동의 원리를 가능태가 현실태로 계속 변화하도록 하는 것에 적용되도록 결정하면서, 하느님 위격들의 공동체로서 그

들 공동의 삶이 영속화하도록 한다. 그렇게 함으로써, 각각의 하느님 위격은 그들의 공동의 삶을 지속하는 데 있어서 없어서는 안 될 역할을 가진다.TP 101

브라켄의 삼위일체론은 유기체 철학의 형이상학으로부터 존재의 내적 구조의 설명에 집중하였다. 즉 하느님의 내적 존재 방식에 관한 설명을 중심으로 삼위일체론을 전개하였지만, 그것은 결국 하느님과 세계의 불가분성에 의하여 경륜에 관한 이해로 확장되는 것이다. 그는 세 위격의 세계와의 관계를 내적 존재방식과 연관하여 다음과 같이 설명하고 있다.

하느님의 내재적 생활 안에서의 성부의 역할에 의하면, 성부는 창조 세계에서 가능태의 실체적 근원subsitent principle of potentiality이라고 할 수 있다. 그것은, 성부가 성자를 내어놓을 뿐만 아니라, 매 순간 새롭게 합성하는 모든 유한한 계기들에게 화이트헤드가 말하는 '최초의 지향'initial aim, PR 244을 제공한다는 것이다. 말하자면, 성자와 모든 유한한 계기들은 존재하기 위하여 존재의 가능태에게 어떤 반응을 하여야 한다. 다른 한편으로, 하느님의 내재적 생활 안에서의 아들의 역할에 의하여, 성자는 창조 세계에서 잠정적인 혹은 지금 현재 현실태의 실체적 근원subsistent principle of provisional or current actuality이 된다. 이러한 유한한 계기들과 함께 성자가 매 순간 성부의 최초의 지향에 반응함으로써, 단지 성부가 제시한 가능태에 불과하였던 것을 활성화하는 것이다. 마지막으로, 성령은 하느님의 내재적 생활 안에서의 '영'의 역할에 의하여, 창조물 안에서 궁극적 현실태의 실체적 근원subsistent principle of ultimate actuality이 된다. 하느님의 내재적 생활의 충만함과 창조된 세계의 더 큰 완성을 고대하면서, 성령은 성부의 지향과 매순간 모든 유한한 계기들과 함께 하는 성자의 응답을 지속적으로 촉진한다. 이런 과정을 통해 하느님의 내재적 생활과 모든 창조계의 합동 과정joint process이 지속된다.TP 101-2

이를 요약하면 하느님의 내재적 생활에서 성부는 '원초적 기원'으로, 성자는 '원초적 효과'로, 그리고 성령은 '원초적 조건'이 되며, 창조계와의 관계에서 세 위격 모두 신의 '원초적 본성', '결과적 본성' 그리고 '초월적 본성'에 참여하는 것이라고 할 수 있다.

또한 브락켄이 세 위격에 관한 이해를 서로 다른 활동의 중심으로 규정하였고 위격들 간의 일치를 하나이고 동일한 활동의 장인 하느님 매트릭스의 관계로 설명하였다는 점에서 삼위일체 하느님을 개별적 위격들의 단순한 집합적 공동체라고 보는 것은 아니다. 그것은 세 위격의 공동체를 통합하여 계승하는 어떤 일치된 인식이 그 공동체적 사회를 지배하는 구조를 갖는 것이며, 이것은 한 분 하느님의 사회적 실체가 진정한 존재로서 파악되는 지점이 된다.

브락켄은 이러한 방식으로 한 분 하느님에 관한 세 위격의 일치를 형이상학적 구조 안에서 위격들의 독립성을 손상시키지 않으면서 설명하고자 하였다. 다시 말하면 하느님의 본성은 온전한 상호주체성을 갖고 있는 상호 인격적 과정의 공동체적 사회인 것이다. 이러한 사회적 실체론에 기반을 둔 브락켄의 삼위일체론은 서로 구별되는 위격의 독립성을 강조하며 사회적 유비의 친교적 공동체로 파악한 몰트만과 헤리베르트 뮐렌Heribert Mühlen, 1927~2006 및 에버하르트 융엘 Eberhard Jüngel, 1934~ 의 삼위일체론과는 다른 차별성을 드러낸다.242

신에 관하여 두 가지 본성을 설정하였던 화이트헤드는 그의 『과정과 실재』의 결론부에서 신과 세계의 관계에 관하여 간략하게나마 설명하고 있다.243 신의 '원초적 본성'에 의하여 개념이 발생하고 그에 따라 물리적인 합생 혹은 창조가 일어나 완전한 현실태가 된 후에 신의 '결과적 본성'안으로 흡수되는 과정이 연속된다. 화이트헤드는 이것이 세계에 대한 신의 사랑이라고 설명하였다. 화이트헤드가 가졌던 통찰은 "세계에서 이루어지는 것은 천국에서 실재성으로 이전되며, 천국에서의 실재성은 세계로 되돌아 이행한다. 이러한 상호 간의 관계 때문에, 이 세계에서의 사랑은 천국에서의 사랑으로 옮아가며, 다시 세계로 되돌아온다."는 것이다.PR 351/663

브락켄은 화이트헤드의 이 논지를 하느님의 세 위격과 연관시켜 설명하고 있다.244 그는 우선 세 위격이 공히 신의 원초적 본성, 결과적 본성, 초월적 본성에 참여하면서 화이트헤드가 언급한 세계 과정의 네 가지 국면에 각자의 역할로 참여하고 있음을 강조한 후 세 위격에 관하여 각각의 역할을 설명한다.

예를 들어, 성부는 앞서 설명된 것처럼 새로운 현실적 계기에 최초의 지향을 제시하기 때문에 첫 번째 국면의 특징적 방식인 '개념적 창시'와 연관된 것으로 볼 수 있다. 한편, 물리적 창시와 완성된 현실태의 두 번째와 세 번째 국면은 세계 과정에서 성자의 활동과 함께 연관되어 있는 것이다. 그것은, 각 현실적 계기들이 성자와 함께 최초의 지향이라는 측면에서 성부로부터 제시된 새로운 존재의 형태를 수용한다는 것이다. 이것은 개략적으로 화이트헤드가 설명한 두 번째 국면일 것이다. 그러나 각 개별자들이 성부의 제시에 응답하는 것을 통하여, 즉 성부의 제시에 성자가 '예'라고 응답하는 결정과 그 자신을 결합하는 것을 통하여, 그 자신이 성자와 일치를 이룬 모든 다른 계기들의 사회들과 다소 완전하게 연관시킨다. 내가 판단하기에, 이것은 화이트헤드의 세 번째 국면과 관련될 것이다. 마지막으로, 움직임이 다시 한 번 세계와 개별 현실적 계기로 되돌아오는 네 번째 국면에서는 성부의 활동에 관한 두 번째의 특정한 지시가 존재의 다음 순간을 위한 새로운 최초의 지향을 제공할 것이다.[245]

성부는 최초의 지향을 제시할 때 개념적 창시를 유발하고,

성자는 성부의 최초의 지향에 반응하면서 각 현실적 계기 안에서 물리적 창시를 발생시키며, 성부와 성자가 서로의 결합 안에서 모든 다른 계기들의 사회와 온전하게 연관되는 완전한 현실태를 유발시킨다. 그리고 하느님의 창조 활동이 세계로 되돌아가는 네 번째 국면은 '세상에 대한 하느님의 사랑'으로 설명된다. 하지만 지금까지 하느님이 세계를 창조하는 국면에 관하여 위격을 적용하여 설명한 브락켄의 이해에는 성령의 활동에 관한 특별한 언급이 없었다. 브락켄은 이후 성령을 하느님과 세상 사이의 모든 국면에서 그것을 조화시키는 과정을 발생시키는 것으로 설명하고 있다.

> 이러한 네 국면에는 성령의 활동에 관한 특별한 언급이 없다. 성령은 성부와 성자 혹은 하느님(성부)과 세계(어떤 주어진 순간의 모든 유한한 현실적 존재와 함께하는 성자) 사이의 상호 활동에 관한 원초적 조건이기 때문이다. 그러므로 성령은 모든 국면과 한 국면에서 다른 국면으로 이동하는 가운데에 존재한다. …… 하느님 사랑의 특별한 위격인 성령은, 하느님 혹은 세계와 같은 창조 과정의 한 국면에서만 작용하는 것은 아니다. 그보다, 성령은 하느님과 세계 사이의 네 가지 국면을 통하여 그들이 서로 조화를 이루도록 활동한다.[246]

하느님의 창조적 본성에 대한 위격들의 역할에 관하여 설명한 브락켄은, 그렇지만 하느님의 위격들은 세 개의 신이 아니라 하나의 하느님이라는 기본 명제로 다시 돌아온다. 한 분 하느님 안에서 세 위격은 모든 현실적 계기들이 동등한 위상을 갖듯이 절대적으로 동등하기 때문에 매 순간 '서로 의존하는 공동의 기원' 안에서 존재하게 된다. 그러므로 하느님의 세 위격은 모두 창조원초적, 구원결과적 그리고 세계의 성화초월적에 관여한다.

하지만 세계에서의 하느님 위격들의 활동이 세계 과정에 대한 가능태, 잠정적 현실태, 궁극적 현실태의 근원이라고 단순하게 규정할 수 없다고 보았다.TP 102 그렇게 한다면 하느님 경험은 세계에 대한 경험과 완전하게 구분할 수 없기 때문이며, 인간이 그의 삶 안에서 하느님 세 위격의 활동을 경험하는 것은 세계 과정에서의 그러한 방식보다 더 큰 차원의 것을 느끼는 것이기 때문이다.

예를 들어, 의식의 매 순간 성부의 '최초의 지향'은 그 자신과 관련된 모든 가능성을 포함하면서, 그 특정한 순간에 세계와 우리 자신 모두에게 최적의 가능태를 깨닫도록 한다. 그 순간 성부의 현존은 우리의 삶을 보다 높은 윤리적 종교적 가치를 달성하도록 '유혹'lure하는 역할로 느껴진다. 유사하게, 성자는 세계 전체의 과정과 우리 자신들에 대한 잠정적 현실태의 근원이다. 그 안에서 모든 유한한 계기들은, 때로는 의식적으로 그러나 더 자주 무의식적으로, 성부에 지속적으로 응답하는 성자와 결합된다. 그러나 성자와 세계 전체가 바로 지금 함께 존재하는 것은 단지 성령의 빛 안에서 그 이상의 목표와 가치를 얻기 위한 수단일 뿐이다. 모든 세계 과정에 대한 궁극적 현실태의 근원인 성령은 매 순간 성부가 각각의 계기에 대하여 부여하는 '최초의 지향'의 장기적 목표이다. 하느님의 세 위격은 세계 안에서 발생하는 계기들을 통제하지 않으면서 그들의 창조물들이 더욱 성장하고 발전하도록 끊임없이 자극을 준다. 나아가 내가 본 것은, 인간들은 오랜 기간에 걸쳐 하느님 위격들로부터 지속적으로 방향을 인식하면서 기도와 성경 성찰을 통하여 그들 자신의 삶의 패턴을 그 방향과 일치시킨다는 것이다.TP 103

세계는 수많은 현실적 계기들과 다양한 사회들로 구성된 유한한 활동 장소이지만, 또한 무한한 하느님 세 위격이 하느님의 본성과 위격들의 역할에 의해 세계와 역동적 상호 관계를 펼치는 장소이기도 하다. 그러므로 세계는 삼위일체 하느님의 패턴에 의해 구조화되어 있다. 그렇기 때문에 인간은 기도와 성찰을 통하여 세계 안에서의 하느님 패턴을 인식하고 동시에 삼위일체의 존재 패턴을 인식할 수 있는 가능성을 갖고 있다.

그러므로 브락켄은 삼위일체의 교의를 분명히 이해하고 말하기 위하여 무엇보다 기도와 성경 성찰의 필요성을 강조한다. 세계 안에서 발견되는 물질의 운동 원리들에 관하여 하느님 세 위격의 활동과 연결하여 이해하는 것은 신앙의 힘이 필요한 영역일 수 있기 때문이다.

3.4 브락켄 삼위일체론에 관한 비판과 의의

3.4.1 비판적 접근

현대 삼위일체 신학의 논점 중에서 가장 많은 토론이 이루어진 것은 삼위일체의 내재와 경륜의 관계이다. 라너는 일찍이 그의 유명한 공리를 통해 내재와 경륜을 동일한 것으로 결론지었던 한편, 삼위일체가 현실적 삶의 맥락에서 어떤 유형의 인간상과 사회상을 제시할 수 있겠는가에 집중한 보프는 페리코레시스적 생활 속에 있는 하느님의 내재적 삼위일체가 그들의 존재 방식에 의해 경륜적 삼위일체의 기원이 되는 것으로 보았다. 그러므로 보프의 삼위일체론은 내재가 인간에게 계시되는 경륜보다 훨씬 더 크다고 본 것이다.TS 215

이에 비하여 브락켄의 삼위일체론은 하느님 세 위격이 어떤 방식의 관계를 통하여 존재적 일치를 이루는지에 관한 실존적 입장에 중점을 두었다. 그리고 하느님 자신으로서의 하느님God in Godself을 나타내는 내재적 방식은 우리를 위한 하느님God for Us이라는 경륜적 방식으로 재인식하려고 할 때 그 준거점이 된다고 밝히고 있다.[247] 그러므로 내재적 삼위일체와 경륜적 삼위일체는 서로 구분되어 별도로 존재하는 것이 아니라 상호 연결되어 있다는 관점을 가진다.

하지만 경륜에서의 관계란 세 위격의 활동 방식이 상호 직접적으로 내어주며 의존하는 내재적 방식에 비하여, 성부는 최초의 지향을 성자를 통하여 제시하고 성자는 그에 반응하여 세계의 존재들을 통합하며 성령은 성자를 성부와 이어줌으로써 활동하는 방식의 간접적 관계를 갖는다고 보았다. 그 결과 세계는 성령의 활동을 통하여 성부 및 성자의 삶의 일부가 되는 것이다.

이러한 관계의 측면에서 브락켄의 삼위일체론은 하느님과 세계의 관계에 집중하는 경륜적 삼위일체가 하느님 자신의 존재 방식인 내재적 삼위일체 안에 잠긴다immersing고 설명하고 있다.[248]

이처럼 현대 삼위일체론이 내재와 경륜에 대하여 민감한 것은, '신은 죽었다.'고 외친 근대의 정신 사조와 무신론적 세계관에 대항하여 끊임없이 세상과 관계를 맺으시는 하느님의 철저한 관계성을 강조하는 것과 동시에, 세계와의 관계에 얽매이지 않는 절대자 하느님의 진정한 자유로우심을 확보하려는 신학적 노력으로 볼 수 있다. 즉 그리스도인의 경험 안에 녹아 있는 하느님의 구원 경륜에 관한 중요성을 충분히 살리면서, 하느님의 삼위일체적 존재방식을 경륜 속에 와해시키지 않고 영원성을 갖는 하느님의 자유를 타협하지 않는 방식으로 어떻게 삼위일체를 개념화하는가 하는 것에 관한

문제인 것이다.[249]

브락켄의 삼위일체론은 삼위일체의 존재론을 전개하는 데에는 어느 정도 성공하였다고 볼 수 있지만, 그 배경이 되는 과정 사상의 속성상 불변하고 감동이 없는 절대자로서의 하느님을 거부함으로써 하느님의 절대적 자유에 관한 문제를 충분히 설명하지 못한다는 비판에 직면할 수밖에 없다.

즉 세상의 모든 유한한 현실적 존재들은 성부에 대한 성자의 반응 안으로 통합되므로, 하느님의 내재적 생활에서 성부와 성자의 관계 그리고 성자와 성령의 관계에 까지 영향을 미친다고 볼 수 있다.[250] 하지만 하느님 세 위격의 활동의 장은 유한한 현실적 존재들의 세계에 비하여 상상할 수 없을 만큼 훨씬 더 크기 때문에, 세계의 현실적 존재와 계기 및 행위들은 실제적으로 하느님의 생활에 영향을 주는 것이 아니라 신의 공동체적 삶의 일부로서 내재적 삼위일체 안으로 통합되어 잠긴다고 보는 것이다.

모든 현실적 존재와 마찬가지로 삼위일체 하느님도 세 위격의 상호 의존의 관계 속에 있으며, 그러한 하느님의 존재 방식이 세계로 확대되어 모든 창조물이 하느님과 상호 관계적으로 통합된다는 주장은 전통적인 하느님 개념인 초자연주의적 초월의 하느님, 무시간적 하느님, 전능한 통차지로서의 하느님 이해를 거부하는 것이라고 이해될 수 있다.

그러나 그리스도교 계시와 신앙의 원천인 성경으로 돌아가 그곳에서 계시되는 하느님 삼위일체의 활동에 주목한다

면, 인간과 함께 기뻐하고 분노하며 감동을 나누고 설득하며
사랑을 펼치시는 하느님을 만나게 된다. 이런 점에서 브락켄
이 삼위일체 교의를 잘 이해하기 위하여 기도와 성찰을 강조
한 이유를 짐작해 볼 수 있다.

3.4.2 생태론적 의의와 한계

현대 삼위일체론에서 과정 신학을 기반으로 한 브락켄의
삼위일체론의 가장 큰 공헌은 하느님의 내재적 방식에 관한
형이상학적 분석을 시도함으로써 세 위격의 단일성을 보다
확고한 존재론에 기초하게 한 것이다. 경험의 방울들로 표현
되는 현실적 계기를 모든 존재의 기본 단위로 보며 모든 존
재에 정신적 극과 물리적 극이 함께 존재하는 것으로 바라보
는 과정 사상의 형이상학은 근본적으로 인간의 우월성을 인
정하지 않는다. 현실적 계기들의 합생으로 이루어지는 역동
적인 존재론은 세계 안의 모든 실존이 상호 의존의 관계에
있다는 것을 표현한다.

인간뿐 아니라 무생물까지도 포함하여 모든 세계 안의 다
양한 활동의 중심들은 쉬지 않고 진행되는 다른 존재들과의
관계 안에서 상호주체성을 형성하며 자신의 중심을 찾아 나
간다. 인간은 세계 안의 정신을 대표하는 유일한 중심이 아니
라, 전 우주의 시공간 차원을 넘어서는 상상할 수 없는 거대
한 창조의 매트릭스 안에 존재하는 셀 수 없이 많은 중심들

가운데 하나인 것이다.

모든 창조물에 대한 인간의 우월적 의식이 자연에 대한 학대를 불러일으켰고 그 결과 오늘날 생태적 위기에 처하게 되었다는 인간의 자각은 자연과 모든 창조물에 대한 새로운 관계를 회복하고자 하는 생태적 회개를 요청하게 되었다. 그 정신적 배경이었던 인간과 자연, 나아가 창조와 구원을 이분법적으로 사고하였던 근대주의를 극복하기 위하여서는 인간을 포함한 창조물 전체의 내재적 가치가 동등함을 인식해야 할 필요가 있으며, 과정 사상적 사유는 이에 대한 기반을 철학적 기초를 갖고 견고하게 제시한다.

브락켄이 '하느님의 위격들이 그들 상호 간의 역동적 관계를 통하여 구성하는 창조활동의 장이며, 시초부터 발생하였던 무수한 현실적 계기들과 하느님 위격들의 의지를 가진 활동이 작용하는 하느님 활동의 장'으로 표현한 하느님 매트릭스의 개념은 모든 생명 혹은 존재가 상호 의존적 상태로 발생하고 통합되는 세계를 표현한다.

상호 의존적 창조관은 모든 존재들이 신뢰와 돌봄의 관계에 있어야 하며 상호 책임감을 갖는다는 것을 의미한다. 브락켄은 하느님 세 위격의 활동을 창조에서의 그 역할을 기준으로 구분한다. 최초의 지향을 제시하며 '개념적 창시'를 유발하는 성부와, 성부에 응답하여 '물리적 창시'를 발생시키면서 온전한 현실태를 유발하는 성자 그리고 하느님과 세상 사이의 모든 국면에서 성부와 성자를 조화시키는 과정을 발생시키는 성령은, 하느님의 내재적 존재방식에서 어느 하나가 우위에 있지 않고 모두가 동등한 상호의존의 관계 속에 존재하며 사회적 단일 실체를 구성한다. 하느님의 내재적 생활 방식이 표현되어 창조된 세계 역시 각자의 역할에 대한 구분은 있을지언정 모든 창조물은 고유하며 동등한 가치를 갖고 있다. 이는 자연을 지배의 관점에서 바라보았던 가부장적 세계 인식이 하느님 창조의 의지와 전혀 합치하지 않으며 근현대의 역사를 통해 상호의존의 관계성을 왜곡해 왔음을 깨닫게 한다.

브락켄이 제시한 하느님에 관한 사회적 실체론의 공헌 중 하나는 개인주의적 자아 개념에서 공동체적 자아 개념으로의 확장을 통하여 삼위일체론을 중요한 생태적 사유의 근거로서 제시하였다는 점이다. 화이트헤드 사상의 기본적 사유에서 드러나는 '자아'라는 개념은, 어떤 느낌이나 결단이 주변의 다양한 관계 안에서 타자와의 끊임없는 합생에 의하여 생성되어 역사성을 갖고 집적된 것일 뿐, 고정 불변의 실체로서의 '자아'란 없다고 본다.

즉 자아란 명사가 아니라 일련의 과정에 대한 느낌일 뿐이다. 그러한 측면에서, 다양한 현실적 계기들이 특정한 질서를 갖고 모여서 이룬 사회가 상호주체성을 통하여 사회적 실체를 형성하는 사회적 존재론은 세계에 대한 다원적 사고, 상호관계성, 비이원적 통합적 사고, 역동적 자아 개념, 진화적 사고의 기반을 제공한다. 그러므로 자연은 생명이 없는 기계적 존재가 아니라 살아 움직이는 유기체로서 바라보아야 한다.

생태적 종교로서의 그리스도교 영성을 회복하기 위하여서, 기계론적 세계관과 인간 중심적 사고 그리고 지배-종속의 가부장적 관계론이 반영되어 있는 전통적 삼위일체론에 비하여, 브락켄이 제시하는 과정 사상적 삼위일체론은 모든 창조물의 동등한 가치와 존재의 상호의존적 필연성을 제시하면서 자연과 세계를 바라보며 관계적 하느님을 인식하게 되는 새로운 지평이 된다.

라너가 하느님의 초월성과 세계 내재성을 삼위일체의 존재방식으로 설명하면서 물질세계에 의미를 부여했고, 브락켄은 그것의 실체적 구조를 사회적 존재에 관한 형이상학적 분석을 통하여 해석함으로써 하느님과 연결되어 상호적 관계를 갖는 세계의 생태적 구조를 밝혔지만, 삼위일체론이 갖는 실천적 전망에서는 아직 개인적인 관상과 기도의 차원에 머물고 있다. 여기서 한 걸음 나아가 삼위일체론이 사회적 차원에서 생태론에 전달하는 의미는 빈곤과 억압의 구조로부터 해방과 참여와 평등을 추구하며 통합된 사회의 원형을 세 위격의 페리코레시스로 이룬 삼위일체로 전망하는 보프의 신학에서 구체적인 실천적 맥락을 갖고 전달된다.

제 **4** 장

레오나르도 보프의 삼위일체론과 생태론

브라질 신학자인 보프는 페루 도미니코회 사제 구스타보 구티에레즈Gustavo Gutiérrez, 1927~ , 이하 '구티에레즈', 우루과이 예수회 사제 후안 루이스 세군도Juan Luis Segundo, 1925~1996, 엘살바도르 예수회 사제 혼 소브리노Jon Sobrino, 1938~ 등과 함께 라틴아메리카의 역사적 상황을 배경으로 정치적 억압, 경제적 착취, 문화적 소외의 시대와 장소에서 성경을 이해하며 신학을 전개하는 해방신학의 주요 신학자 중 한 사람이다.[251]

그는 삼위일체론에 관하여 성부를 하느님 단일성의 원천으로 보는 동방의 삼위일체 개념과 하느님의 우시아에 세 위격이 참여하여 단일성을 이루는 서방의 삼위일체 개념을 통합하여 완전히 구분되는 하느님 세 위격이 페리코레시스를 통해서 일치를 이루는 제삼의 방식으로 설명하였다. 자신이 처해 있는 남미의 상황에서 바라본 현대의 가장 큰 문제는 개인주의와 물질이 우상화된 왜곡된 자본주의 및 평등과 정의가 실종되고 착취와 인권의 억압이 일상화된 사회로 진단하였다. 이런 현실의 맥락을 배경으로, 상호 동등한 세 위격의 친교와 일치를 통한 온전한 사랑으로 성삼위를 이해하는 것이 시대의 질곡을 극복하는 진정한 인간 공동체 건설의 모형이 된다고 보았다.

그러므로 "삼위일체는 우리의 진정한 사회적 프로그램이다."[252]라는 주장을 통하여 '지금-여기'의 맥락에 근거한 삼위일체에 관한 해방신학적 해석을 이끌었다.[253] 또한 그는 정의와 평등의 사회를 위한 신학적 원리로서 삼위일체론을 전개하면서 개발 논리에 의해 착취되는 자연을 가난한 자의 범주에 포함시킴으로서 이 시대의 생태 문제로까지 영역을 확장하였다.

4.1 보프 신학의 배경: 해방신학

해방신학적 관점은 교회는 가난한 자들과 일치하여 모든 인류의 행복을 추진하여야 한다는 기본적 그리스도교 윤리를 출발점으로 삼는 신학으로서, 교회가 시혜적 자선의 관점에서 가난을 돌보는 것이 아니라 가난한 자들이 자신들의 해방을 위한 노력에 스스로 투신하도록 고무하는 역할을 해야 한다는 것을 강조한다.[254]

또한 빈곤은 저개발 국가가 겪는 사회적 악이며, 저개발은 개발과 동전의 양면으로 하나의 체제 안에서 발생하는 불평등한 종속의 결과라고 사회를 분석한다.[255] 이와 함께 특히 저개발 국가에서의 무분별한 개발에 의해 보호받지 못하고 착취되는 자연 자원 또한 해방되어야 할 가난한 자의 범주로 분별함으로써 생태 위기의 문제를 해방의 관점으로 가져왔다.

4.1.1 해방신학 방법론

그리스도교 신앙에 따르면 인류의 구원은 예수 그리스도에 의하여 일회적이고 전체적으로 보장되었다. 구원이 인간이 승리하여 신화된 상태에 도달하는 종말론을 표현하는 것이라면, 해방은 역사 안에서 그리스도인의 종말론적 관점을 표현하는 것이다. 그렇지만 이 상황은 역사 안에서 단 한 번에 실현되는 것이 아니다. 그것은 전망을 갖고 준비되는 것으로 인간은 현실의 세계에서 시작되어 영원성 안에서 마무리되는 구원의 전 과정에 참여한다. 따라서 구원이란 역사적 과정을 전적으로 초월하는 초역사적인 것이며 동시에 세계 내 존재인 인간에게 있어서는 필연적으로 역사적 과정 안에 놓여 있을 수밖에 없는 것이다.

보프는 해방의 초월적 차원으로서의 구원과 세계를 향한 하느님의 경륜 활동으로서의 해방이란 서로 구별되지만 착취하고 파괴하는 죄로 인해 고통 받는 이들에게서 이루어진다는 점에서 같은 것을 말하고 있는 것으로 보았다.SL 76-77 또한 해방의 과정은 구원의 정치적 차원에 내재된 것이라는 관점과 함께SL 101 인간의 경제적, 정치적, 사회적 문제들을 신학적 차원과 일치시킴으로써 세속적인 것 안에 신학적 요소들이 실제로 숨어 있다고 파악하였다.[256]

해방신학은 가난한 자들을 위한 행동을 정통 그리스도교 신앙의 근본적 요소로 강조한다. 신앙faith에는 합당한 실천

praxis이 요구되며, 신앙은 사랑에 의해 인도될 때 진정한 의미를 갖게 되므로, 사랑의 실천이 없는 신앙은 공허한 것으로서 하느님의 나라로 인도하는 신앙이 아니라는 관점에서 행동하는 신앙을 특별히 중요시 하였다. 신앙인으로서 인간의 노력이란 단순한 사회적 활동을 넘어 신학적 차원을 포함하므로 모든 것은 실천으로 수렴되어 사랑을 실천과 일치시킴으로서 적극적 행동을 요청한 것이다.SL 4/15 신앙인이 자신이 처한 상황에서 효과적으로 실천을 수행하기 위해서는 현실을 정확하게 이해하여야만 한다는 생각으로부터 해방신학은 보다 효과적인 실천을 위한 세 가지 수단으로 사회 분석적, 해석학적 그리고 사목적 접근이 필요하다고 보았다.

해방신학은 빈곤 그 자체 보다 그것이 발생하는 구조에 집중하였기 때문에 가난한 자에 대한 자선을 빈곤에 관한 심층적 원인을 간과하는 태도라고 비판적으로 바라보았다.[257] 그리고 빈곤이 발생하게 되는 구조에 관한 정확한 현실을 알 수 있도록 해주는 도구의 역할로서 사회 분석적 방법을 사용하여 변증법적 구조주의 방식을 선호하였다.[258]

해방신학은 이러한 방식을 통하여 문제의 근본 원인을 다루고자 하였으며, 그것은 필연적으로 개혁을 위한 급진적 입장을 띠게 되었다. 즉 문제의 해결을 위하여 사회의 체계를 개선하는 정도로 만족하지 않고 사회 전체의 구조를 새롭게 변혁하는 형태를 요구하게 되는 것이다. 그 새로운 사회란 소수의 손에 지배된 자본 사회보다 "다수의 노동에 기반하여 권력뿐 아니라 생산된 부와 상품을 다수가 공정하게 나누는 사회"SL 8/22를 지향하는 것이었다.

해석학적 방식은 어떤 현실이나 저술들에 관하여 그것의 원래의 의미를 발견하고자 하는 것이다. 해석학적 방식을 통하여 신학적 영역은 현실에 관한 사회 분석적 이해를 해석하였다. 즉 사회적 문제와 과학적으로 밝혀진 상황들로부터 하느님이 계시하시는 말씀의 진정한 의미가 무엇인지를 밝히는 것이다.SL 9/23 그것은 사회 현실에 대한 분석이란 신학을 위한 수단일 뿐 해방신학이 또 다른 사회적 담론으로 흘러서는 안 된다는 관점을 포함하는 것이다.[259]

교회가 구원을 향하여 해방을 실천하기 위하여 사목적 접근을 어떻게 적절하게 수행해 가야 할 것인가 또한 해방신학의 중요한 구성 요소가 된다. 그리스도교 신앙은 해방을 위한 최고의 차원을 갖고 있다. 그러므로 존재가 회복되고 살아있도록 하기 위하여 해방을 향한 신앙의 차원은 지속적으로 유지되어야 한다. 그러기 위해서 교회가 우선으로 실천해야 하는 것은 해방의 관점을 말씀으로 분명히 표현하고, 교리로서 표명하며, 전례로 찬양하고, 행동으로 실천하는 것이라고 밝히고 있다.[260]

요약하면 보프가 이야기하고 있는 해방신학적 방법론이란 가난한 자들의 해방의 측면에서 그들이 처한 현실을 인문학과 사회과학적 방법론을 사용하여 정확하게 이해하고, 신학적 방식으로 기획하여, 피억압자들의 진보를 촉진하는 사목적 활동을 수행하는 것이다. 그러한 측면에서 그가 제시하고 있는 삼위일체론은 신학의 전통적 진리에 기반을 두면서, 세계의 역사 안에서 가난한 자의 해방을 위한 실천에 있어서 그 활동의 원리와 궁극적 원형을 제시하는 것을 목적으로 하고 있다.

4.1.2 해방신학과 삼위일체론

해방신학에서 구원의 중개자로서의 그리스도론은 처음부터 중심적 위치를 차지하였던 반면 삼위일체론은 그다지 주목받지 못하였다. 이러한 상황에 관하여 보프와 같은 브라질 신학자인 도미니크 바브Dominique Barbé, ~1988, 이하 '바브'는 그의 저서 『은총과 권력』Grace and Power, 1982에서 그리스도론에 지나치게 치중되는 서방 신학적 방법에 따라 구티에레즈, 보프와 같은 해방신학자들 역시 삼위일체에 관한 성찰이 부족하다고 지적하였다.[261] 바브는 신학적 정치적 불평등의 문제에 응답하기에는 삼위일체론이 보다 적합하다는 것을 피력하면서, 해방신학은 '진정한 사회적 프로그램'을 제공하는 동방 신학의 방향에서 접근할 것을 추천하였다.[262] 이후 보프는 그의 『삼위일체와 사회』Trinity and Society, 1988의 출간을 통하여, 사회정치적인 불평등으로 분열된 사회는 성부, 성자, 성령 삼위일체의 신비를 온전히 이해할 수 있는 환경이 되지 못한다는 바브의 주장을 인용하면서[263] 바브의 요청에 진지하게 응답하기 시작하였다.

그러므로 보프의 삼위일체론은 몰트만의 경우처럼 그 자체가 단독적 관심 분야로 형성된 것이 아니라 해방신학의 일반적 범주 안에서 필요성에 의해 병행되어 발전되어 온 것으로 보는 것이 적절하며, 『삼위일체와 사회』는 해방의 관점에서 삼위일체의 교리의 체계화를 시도한 작업이었다.

보프는 그의 신학 초기에 삼위일체에 관하여 해방신학과는 독립적으로 작성한 논문인 「성경 안의 성삼위일체 교리」 The Dogma of the Most Holy Trinity in Sacred Scripture, 1965에서 삼위일체에 관한 성경적 근거를 제시하였다.[264] 이 논문에서 첫째로 그는 성부, 성자, 성령이 서로 구별되는 실체적 위격이라는 점을 강조하고, 둘째로 하느님의 세 위격은 어느 한쪽이 우월하지 않는 상호 평등한 존엄성을 갖고 있음과, 셋째로 이러한 위격들은 하나의 하느님 본성 안에 결합되어 있음을 밝히고 있다. 하지만 이러한 세 위격이 한 분 하느님의 일치 안에서 어떻게 구별되는지에 관하여서 더 이상 상세히 서술되지는 않았으며, 이 초기 논문은 단지 삼위일체에 관한 교도권의 가르침과 교회 일치적 공감을 위한 기본적 합의를 다루었을 뿐이었다.[265]

이 논문의 발표 이후 보프는 칼케톤공의회 Council of Chalceton, 451의 정식[266]의 균형을 유지하려고 노력하면서도 그리스도의 인성에 강조점을 많이 두는 등 한동안 삼위일체에 관한 논의보다 그리스도론에 집중하였다.[267] 그가 그리스도론에 집중한 이유는 프란치스코 전통을 따라 공관복음서의 예수상을 사도직을 실천하는 구체적이고도 도덕적인 모범으로 생각하였기 때문이며, 그리스도론을 강조함으로써 낮추어진 예수가 오명을 씻고 정통이 되는 것에서 소외된 민중의 존엄성과 가치를 발견하는 해방신학의 기본적 방법론과 맥락을 같이 할 수 있었기 때문이었다.

보프는 그리스도의 역사적 인성을 강조하는 관점에서 하느님을 성부라는 위격적 용어로 호칭하기보다 신성을 강조하는 하느님이라는 용어를 자주 사용하였다. 같은 이유로 육화 사건은 성부의 독생 성자가 계시된 것이라기보다 '하느님의 인성'이 계시된 관점에서 바라본다. 예수는 "하느님인 인간이고, 인간인 하느님"[268]이다. 이러한 관점은 그리스도의 수난과 세계의 고통에 관하여 "신성을 전적으로 포기함으로써 자신을 비우는 육화를 취하신"[269] 그리스도의 '자기 비움'kenosis의 그리스도론을 강조하는 데에서 온 것이었다. 여기에서 케노시스는 두 번째 위격인 성자의 것이라기보다 하느님의 자기 비움이 된다.

보프는 『삼위일체와 사회』1988의 발표 이전에 『해방하는 은총』Liberating Grace, 1979에서 하느님에 관하여 위격적인 설명을 보여 주면서 사실상 예수를 중심으로 한 삼위일체 해석을 내어 놓고 있다.

우리 안에 살아 있는 하느님은 신비들 중의 신비로서 모든 것을 유래하도록 하는 분은 성부라고 불린다. 자신의 진실을 드러내고 계시하면서 자신을 인간에게 전달하고 모든 것 안에 그의 모상이 반영되어 있으며, 그리고 그들을 찾아 나서고 계약을 맺는, 이러한 하느님은 성자라 불린다. 모든 것을 그에게로 불러 들여 일치된 사랑의 결합 안으로 모으시는, 이런 하느님은 성령이라고 불린다. 구원의 역사를 돌아보면, 삼위일체는 사변적인 신기함이 아니다. 그것은 예수 그리스도를 따르는 그리스도인의 경험을 해설한 것이다. 왜냐하면 예수는 삼위일체의 계시와 그에 수반되는 경험을 가능하게 한 육화된 아들이기 때문이다. …… 삼위일체는 인간의 현실과 밀접한 관계를 갖는다. …… 성찰과 해석의 기능은 육화와 교회의 신비에 앞서서 인간의 신비에 내재해 있는 삼위일체의 신비를 밝힌다.[270]

이 지점에서 보프는 신앙인들의 일상적 삶 안에 삼위일체가 경륜적으로 내재한다고 설명하는 라너의 신학과 같은 맥락으로 하느님의 은총에 대한 경험을 해석하면서, 또한 삼위일체를 성령 안에서 그리스도를 통한 성부 하느님의 자기-통교Self-communication라고 설명하였다. 그러나 보프는 내재적 삼위일체는 경륜적 삼위일체의 기원이며 경륜적 삼위일체는 내재적 삼위일체로부터 비롯된다고 보았다. 또한 보프의 삼위일체론은 위격의 신비에 관한 설명을 사회적 유비를 사용한 공동체적 관점에서 바라보았다는 점에서 심리적 유비에 머물렀던 라너의 삼위일체론과 구별되고 있다.

> 삼위일체는 공동체이다. 삼위일체의 신비는 인간공동체 안에 반영되어 있으며, 진리에 의해 살고 진리 추구를 계속하며, 사랑 안에서 자양분을 얻고, 보다 큰 사랑과 형제애에 기반한 사회적 관계를 위하여 끊임없이 활동한다.[271]

이것은 보프가 후속 작업인 『삼위일체와 사회』에서 주장을 발전시켜 나가는 것으로, 심리적 유비의 전통 토미즘의 논지나 라너의 신학과는 구별되면서 몰트만이 전개하는 친교로서의 공동체적 삼위일체론과 유사한 맥락을 보였다. 『삼위일체와 사회』 출간 이후 보프는 그의 삼위일체론을 보다 정교하게 전개하여 가며 위격들의 구별과 함께 공동체적 친교로서의 일치를 강조하게 된다.

> 그리스도인의 하느님은 성부, 성자, 성령인 위격들의 삼위일체이다. 그 각각은 타자와 서로 명백히 구분되며, 서로 온전히 평등하고 호혜적인 관계 안에서 영원히 존재한다. 처음부터 단지 유일한 하느님 본성만 있었던 것이 아니라, 하느님 세 위격의 완전하고 충만한 친교가 있었다. 이 신비는 사회가 삼위일체 하느님의 계획에 의해 존재하여야 하는 것에 대한 원형을 제시한다. 그것은 인격적 개별성을 긍정하고 존중하는 것이며, 인간들이 모두 평등하게 일치된 사회를 구성함으

로써 상호 협동과 친교 안에서 살 수 있도록 해야 하는 것이다.[272]

『삼위일체와 사회』이전에도 해방신학의 맥락에서의 삼위일체론에 관한 관심이 커지고 있었지만 굳이 삼위일체론이 해방신학에 왜 필요한가 하는 의문들로 인하여 전체적으로 느린 진행을 보였다. 그런 면에서 보프의 공헌은 크다고 할 수 있다. 삼위일체론이 주목을 받지 못하였던 이유는 당시 해방신학 자체 역시 초보 단계였기 때문이기도 하지만, 이야기로 서술적 접근을 하면서 보다 현실적으로 접근하기 쉬웠던 그리스도의 개념이 삼위일체론의 전개 이전에 오랜 동안 지속되었기 때문이기도 하였다. 또한 해방신학은 신학적 성찰을 실천 중심으로 이끌게 되면서, 신학적 체계를 만들어 가는 것에는 초보적일 수밖에 없었다.[273]

해방신학에서 삼위일체론이 상대적으로 간과되었던 또 다른 이유는, 교도권의 가르침이 설정한 가톨릭의 공식적 교리에 따라 해방신학도 삼위일체론을 전통적 방식으로 설명하려 했다는 점이다. 보프는『삼위일체와 사회』의 제4장에서 삼위일체에 관한 교의적 이해를 해설한 다음, 제6장에서 이에 대한 문제점을 제기하고 있다.

앞서 소개한 전통적 삼위일체 신학은 삼위일체 문법과 구성에서 초보자들에게만 깊은 의미가 있을 뿐, 주교와 사제를 포함한 대다수의 신앙인들은 고도의 신학적 사유에 의구심을 갖게 되었다. 고도의 신학적 사유에 기초한 삼위일체 신학은 삼위일체가 구원의 신비mysterium salutis이기보다는 논리의 신비mysterium logicum처럼 보이는 인상을 준다.TS 111

그러므로 보프는 삼위일체의 신비를 삶에 가장 깊은 영감을 가져다주는 깨달음으로 이해할 것을 제안한다. 삼위일체론에 관한 그의 초기적 접근은 전통적 교의 해석 방식에 따라 하느님의 전능한 주권에 기반을 둔 라너의 심리적 유비 방식으로 이해하려고 하였으나, 곧 신학에 관한 해방적 접근에서 삼위일체의 신비를 밝히는 데 보다 적합한 해석 방식으로 사회적 유비 방식으로 접근하게 된다.

4.2 사회의 모형으로서의 삼위일체

보프는 삼위일체의 근원을 설명하는 데에 서방의 필리오케filioque 방식과 동방의 성부 중심monou tou Patros의 이해 방식이 모두 세계의 구원 경륜과 하느님 내재적 관계에서의 다양한 상호관계성을 충분히 표현하는 데 어려움이 있다고 보았다. 그는 톨레도공의회539부터 적극적으로 전개된 필리오케 논쟁이 동방 교회와 분열하는 빌미가 되기까지 교회 안에 많은 상처를 주었던 역사를 기억하였다. 그리고 나아가 하느님 위격들 사이에는 먼저와 나중의 개념이 있을 수 없음에도 불구하고, 그들의 나오심 즉 기원을 설명하는 언어들을 사용하는 것이 자칫 신들의 서열적 혹은 순차적 계보theogony로 이해될 수 있는 위험을 경계하였다.TS 4

따라서 세 위격은 "그들 사이에서 서로에게 절대적으로 관계되어 있으며, 절대적 친밀함으로 서로에게 얽혀있고, 근본적으로 서로를 사랑하여, 하나를 이루게 되는" 평등한 페리코레시스적 일치를 이루며, 삼위일체의 이러한 관계를 우리가 만들어 가야 할 사회의 궁극적 원형으로 보았다.[274] 보프의 삼위일체론은 위격이나 본질에 관한 해석에서 출발하기보다 영원한 페리코레시스를 통한 신적 일치에 관한 관상에서 시작하며, 그 전망의 중심에 페리코레시스가 위치하고 있다.

4.2.1 일치의 원리인 페리코레시스

하느님의 유일성과 일치에 관한 담론에서 보프의 삼위일체론은 두 가지 특징을 갖는다. 첫째는 한 분 하느님을 중심으로 하는 유일신 강조에서 탈피하고자 하는 것이고, 둘째는 삼위일체의 일치에 관한 근거를 위격들의 페리코레시스περι χώρησις로부터 이해하는 것이다.[275] 이러한 이해는 각 위격들의 개별성을 존중하면서 위격들 간의 상호 침투적 관계 방식이 한 분 하느님으로 인식되는 일치의 관계를 이루는 것이다.

일찍이 나지안주스의 그레고리우스가 강조하였던 세 위격의 관계적 친교κοινωνία는 성부의 군주성을 넘어서 삼위일체의 군주성을 표방하는 것이라고 할 수 있었다.[276] 특히 니사의 그레고리우스는 하느님의 모든 활동은 세 위격의 사랑의 페리코레시스의 결과라고 보았는데, 이러한 통찰은 몰트만을 비롯한 현대의 사회적 삼위일체론에서 중요한 개념으로 재등장하였고, 보프의 신학에서도 창조와 세계를 바라보는 핵심 개념이 된다.

그가 일치의 원리로서 제시하고자 하는 페리코레시스 개념은 앞서 말한 문제의식에서 출발한 것으로, 본질에 관한 논의 보다 관계성을 강조함으로써 위격들의 공동체로서의 사회적 유비를 통하여 접근할 수 있는 것이었다. 그는 페리코레시스적 관계에 관한 고찰을 통해 하느님 일치의 공동체가 이러한 나오심의 모든 관계를 포괄하여 절대적 평등의 하느님 공동체임을 주장하고자 하였다. 즉 페리코레시스적 이해 방식은 각 위격들이 서로 안에서, 서로를 위하여, 서로 함께, 서로의 위격을 구성하고 실현하는 것이므로, 내재적 존재방식에서도 위격들의 평등성과 동시성이 강조되는 삼중적 성격을 갖는 것이다.

삼위일체 안에서 모든 것은 삼중적이기 때문에 하느님 위격들의 페리코레시스로부터 출발하는 신학적 사유는 필리오

케Filioque 뿐 아니라 스피리투케spirituque와 파트레케Patreque
도 포함할 것이다.TS 236

하느님 세 위격의 페리코레시스와 친교로 인하여 삼위일체
안의 모든 것이 삼중적이다. 창조는 성부에, 육화는 성자에, 영
의 도래는 성령에 귀속된 속성에 의한 활동이라고 생각될 때
조차 각 위격은 다른 위격들과 함께 일치하여 활동한다. TS 6

하느님의 위격에 관한 생각이 군주론적 유일신론의 경향
으로 매몰되는 것을 가장 경계한 몰트만도 카파도키아 교부
들이 생각하는 일치의 개념을 따랐다.[277] 몰트만이 삼위일체
론의 사회적 유비라는 부분에서 보프와 많은 일치를 보였다
하더라도, 그는 페리코레시스의 일치에 관한 개념을 위격들
이 '단일한 공통 본질'을 갖는다는 보편 개념으로 보아서는
안 된다는 입장을 가졌다.TK /211 그러한 점에서는 '동일 본질
의 하느님 위격들'이라는 전통적 이해를 기반으로 하는 보프
와 차이를 보이고 있다. 즉 몰트만은 하느님 세 위격의 인격
적 차이를 확실히 하기 위하여 각 위격은 개별적 본질을 갖
는 것으로 보았고, 페리코레시스는 동일한 본질을 갖는 세 위
격의 일치가 아니라 개별적 본질을 갖는 하느님 위격들이 상
호 관계 안에서 신적인 삶의 순환을 형성하는 것이라고 파악
하였다.

그러나 보프는 위격들이 각각 다른 본질을 갖는다는 생각

은 삼신론적 사고라고 생각하면서 동일 본질을 갖는 세 위격이 페리코레시스를 이루는 것이라고 보는 점에서 몰트만과 구별되고 있다. 나아가 보프는 존재의 유비를 적극 적용하였다. 페리코레시스를 통한 친교로 일치를 이루어 하나가 되는 것은 하느님에게만 적용되는 것이 아니다. "아버지가 제 안에 계시고 제가 아버지 안에 있듯이, 그들도 우리 안에 있게 해 주십시오."요한 17,21라는 성경의 계시가 인간뿐 아니라 창조계 전체를 하느님의 삶 안에 포함되도록 초대하는 것이라는TS 6 해석을 통하여, 하느님-인간-창조계의 페리코레시스적 일치를 완성된 사회의 원형으로 적용하는 관점을 갖고 출발하였다.

그리스어 휘포스타시스hypostasis, 라틴어 페르소나persona와 자립적 실체를 의미하는 수브시스턴스subsistence라는 용어로 설명되어 온 하느님 위격을 설명하기 위하여 전통적인 이해 방식 뿐 아니라 인격에 관한 현대적 이해도 필요하다. 전통적 의미의 휘포스타시스에 관하여 명확히 구별되는 '자존자'의 의미를 강조하기만 하면 삼신론의 위험이 있다. 그러나 보프는 위격과 관련하여 아퀴나스가 일찍이 '자립하는 것으로서의 관계'[278]로 설명한 것을 적극적으로 받아들여 위격을 관계적으로 이해하려고 하면서, 동시에 관계성에 바탕을 둔 현대 철학의 상호주체성intersubjectivity 개념을 받아들여 "누구를 향한 또는 누구를 위한 존재"a being-for로 확장된 인격 개념을 받아들였다.TS 87-89

"아버지께서 제 안에 계시고 제가 아버지 안에 있듯이"요한 17,21와 같이, 인격이란 타자를 향하여 개방되어 있는 실체적 의식 존재이면서 자신의 내면성과 타자를 행한 개방을 변증법적으로 통합하는 방식으로 존재하는 것이다.TS 89 인격에 관한 이러한 상호주체적 이해 방식은 현대 신학에서 스킬레벡스Edward Schillebeeckx, 1914~2009 신학의 주제인 '만남'이나 과정 신학의 형이상학 등을 통하여 다양한 해석으로 심화되어 발전되고 있다.

특히 브락켄의 사회적 실체론은 이러한 확장된 의미의 인격인 '상호주체성'을 모든 실제적 존재들에 관한 기본적 인격 이해의 전제로 삼았다. 하지만 보프는 인격에 관한 이러한 현대적 이해를 삼위일체에 본격적으로 적용하는 것에는 아직 주저하는 모습을 보이고 있다.

> 이 개념은 하느님의 세 위격의 관계를 이해하는데 도움이 된다. 물론 현대의 '인격'개념을 엄격하게 삼위일체에 적용할 수는 없다. 왜냐하면 삼위일체를 말 할 때 거기에는 하나의 의식이 있을 뿐 세 의식이 존재하지 않기 때문이다.TS 89

보프의 삼위일체에 대한 페리코레시스 모델은 사회적 유비에 기반을 둔 것이다.[279] 몰트만이나 보프가 전개한 이러한 사회적 유비는 인간 사회에 대하여 어떤 모형이나 패러다임의 기능을 하도록 요청받는다. 하지만 보프는 삼위일체의 개념에 관한 논의에서는 전통의 틀을 벗어나는 혁신적 해석에는 신중한 태도를 견지하였다. 그가 가고자 하는 길은 삼위일체의 신비를 해방신학적 관점에서 조명하는 것이 목적이었기 때문에 전통의 틀 안에서 해방의 맥락에 치중하였다. 그는 다른 두 위격과의 일치를 전제하지 않고는 각 위격들에 관하여 말할 수 없다는 점을 우선 강조하면서 해방을 향한 사회적 프로그램에서 삼위일체를 그 원형으로 제시하였다. 그런 의미에서 그의 삼위일체론은 해방신학 관점에서 실천을 위한 사목적 관점이 강하게 반영되어 있다.

4.2.2 평등과 자유 사회의 모형

라너나 브락켄과 마찬가지로 보프의 삼위일체론 역시 삼위성 보다 단일성을 강조하는 신관을 비판적으로 바라본다. 철학적 유신론의 영향이 오랫동안 삼위일체에 대하여 하나의 인격을 강요하여 왔지만, 그것은 성경에 계시된 하느님이나 인간의 온전한 경험과는 차이가 있는 사변일 뿐이다. 이러한 단일군주적 신론의 영향은 정신적으로 단일한 지배자의 통치와 가부장적 개인주의를 강화하고 정당화되는 파괴적인 기능을 해왔고, 그것에 대한 비판마저 불손한 것으로 생각하도록 무의식적인 강요를 가져왔다. 보프는 비현실적이면서 현대 사회에 있어서 역기능적 작용을 하는 유일신론에서 탈피하여 삼위일체로 하느님을 의식할 것을 권고하였다.

그는 하느님에 관한 단일성의 원리는 유일한 절대 인격의 개념이 아니라 다양한 신적 구성원들이 페리코레시스를 이루고 있는 것으로 전환할 것을 제안한다.[280] 그리고 하느님의 삼위성과 페리코레시스적 친교를 의식하는 것이야말로 "영감의 원천이 되고, 저항에 참여하도록 하며, 그들이 세우고자 하는 패러다임이 된다."[TS 163]고 보았다. 이것은 하느님의 정의가 살아있는 하느님 나라에 관하여 질문하면서 억압에 대항하여 투쟁하는 사회 프로그램의 측면에서 삼위일체론을 적용하고자 한 것이다.

해방을 열망하는 억압적 상황에서 삼위일체의 신비에 관한 사회적 유비는 자유와 평등에 관한 절대적이며 풍부한 제안들을 담고 있다.[TS 6] 삼위일체 안에서 모든 것이 삼중적으로 성부와 성자, 성령이 동등하게 하느님이시라는 고백은 사회적 평등에 관한 원형을 제시한다. 또한 삼위일체 안에서 모든 것이 '성부, 성자, 성령에서' 비롯된다는 개념은 하느님 위격들의 조화로운 일치와 공존의 상호적 관계를 절대적으로 표현하는 것이므로 종속을 강요하는 위계적 권력을 거부하는 평등의 원형이 되면서 동시에 인간 사회의 궁극적 방향을 제시한다.

위격들 사이에는 서로에 대한 어떠한 우월과 열등이 없는 완벽한 동등성과 완전한 삶의 순환이 존재한다. 그들 사이에서 서로 구분되는 것을 제외하고는 모든 것이 공유되고 소통된다. …… 이것은 서로의 차이를 인정하면서도 역사와 사회 안에서 온전한 친교의 관계를 유지하는 동등성의 이상 사회에 대한 근거가 된다.TS 93

보프가 동등성이 구현되는 구체적인 방법을 상세하게 제시한 것은 아니더라도 삼위일체를 원형으로 하는 인간 사회에서의 올바른 관계의 방식에 관한 원칙을 제시하였다. 이것은 우선 타인의 인격적 가치를 받아들이는 상호 수용을 전제하는 것으로 최소한 각자에게 그들의 몫을 주는suum cuique 분배 정의에 관한 기본적 권리를 포함하는 것이다.

삼위일체적 관계란 서로를 받아들이고 드러내는 관계이므로,TS 206 세계에서도 모든 창조물의 동등한 존엄성과 고유한 가치는 어떤 곳에서도 지켜져야만 하고 권장되어야 한다.TS 13 또한 구원 역사 안에서 드러나야만 하는 삼위일체적 전망이 제시하는 인간 공동체의 동등성이란 개별 인간 자체의 평등 뿐 아니라 유다인과 이방인, 노예와 자유인, 남성과 여성을 구분 짓는갈라 3,28 인간의 우연적 속성에 대한 정의롭지 않은 차별도 극복하는 것이다.TS 148

삼위일체를 원형으로 하는 사회는 기회에 있어서도 평등해야 한다.TS 151 사회에 불평등이 존재하는 한 삼위일체 신앙은 불의에 대하여 비판적 관점을 갖게 되며 그 상황의 개선을 위한 방향에 영감을 주는 근거가 된다.TS 13 하느님 세 위격이 상호침투적 일치 안에서 활동한다는 것은 인간 세계의 모든 사회적 활동에서도 다자의 참여에 의한 상호주체적 일치의 방식으로 활동할 것을 제시하는 유비로서 설명될 수 있다.

> 모든 불화에도 불구하고, 삼위일체는 인간이 그들의 공동선을 나눔으로써 역사 안에 반영된 하느님 자신을 보기를 원하고, 그들의 존재와 가진 것들을 나눔으로써 세계 안에서 공정한 관계와 평등주의를 만들기를 원한다.TS 134

> 개인적이거나 사회적 영역에서 인간들이 그들의 삶과 희망을 자유롭게 증진할 수 있는 상호 소통의 사회 구조를 발전시킬수록, 하나의 삶과 신비로 일치되는 가운데 다양함이 함께 살아 있는 삼위일체가 더욱더 잘 반영될 것이다.TS108

이러한 위격들의 일치적 친교를 원형으로 하는 사회적 공동체에 참여할 때는 의사결정과 지배구조에서 상호 소통의 민주적인 과정이 필요하며, 그 과정에서 '대화'와 '공감'을 기본적 구성요소로 삼을 수밖에 없다.TS 120 한편 동등한 삼위일체적 활동이란 근본적으로 '자유'를 함의하며, 그 자유는 동등성을 보장하는 것을 전제로 개인적이거나 집단적인 표현을 가능하게 하는 공간을 허용하는 것이다.TS 151

그러므로 자유의 확대를 위한 사회적 활동은 삼위일체 모상의 사회를 이루기 위한 실천이 된다. 평등과 자유를 위한 실천의 활동을 통하여 각 인격들은 자신에 관하여 책임을 갖고 표현하며 활동을 주도하는 가운데 창조성을 세계에 드러낸다. 즉 평등과 자유는 획일성 보다는 다양성을 허용하는 삼위일체적 모상이 실현되는 조건이 되는 것이다.

4.2.3 영감의 원천이며 판단 원리

보프의 사회적 삼위일체론은 단순히 사회 정치적 해방을 보장하는 편리한 모델로 간주되는 것만은 아니다. 그것은 인간의 통합적 삶의 방식에 관한 패러다임으로서 윤리적 측면에서 인간 사회에 대한 비판적 기능과 규범적 기능을 갖는다. 또한 다원적 인격의 공동체를 모형으로 삼는 사회적 삼위일체는 현실적인 세계의 역사를 비추기 때문에 하느님의 모형을 닮는 정의로운 인간 사회를 건설하려는 사람들에게 영감의 원천이 된다. 즉 삼위일체적 친교는 사회 현상에 관한 비판의 근거 이전에 영감의 원천이 된다.TS 151

그런 측면에서 보프는 삼위일체란 구원 역사를 위한 단순하고 필수적인 법칙이라기보다 구원 경륜을 위한 하느님 나라에서 분명하게 나타나고 있는 하느님 활동 방식의 내용이라고 한다.[281] 즉 하느님 위격들의 페리코레시스적 존재 방식은 단순히 하느님의 단일성을 표현하는 의미를 가질 뿐 아니라 구원에서 필수적 구성 요소가 되는 것이다.

보프는 몰트만의 말을 인용하여 세계에서 삼위일체적 친

교 방식이란 개방적이면서 서로를 청하여 받아들이는 것으로서, "삼위일체적 역사란 구원을 베푸는 성부, 성자, 성령의 영원한 페리코레시스 바로 그것"TS 120이라고 보아 삼위일체를 구원의 신비로 받아들인다.

> 이제 삼위일체를 논리적 신비로 이해하는 것을 넘어서서 구원의 신비로 보아야 할 필요가 있다. …… 우리가 삼위일체를 우리의 개인적이면서도 사회적인 긴 여정에 포함시키지 못한다면, 구원의 신비를 드러낼 수도 없고 복음화를 이룰 수도 없을 것이다. 억압받는 신앙인들이 생명과 자유를 위한 자신들의 투쟁을 또한 영원한 생명과 영광의 나라를 위해 일하시는 아버지와 아들과 성령의 투쟁으로 인식하게 된다면, 투쟁하고 저항할 수 있는 동기를 더욱 더 많이 얻게 될 것이다. 즉 이들의 투쟁의 의미는 역사의 한정된 구조를 깨고 나와 절대 신비 그 자체의 심장 안에, 영원성 안에 새겨질 것이다. …… 만약 삼위일체가 복음이라면 그것은 억눌린 사람들과 유배에 처해진 사람들에게 더욱 각별할 것이다.TS 157-58

삼위일체는 교회 일치에서도 결정적인 영감을 준다. 교회는 역사 안에서 삼위일체를 구원의 모상과 도구로 반영함으로써 종말론적 완성을 향한 여정의 구원 역사에서 그 존재 자체가 결정적 역할을 하는 사명을 갖고 있다. 그러므로 교회 일치는 관료적 획일성 안에 존재하는 것이 아니라 모든 신앙인들 사이의 페리코레시스와 타자를 위한 봉사임을 강조하였다. 삼위일체에 관한 보프의 이와 같은 교회론적 의미는 이브 콩가르Yves Congar, 1904~1995와 브루노 포르테Bruno Forte, 1949~ 와 맥락을 같이한다.[282] 무엇보다도 교회는 성령 안에서 이루어지는 거룩하신 분의 친교임과 동시에 말씀과 성사를 통한 모든 그리스도인의 친교임을 전제로 하기 때문에, 교회는 삼위일체의 모상을 따라감으로써 결정적 효과를 가져올 수 있다는 것을 표명하고 있다.

보프는 삼위일체를 경륜적으로 인식한다 하더라도 이것은 하느님 존재의 내적 질서의 측면에서 내재적 삼위일체를 전제하는 것이라는 입장이다. 그러므로 하느님의 창조 자체가 삼위일체의 행위인 것이다. 전통적으로 삼위일체의 창조는 영원한 성부가 성령의 생명력 안에서 창조의 지혜로고스인 성자를 향한 넘치는 사랑을 통하여 '타자'를 창조하는 것으로 이해한다. 그러므로 세계는 삼위일체의 흔적을 품고 있으며, 그것은 일치적 친교의 열매이고 "opera ad extra amoris Trinitatis"로 표현되는 삼위일체적 사랑이다.TS 221

> 성부, 성자, 성령 사이의 영원한 사랑의 페리코레시스는 모든 사랑, 생명 그리고 창조 안에서의 친교의 원초적 패턴을 형성하고 삼위일체의 모상을 만든다.TS 84

창조에 대한 이러한 관점은 세계에 존재하는 삼위일체의

흔적을 계속하여 강조하는 근거가 된다. 그러므로 본질적으로 관계적 공동체로서 존재하는 삼위일체의 모상과 인간 생명의 사회성은 밀접한 관계가 있으며, 우리는 하느님 삼위일체 안에서 그 초월의 근거초월적 유비, analogia transcendentalis를 발견할 수 있다.[283]

우리가 이해해야 할 것은 보프의 삼위일체론이 단지 모범적 사례를 직관하는 영감만이 아니라는 점이다. 그는 더 나아가 삼위일체를 교회와 사회의 모형으로 적용함으로써 창조와 구원에 관한 보다 넓은 맥락에서 삼위일체를 이해할 것을 요구하고 있다. 즉 사회적 삼위일체는 본질적으로 삼위일체의 친교와 밀접한 관계를 갖고 있는 존재인 인간이 역사적 시공간 안에서 하느님 모상을 창조하고 재창조함으로써 하느님의 창조와 구원을 이 땅에서 실현시킨다는 것이다. 아울러 세계를 하느님 삼위일체의 모상으로 바라보는 관점은 인간 공동체의 다양한 형태들에 관하여 실천적 그리고 윤리적인 기준을 제공하는 데에 기여할 수 있다.

삼위일체론은 불의한 사회 구조에 저항하는 비판적 입장에 대하여 중요한 신학적 기반을 제공한다. 사회에 관한 비판의 원칙으로서 삼위일체를 적용하는 것은 짧은 각론적 내용이라기보다 원칙적이며 장기적인 논제를 제공하는 것으로서 그 모델을 통하여 다양한 도구와 전략을 제시할 수 있다. 사회에 대한 이러한 비판적 관점의 준거가 되는 삼위일체론은 해방신학의 중요한 구성 요소로서, 몰트만이 "해방신학은 오

늘날 가장 윤리적이며 정치적인 신학이다."TK 7/20라고 설명
한 바와 같이, 기존 사회의 규범을 넘어 새로운 틀에서 생각
하도록 이끎으로서 권위주의적 정치권력에 대항하는 저항의
원리가 된다.

> 정치적이며 종교적인 왜곡은 그리스도교의 삼위일체 하느
> 님에게로 돌아감으로써 수정될 수 있다. …… 독재자들과 폭
> 군들은 삼위일체 하느님으로는 자신들의 절대주의를 정당화
> 할 수 없었다. 삼위일체 하느님은 단일 원천의 하나됨이 아니
> 라 하느님 세 위격의 결합으로서, 완전한 친교 안에 영원히
> 참여하며 타자를 뛰어넘는 우월성의 근거란 어떤 것도 없는
> 것이다. 이러한 위격들의 온전한 친교, 즉 타자에 대하여, 타
> 자에 의하여, 그리고 타자들과 함께, 타자들 안에서의 온전한
> 페리코레시스는 전제주의적 권력의 이념적 토대인 유일한
> 보편적 군주의 모습을 무너뜨린다.TS 22

  모든 것을 포괄하여 하나로 일치하는 단일성을 강조하는
세계관은 서로의 차이를 갖고 살아가는 것을 받아들이기 힘
들어 한다. 특히 교회 안에는 서로의 차이를 견디지 못하고
모든 것을 하나의 통제 안에 복종시키거나 동일성 안으로 환
원시켜 버리는TS 139 이러한 경향이 계속하여 존재해 온 역
사를 갖고 있으므로, 절대주의적 구조에 관한 보프의 비판은
우리가 살아가는 사회에 대한 비판적 관점을 넘어 교회의 위

계적 구조에도 비판적 관점을 견지하였다.[284] 즉 유일신론적 개념은 하늘에는 한 분 하느님이 계시고 땅에는 하느님을 대표하는 하나의 수장으로서 교종이 있다는 생각으로 자연스럽게 이어졌고, 또한 지역 교회 공동체의 신앙생활 역시 한 분 하느님, 한 분 그리스도, 하나의 주교, 하나의 교회 공동체로 규정하게 되었다. 이러한 유일신론적 경향에 관하여 교회에서도 삼위일체의 모상을 닮아가는 재창조가 필요하다는 점을 강조하였다.[285]

하느님 세 위격의 페리코레시스는 종속과 불평등을 뒷받침하는 전능한 하느님 모습을 불러일으킬 수 없다. 삼위일체는 이러한 모든 관계를 판단하는 기준이 된다. 그렇지만 유일신론의 극복을 강조하는 것이 '다신론' 혹은 '삼신론'을 주장하는 것은 아니다. 그것은 종속론이나 양태론이 가져오는 엄격한 유일신론을 경계하기 위하여 성삼위의 페리코레시스적 일치를 강조하는 것이다.

종교와 정치에 관한 이러한 비판적 입장에서 보프는 "유일신론은 군주신론이다."*monotheism is monarchism*, TK 228라고 정의한 몰트만과 그 궤를 같이 하고 있다. 즉 육화한 그리스도론에서 출발하여 절대 의존적 유일신론을 극복하는 삼위일체론이 종교 뿐 아니라 종속과 지배를 정당화되는 정치적 유일신론을 극복하기 위해서도 중요한 성찰을 전해 줄 수 있다.

4.3 삼위일체와 해방

삼위일체의 경륜적 활동이 세계의 정의롭지 않고 불평등한 상황을 해방으로 이끄는 의미에 집중하였던 보프이지만, 서로 구별되는 하느님의 세 위격이 연합과 사랑 그리고 상호 간 자기-통교의 관계를 이루고 있는 내재적 존재방식이야말로 그 경륜 활동의 근원이 된다고 보았다. 모든 것의 근거로서 기원이 없는 기원인 하느님 아버지와, 아버지로부터 출생하는 아들 그리고 아버지와 아들을 통해서 발출된 성령, 이 세 위격은 기원에서도 동시적이며 그들 사이에는 영원한 관계성이 존재한다.TS 172-73 이 내재적 관계가 성부의 부성을 통하여 세계의 역사로 드러난 것이, 구약의 야훼께서 이스라엘을 노예 상태에서 구원하여 억압에서 해방시킬 때 경험되었던 해방의 하느님이신 것이며, 자신의 아들 예수를 파견하여 하느님 나라를 선포한 자비의 아버지이시며, 소외된 자들을 돌보는 보호자이고 옹호자이며 선의 근거이시고 생명의 원리로서 역사에 현존하시는 하느님이다.

그러므로 성부는 어떤 원리나 본성으로만 존재하시는 것이 아니라, 성자 및 성령과 더불어 오늘날에도 우리의 현실 생활 안에서 인격적으로 생생하게 경험되는 분으로 이해해야 한다.TS 176-77

4.3.1 해방의 기원이자 목표인 성부

보프가 세 위격의 페리코레시스를 강조하였더라도 성자, 성령과 달리 형상을 갖지 않는 아버지 하느님의 신비가 삼위일체의 근거가 된다는 점은 명확히 하고 있다. 그는 창조를 삼위일체 하느님이 자기-통교의 열매로서 생명을 표현한 것으로 파악하면서, 창조 이전부터 성자를 낳으시고 연합의 관계를 맺으신 분을 아버지 성부라고 부르는 것이라고 하여 창조주 하느님과 성부 하느님을 일치시킨다.[286]

예수가 하느님에 대한 호칭을 극도의 친밀감을 표현하는 용어인 '압바'Aββα로 부르는 자의식은 삼위일체에 비추어 이해될 수 있으며, 그런 측면에서 아버지에 의해 파견된 아들로서 예수의 의지는 그의 시원적 근거인 성부의 의지와 동일하다고 할 수 있다. 그러므로 예수는 아버지의 이름으로 죽은 이를 살리고 병자를 고치고 율법주의에 도전하고 안식일을 자신의 아래에 둠으로써 해방을 가져오는 활동을 하였다. 보프는 '하느님 나라'를 향한 성부의 의지를 강조하며 거기에 신학적 의미를 비중 있게 부여하였다.

예수가 선포한 '하느님 나라'는 빈곤과 억압에서 해방된 겸손하고 가난한 자들의 선과 자비가 통치하는 나라로서 세계 안의 무너진 불평등을 회복하는 나라이다. 이것은 선과 자비가 통치하고 섬김을 위하여 특권을 포기하고 겸손한 자를 높이고 무너진 권리를 회복하는 것을 의미한다. 그러므로 하느님 나라는 가난한 자들을 위한 아버지의 의지가 실현되는 나라인 것이다.

이러한 하느님 나라가 세계 안에서 실현되는 과정이 바로 해방의 과정으로, 보프는 이러한 해방을 인간을 넘어 모든 창조물에게까지 확장하여 적용한다. 수고하지 않아도 아버지께서 먹여 주시는 하늘의 새들마태 6,26을 통하여 이미 모든 피조계를 향한 아버지의 뜻이 계시되고 있다TS 167고 파악하는 보프는, 해방을 향한 아버지의 의지가 인간에게만 해당되는 것이 아니라 전 지구적 창조세계 전체를 향하고 있다는 것을 강조한다.

성자를 낳으신 성부가 동일한 사랑으로 모든 존재의 시원이 된다는 점에서 성부의 부성Fatherhood을 논할 수 있다. 성자의 출생 개념에서 비롯되는 성부의 부성이란 창조된 모든 창조물이 하느님의 삼위일체적 사랑에 의해 생겨났고 돌봄을 받는다는 생각으로 연결된다. 보프는 신학적 관점에서 인간의 근원을 성부로부터 시작하여 성령의 생명과 사랑 안에서 성자를 통해 창조하였다고 설명하였다.TS 169

그러므로 모든 인간은 성부의 실체로부터 출생한 것이며 성자 안에서 성부의 아들딸이 된다. 하지만 '모든 것의 아버지 되심'으로서의 성부의 부성이란 홀로 유일한 절대자로부터 오는 것이 아니라 성자와 성령과의 관계를 통하여 존재하게 되는 것이라는 삼위일체적 이해가 필요하다.

홀로 모든 것의 창조자로서 최고의 심판자가 되는 절대적 유일신 개념은 세계에서도 은연중에 군주적 권위주의와 억압의 체계를 받아들인다. 교회 역사에서 위계적 교도권에 집착하였던 시기와 세속 통치의 절대 군주가 집권하였던 시기가 삼위일체 하느님에 관한 논의 혹은 성찰이 부족했던 시기와 일치하는 것이 이것을 증명한다.

그리스도인은 소외된 가난한 사람들을 억압하던 권위주의와 가부장적 정치 종교 체계를 거부하였던 예수의 메시지로부터 삼위일체적 아버지의 의지를 읽을 수 있다. 그러므로 세 위격의 일치 안에 존재하는 성부의 부성을 통하여 해방을 필요로 하는 인간 세계에 권위의 형태가 어떻게 나타나야 하는지를 이해할 수 있다.

4.3.2 해방의 중재자로서 성자

예수는 자신을 메시아 혹은 영원한 아들로 선언하기보다, 아버지와 극도로 친밀한 자의식을 갖고 아버지의 이름으로 해방의 능력을 행하고 '하느님 나라'를 선포함으로써 아들임을 보여주었다. 여기에서 '하느님 나라'란 장소적 개념이 아니라 하느님의 의지와는 다르게 왜곡되어 있는 창조세계를 해방하여 하느님의 영광을 가득차게 하는 하느님의 활동방식이라고 할 수 있다.TS 172-73

예수가 절대적 친밀감으로 하느님의 아들이라는 충분한 자의식을 갖고 있었다는 것에서 성부와 성자의 관계를 실제적인 것으로 이해할 수 있다.[287] 자신의 생애에 걸친 구원 활동은 아버지의 해방 의지를 향한 사랑을 세계에 전한 것으로 그가 아버지의 아들임을 드러내는 것이었다. 그러므로 성자가 삼위일체의 내재적 측면에서 단지 말씀과 완전한 모상으로서 성부의 최고 계시라는 점만이 아니라 성부에 의해 세계에 파견되었다는 점이 중요하다.

삼위일체 맥락에서 '파견'mission은 세계에 대한 하느님의 자기-통교이다. 이것은 하느님이 함께하셨지만 위격적 통교는 아니었던 구약의 예언자의 경우와는 다르게, 하느님과 절대적 일치를 이루는 위격적 통교에 의해 인간 나자렛 예수의 인성이 하느님의 위격인 성자의 인성이 되는 하느님의 '육화'이다.TS 185-86 이로써 성자는 피조 세계에서 하느님을 계시하며 성부를 향한 해방의 중개자가 된다.

보프가 이해하는 성자의 파견이란 단지 인간만을 위한 것이 아니라 피조계 전체를 아우르는 것이다. 그는 창조란 아버지가 완전한 자기-통교 안에서 아들을 출생하는 것의 한 국면이라고 보았다. 즉 아들의 출생 이후 창조가 따라오는 것이 아니라 성자 안에 성부가 투영되는 삼위일체적 통교 자체가 무한한 자기증여의 차원을 가짐으로써 모든 창조물은 아버지와 아들의 모상을 반영하는 거룩한 존재가 된다. TS 186-87

보프가 하느님께 매달릴 수밖에 없는 가난한 자의 범주에 구조적으로 착취당하는 인간뿐 아니라 무차별적으로 남용되는 자연 환경의 생태계도 포함시켰다는 것은, 성자의 육화가

단지 인간적 차원 뿐 아니라 모든 창조물의 차원을 갖는 것
이라는 점을 해방의 맥락을 통하여 드러낸다고 볼 수 있다.

4.3.3 해방의 동력인 성령

성령은 변화의 과정에 영향을 주는 하느님의 힘이다. 성령
은 예언자들을 사로잡았고, 특정한 정치 지도자에게도 임하
셨으며, 박해와 순교도 감당하도록 힘을 주셨다. 성경은 구약
이래 많은 곳에서 성령의 역사를 증언하고 있다. 보프는 성령
이 창조에 현존하는 만물 안의 새로움의 능력이면서, 그 새
로움의 능력을 보완하는 의미에서 하느님의 의지와 예수의
행적을 가르쳐 주고 기억하게 하는 역할을 한다고 보았다.TS
192 이때 기억은 육화한 아들을 따라 역사 안에서 그 의미를
현실화하도록 해방의 과정에 나서도록 한다는 의미에서의
기억이다.TS 193

그리고 궁극적으로 성령은 죄의 상태에 의해 억압된 존재
를 해방시키는 역할을 한다. 성령은 가난한 자들의 아버지
pater pauperum로서, 저항할 수 있는 힘을 주고 일어설 용기를
주며 새로운 방법을 찾을 창조성을 부여하며, 억압받는 자들
이 해방의 과정에 나서도록 하는 역할을 한다.TS 194 그러므
로 세상 안에서 성령은 인간에게 역사의 동인agent of history이
되도록 능력과 창조성을 부여하여 변화와 창조를 위한 활동
으로 이끄는 역할을 한다.

한편, 또 다른 중요한 성령의 역할은 일치의 원동자라는 점이다.TS 208 일치를 위하여 성령은 그 일치의 대상이 되는 모든 다양성 안에 현존한다. 그리고 모든 창조물에 현존하는 성령은 또한 세계의 역사 안에서 혁명적 활동의 원천이 된다. 보프에게 있어 이러한 관점은 라틴아메리카의 종속적 사회 경제 구조에서 다양한 이들의 연합을 통하여 억압적 구조를 전복시키고 예언자적 저항을 할 수 있는 신학적 근거로 작용하였다. 그러므로 해방의 과정에 투신하는 이들이 그들의 활동 안에서 성령이 일하고 계신다는 고백을 할 수 있게 되는 것이다.

또한 성령은 개인적인 차원뿐 아니라 공동체적 생활을 위한 역할도 한다. 즉 성령은 사회의 해방 과정에 존재하는 다양한 은사와 봉사 가운데에 현존함으로써 그리스도 신앙을 증거하고 성사적 삶을 살아가는 교회 생활의 공동체적 차원을 이끈다. 보프는 성령이 가난한 사람들을 포함한 다양한 인간 안에서 활동하지만, 특별히 예수를 따르는 그리스도 공동체 안에서 성사적 현현으로 활동하시는 것을 선호한다고 생각하였다.TS 209 이것은 해방의 활동을 추진해 가는 교회 공동체의 중요성을 강조한 것이다.

그리스도의 육화에서 비롯된 교회는 제도의 안정성, 공동체의 질서, 신앙의 규율 그리고 거룩함에서 비롯되는 권위와, 성령이 주는 은사를 필연적으로 갖게 된다. 그러므로 성령의 활동성과 은사는 없이 위계적 권위와 추상적 진리, 박제화된 교리, 공허한 전례만 남은 교회는 삼위일체의 모상과는 아무런 관련이 없는 교회라고 선언하였다. 나아가 그런 교회는 그 또한 성령에 의해 해방되어야 할 대상으로 바라보았다.TS 209

4.4 보프의 삼위일체론에 관한 비판과 의의

4.4.1 비판적 접근

보프의 신학 전반에 관한 가장 일반적 비판은 우선 그의 신학적 동기가 지나치게 실천적 관점으로 치우쳐 하느님의 담론이 세속적 해방을 위한 수단이 되었다는 점을 지적한다. 삼위일체론을 논리의 신비가 아닌 구원의 신비로 접근해야 한다는 그의 논지는 이러한 실천적 동기를 잘 설명하고 있다.

보프는 그가 살아가고 있는 남미의 빈곤과 경제적 양극화 및 지배와 종속의 사회 구조에서 그리스도인이 된다는 것은 무엇을 의미하는지를 고민하는 측면에서 해방신학을 전개하여 왔다. 그리고 그의 해방적 관점은 역사적이고 현실적인 신학으로서 우리 시대의 신학적 문제 전체를 관통하는 것으로 확장되었다.[288] 그러나 이러한 확장이 신학을 하느님에 관한 학문the science concerning God이 아니라 사회 변혁을 위한 일종의 수단으로 삼는 것은 아닌가 하는 비판에 직면한다.[289]

특히 성경의 내용에 정치적 차원이 포함되어 있다고 하더라도 성경의 내용 전부를 정치적 의미로 해석한다면 구원의 문제가 정치적 해방으로 축소된다는 점과 그렇게 하여 구원역사의 정점인 예수 그리스도가 모든 인간의 구세주가 아니라 정치 경제적으로 억압받는 가난한 자들의 해방자로 환원되는 것은 아닌가 하는 문제가 제기된다.

하지만 오히려 정치성이 강한 해방신학에서 관계성과 일치를 강조하는 삼위일체론이 해방의 본래적 의미를 잃지 않도록 하는 역할을 할 수 있다. 즉 지배와 종속의 구조가 친교와 일치의 삼위일체의 구조로 변혁되는 것이 진정한 해방이라면, 정치적 해방의 실천 과정에서 정당화될 수도 있는 또 다른 지배-종속의 폭력은 닮아가야 할 삼위일체의 모형이 아니기 때문이다.

보프는 사회적 유비로서의 삼위일체론이 항상 삼신론의 위험에 빠질 가능성이 있다는 것을 의식하고 있었다. 그는 세 위격의 상호 침투적 관계성이 약화될 경우 요아킴의 경우처럼[290] 삼신론이 될 수 있음을 우려하였다.TS 49-50 그런 이유로 일치에 관한 페리코레시스 개념을 강조하는 것이 위격들의 상호 평등한 개별성을 존중하면서 종속론과 양태론을 극복하는 가장 적절한 방법이라고 생각하였다.

즉 하느님의 위격들이 서로 구별되는 의식과 자유의 중심을 가진다는 측면에서는 공유하지 않는 특성을 가진다 하더라도 세 위격은 실제적으로 페리코레시스를 통하여 본성을

공유하면서 하나의 동일한 신적 실체를 구현하고 있다는 논리로서 삼신론을 극복하는 것이었다.TS 88

하지만 동일한 페리코레시스의 개념을 사용한 몰트만의 사회적 유비는 보프와는 달리 세 위격이 개별적인 본질을 갖고 있다고 봄으로써 일치의 근거로서 신적 본질의 단일성이라는 개념을 거부하였다. 몰트만은 하느님 세 위격이 같은 본질을 가진다는 것은 세 위격이 서로 구분되는 인격임을 부정하는 것으로 보았다. 그러므로 일치의 근거로서 단일 본질이란 결국 한 본질 안의 다른 존재양식이라는 양태론적 표현일 뿐이라는 생각이었다.[291]

같은 사회적 유비의 연장선상에서 보프는 몰트만과 다른 견해를 보이면서 삼신론을 극복하고자 했다. 즉 세 위격이 명확히 구별되는 고유한 개별적 특성을 가지면서 각각이 서로 다른 본질을 갖는 것이 아니라, 위격들 간의 페리코레시스적 친교가 세 위격으로 하여금 동일 본질을 갖도록 한다는 것이다. 하느님 세 위격은 의식과 자유의 자율적 실체로서 상호 관계적 특성에 따라 서로 구별되지만, 세 개별 본질을 갖는 것이 아니라 동일 본질에 의해 일치된 하나의 의지를 가짐으로써 일치된 한 분 하느님이시게 된다.

보프에게 해당되는 또 하나의 논점은 그가 범재신론을 명시적으로 표방하고 있다는 것이다. 그는 창조계에 계시된 하느님과 그리스도의 육화 및 세 위격의 세계와의 관계에 주목하면서,TS 136 세계 안에 전달되어 존재하는 하느님의 현존을 범재신론적 해석의 근거로 보았다. 한편 생태 문제에 대한 신학적 응답으로, 성령이 자신의 활동 장소로 삼으신 우주와 삼위일체가 반영된 세계 안에 편재하시는 성삼위의 신비를 관상하며 생태신학적 태도를 함양할 것을 권고한 것 또한 범재신론적 사유를 전제로 한 것이다.[292]

이러한 관점은 엄격한 절대자 창조주 하느님과 그 창조물 사이의 절대적인 구분을 모호하게 한다는 비판에 노출된다. 하느님은 절대적으로 초월적이시면서 또한 절대적으로 내재적이어서 인간을 비롯한 모든 창조물과 분명한 존재론적 차이가 있는 분이라는 생각은[293] 창조물 안에 존재하는 하느님을 받아들이기 힘들어 한다. 하지만 보프는 이러한 이원론적 신학 방법이 그리스와 라틴적 사고의 패러다임 안에서 설정된 것으로서 성경에서 나타나는 하느님 삼위일체의 모습을 바르게 파악하지 못한 것이라고 비판하며, 그로 인해 형성된 지배-종속 관계의 군주적 신관에서 벗어나야 한다는 점을 강조하였다.

그가 표방한 범재신론은 성경에 계시된 구원 경륜의 하느님을 설명하기 위한 것으로서, 세계 안에 내재하지만 그 보다 훨씬 큰 존재인 신으로서의 하느님을 설명하고자 한 것이었다. 보프가 제기한 범재신론은 화이트헤드로 대표되는 유기체 철학을 통하여 구체적인 형이상학적 기반을 제시하며 논의 되었다. 범재신론은 하느님의 절대성에 관한 전통적 신관과의 괴리로 인해 아직 보편적인 그리스도교 신관으로 받아들여지지는 못하지만 현대 신학에 있어서 하느님과 세계의 관계를 설명하는 가장 일반적인 신론이라고 할 수 있다.

4.4.2 생태론적 의의와 한계

보프는 세계의 구조적인 빈곤과 착취로 말미암아 여러 가지 얼굴로 세계에 존재하는 가난한 자들을 지적하며,TS 12/33 산업화와 인간중심주의에 의해 보호받지 못하고 무분별하게 착취당하는 생태계의 자연환경 역시 '그리스도의 고난을 읽어야만 할'[294] 가난한 자의 여러 얼굴 중의 하나로 포함하고 있다.

그는 그의 저서 『생태신학』생태, 지구화, 영성[295]의 서문에서 라틴아메리카의 땅, 거대한 산맥과 광대한 아마존, 깊은 계곡, 야생 동물과 새 등 모든 자연에 새겨져 있는 하느님의 은총의 표현들을 찬미한다. 그리고 선교의 이름으로 이 비옥한 땅을 굴복시키고 문화를 파괴하고 제단을 무너뜨린 십자가와 칼의 폭력과 강요된 교리를 비판하였다. 이어서 씨앗의 신비로운 힘을 믿는 이들의 힘에 희망을 둔다. 억압받는 인간과 그 구조에 집중하였던 그의 초기 저술들에 비하여 후기 저서에서는 그 범위를 하느님의 모든 피조계를 아우르는 생태신학에 중점을 두는 것을 발견할 수 있다.[296]

라틴아메리카의 사회적, 역사적 배경 하에서 형성된 해방신학은 우선적으로 식민통치 이래 빈곤을 재생산하고 지배-

종속의 구조를 재생산하고 있는 사회경제적 체제를 극복해야 할 대상으로 바라본다. 보프는 세계화 및 신자유주의로 대표되는 현대의 종속적 구조에서 그 피해자가 된 가난한 이들과 함께 개발의 명목으로 무분별하게 착취되고 있는 자연 역시 해방되어야 할 주체인 가난한 자의 범주로 파악하여 신학의 대상을 생태론으로까지 확대하였다. 나아가 그는 그리스도론 중심이던 해방신학에서 삼위일체론을 '진정한 사회적 프로그램'TS 16의 차원으로 해석하여 생태 담론과 일치시켰다.

라너의 신학이 인간에 관한 이해를 통하여 세계 안에 자신을 전달하는 하느님을 이해함으로써 모든 창조물의 고유한 가치를 발견하는 생태신학적 의미를 가짐에도 불구하고 명시적으로 생태적 신학을 표명하지 않은 반면, 보프는 그의 삼위일체론을 비롯한 전반적 신학에서 생태신학을 의식적으로 중심 주제로 삼고 있다. 그것은 보프 신학의 중심 주제인 '해방'에서 출발한 것으로, 인간의 무질서한 지배에 의해 남용되고 파괴되는 자연 생태계를 그리스도의 해방이 머무는 '가난한 자'의 범주에 명확히 두는 것이었다.

보프는 거기서 한 걸음 더 나아가 삼위일체가 갖는 개체적 다양성의 긍정과 페리코레시스를 통한 개체들의 공동체적 차원의 일치에 관한 하느님의 유비적 모상이 창조 세계 안에 존재한다는 것을 생태신학의 중심 주제로 삼았다. 하느님을 삼위일체로 고백하는 것은 다양성과 우연성을 받아들이는 것이다. 보프는 이러한 삼위일체적 접근이 영원하신 성부, 성자, 성령의 공존과 동시성에 관한 그리스도교 신자들의 교리적 담론에만 머무는 것이 아니라 오늘날 현대의 생태론에 대하여 그 한계를 보완할 새로운 통찰을 줄 것이라고 믿고 있다.[297]

생태적 접근은 다양한 세계와 우주의 개체들이 상호 의존하는 관계망network of relationships 속에서 공존하고 있다는 통찰을 전제한다. 세계가 관계 속에 살아가고 있다는 것은 하느님의 세 위격이 관계로서 존재한다는 의미이며, 그러므로 우주는 삼위일체 하느님의 다양성과 일치의 모형과 동일한 방식으로 존재하며 조화를 이루고 있다. 이러한 통찰을 통하여 우리는 다수이며 동시에 하나이신 영원한 삼위일체의 신비에 참여하게 된다.

보프의 신학은 이 세계와 우주의 온 생태계를 단순한 사물들의 전체totality of things로서 뿐 아니라 의미와 가치가 가득한 유기적 전체성organic totality으로 인식하는 통합적 관점을 보인다.[298] 유기적 전체성에 관한 보프의 관점은 브락켄에게 있어서는 사회적 존재로서의 실체가 형성되는 존재론적 의미를 갖는 것이다.

이 우주와 세계에 새겨져 있는 하느님의 삼위일체적 형상은 신앙의 차원에서 기도와 묵상을 통해 경험되어져야 하는 것이다. 따라서 생명을 중시하고 폐쇄와 고립을 극복하며 현실을 살아가는 궁극적 의미의 가치로서 생태 영성이 신앙의

실천적 측면에서 중요하게 대두된다.[299]

보프는 범재신론을 새롭게 복원해야 하는 생태적 신론으로 제시하였다.[300] 그는 범신론과 범재신론Panentheism을 구분하여, 만물에 존재하는 하느님은 창조물과 밀접한 관계를 갖고 있지만 하느님과 세계는 서로 구별된다는 의미에서의 범재신론을 이 시대에 적절한 신론으로 제시하였다. 범신론은 자연 세계에 존재하는 우주, 해와 달, 산과 물, 암석, 나무뿐 아니라 에너지 자체도 모두 우주적이고 보편적인 신의 일부로 보며 인간의 우월성이나 차별성을 인정하지 않는 것으로, 신과 자연은 다른 것이 아니라고 본 바뤼흐 스피노자Baruch de Spinoza, 1632~1677의 사유와 상통한다.[301] 이런 관점은 현대의 일부 근본주의적 생태론자들이 전체주의적 입장의 생태평등주의의 모습을 보이기도 하는 배경이 된다.

그러나 보프가 제시하는 범재신론은 신과 자연은 서로 밀접한 관계를 유지하지만 서로 상대적인 자율성을 가지며 분명히 구분된다는 것에서 출발한다. 모든 것이 하느님이 아니라 모든 것 안에 하느님이 계시는 것이다.[302] 보프는 범재신론적 영성이 그리스도교 교회 역사 안에서도 마이스터 에크하르트Meister Eckhart, 1260~1328 등의 신비적 전통을 통하여 꾸준히 존재하여 온 것으로 전통을 벗어나는 것이 아님을 강조하였다. 동시에 이것이야말로 우주에 다가가는 가운데 삼위일체 하느님을 만날 수 있는 통합적 영성으로서 생태에 관한 신학적 해석을 풍부하게 해주리라는 전망을 제시하였다.[303]

보프는 삼위일체를 관상하는 신비적 종교 체험을 중요시하였다. 즉 사회 변혁을 위한 힘의 원천이 이러한 종교적 신비 체험에서 나올 수 있다고 본 것이다. 이것은 물질적 결핍으로 빈곤한 이들은 아름다움을 느끼지 못하는 등의 정신적 결핍에도 노출되고 있으므로, 거기에서 벗어날 수 있는 영성적 측면은 자연 생태계를 새롭게 발견하는 신앙의 신비적 체험을 통하여 살아난다고 보았다. 나아가 그로부터 생성된 하느님의 창조에 관한 영성이 생태적 영성의 근원이 되며 사회개혁을 위한 동력이 될 수 있다고 생각하였다.

보프의 삼위일체론은 지나치게 실천적 측면에 치우쳤다는 비판을 받으면서도 지역적, 역사적 상황의 맥락에서 삼위일체를 이해하는 모범을 보였다. 그는 라너의 신학이 제시하는 역사 안에 존재하며 활동하는 하느님 개념과 함께하면서 이것을 그가 속해있는 라틴아메리카의 사회 구조적 맥락에서 해석하였다. 그리고 그가 제시한 범재신론은 브라켄에 의해 보다 형이상학적 기반을 갖는 실체적 방식으로 해석되었다.

	칼 라너	조셉 브라켄	레오나르도 보프
배경	초월론적 인간학	과정 사상	해방신학
유기적 연결의 원리	• 하느님의 자기-전달 • 육화와 위격적 결합 • 전체성으로 결합되는 최종적 온 우주 • 우주의 정신인 인간	• 하느님 매트릭스 • 유기체적 합생 과정의 현실적 존재 • 상호주체성 • 구조 갖는 활동의 장	• 성삼위 페리코레시스 • 육화를 통한 하느님과 세계의 페리코레시스 • 종말론적 관계의 원리인 페리코레시스
내재적 가치	• 하느님의 자기-전달로서의 창조물 • 하느님에게로 정향된 인간과 자연 • 물질의 신화 과정의 도상에 있는 세계	• 하느님 매트릭스의 거대한 관계망 안의 존재 • 합생을 통한 창조성을 지닌 현실적 존재 • 신의 지향성과 존재의 자기 결정적 요소	• 하느님의 성사인 창조세계 • 삼위일체의 몸이며 영광의 무대인 물질세계 • 하느님 삼위일체가 세계 사회의 원형
하느님-세계 관계	• 하느님 자기-전달로서의 세계 • 하느님의 경륜적 전달이 곧 내적 존재방식 • 절대적 초월자 하느님	• 창조성과 세계 수용성을 갖는 신의 본성 • 세계를 포함하는 하느님 매트릭스 • 자연주의적 유신론	• 페리코레시스로 부터 발생된 창조물 • 내재적 삼위일체의 일부인 경륜적 삼위일체 • 세계에 현존하며 사회의 원형인 삼위일체
삼위일체의 내재와 경륜의 관계	동일 identity	침지(담김) immersing	훨씬 더 큼 much more than
특성	토미즘의 전통적 신학을 계승하면서, 분리되어 이해되던 하느님과 세계를 인간학적 분석과 삼위일체론을 통해 일치를 추구	변형된 화이트헤드 유기체 철학을 기반으로, 사회에 관한 분석과 '장'이론을 통해 사회적 실체를 증명하며 삼위일체를 해석	가난한 자를 위한 우선적 선택과 해방의 맥락에서, 페리코레시스를 일치의 모델로 하여 사회 및 교회가 지향하여야 할 원형을 제시

제 **5** 장

삼위일체적 전망에 따른
생태신학의 구성

우리가 살아가는 세계를 과학적 세계관에 의해 우주의 물질적 측면에서만 이해하려하는 것은 실재의 영적 부분은 간과한 채 물리적 부분만 인식하는 것으로 세계에 관한 온전한 이해라고 할 수 없다.[304] 또한 생태론에 관한 신학적 성찰을 다루는 생태신학과 물리적 우주의 운행 법칙과 현상을 관찰하는 우주론을 혼동한다거나 혹은 하느님의 창조와 창조물로서의 자연을 혼동하여 이해하는 것[305] 또한 세계의 일부분만을 파악하는 것이다. 이것은 정신적인 것과 물리적인 것을 통합적으로 이해하는 생태적 세계관에 있어서 중요한 갈림길이 된다.

생태신학은 인간과 자연의 조화로운 창조질서에 관한 생태적 담론을 신학의 다양한 범주에서 해석해 간다. 그리스도교 신앙의 전통은 하느님이 세계와 모든 창조물의 근거이며 기원임을 증언한다. 그런데 성경의 해석에 있어서 인간의 타락에 집중하였던 구원 중심적 신학은 하느님의 창조 보다 인간의 타락과 죄로부터의 구원을 추구하면서 세계를 하느님의 성스러움과 대비되는 악으로 물든 속세라는 관점의 이분법적 세계관을 보여주었다. 그러나 창세기의 곳곳에 "보시니 좋았다."라는 하느님의 확인이 연속적으로 등장하는 것은 창조물로 이루어진 세계가 하느님의 선함을 담고 있으며 훼손될 수 없는 가치를 지니고 있음을 보여주는 것에 주목할 필요가 있다.[306] 창조된 세계란 감각 가능한 물리적 자연 세계만을 의미하는 것은 아니라 창조주 하느님이 활동하시는 축복받은 장이라고 인식하는 것은 창조계를 삼위일체적 전망으로 바라보는 생태신학의 출발점이 된다.

삼위일체 신론에 근거한 생태론은 다양한 생태주의적 관점들이 제시하는 생태론적 주제들에 창조의 기원을 바라보도록 하는 의미를 더함으로써 보다 근원적이며 자기 성찰적인 가치를 갖는다.

삼위일체적 생태론은 인간 중심적 자연관을 생태 위기의 근본 원인으로 파악하는 것에 있어서 제반 생태론들과 동일한 입장을 갖는다. 나아가 창조주에 관한 단일신론적 신론이 야기하는 하느님-세계 관계에 관한 이원적 인식과 자연에 대한 인간의 지배를 비판적으로 바라본다. 모든 창조물이 조화와 질서를 갖고 공존하는 생태론의 모형을 제공하는 삼위일체적 하느님 인식은 생태적 신론으로서 범재신론의 관점을 동반하며, 그에 수반하는 모든 창조물의 내재적 가치와 창조계 안에서의 인간의 고유한 위치에 관한 긍정을 제시한다는 점에서 일반적 생태론과 연결된다. 또한 삼위일체 하느님으로부터 비롯되는 상호 연결의 관계를 갖는 세계와 그리고 종말론적 관점에서 하느님을 향하여 신화하는 우주적 공동체로서의 전망을 제시한다.

5.1 하느님의 세계 내재성과 초월성

오늘날 다양한 형태의 신관을 크게는 고전적 유신론classical theism과 범신론으로 구분해 볼 수 있다. 유다교 전통의 고전적 유신론은 하느님과 세계를 전적으로 분리된 것으로 인식하며 존재론적으로도 명확한 질적인 차이가 있는 것으로 파악하였다. 이러한 신관에서 하느님의 섭리와 현존의 계시란 세계에 대하여 우주의 물리적 운행 법칙을 깨뜨리면서 '개입'intervention하는 형태로 나타난다.

반면 범신론은 하느님과 세계는 동일한 것으로 둘 사이에 존재론적 구별은 없다는 관점을 가지며, 세계의 만물은 신의 부분들로서 곧 세계를 초월하여 존재하는 것이란 없다고 본다. 이러한 범신론은 유물론을 비롯하여 신비주의 신학과 뉴에이지 형태로서 우주생명론 성격의 유사 종교 및 자연 중심의 동양 종교 등에서 광범위하게 나타난다.

이 둘 사이의 양 극단을 상호 보완하는 의미에서 "하느님의 존재가 우주 전체를 포함하여 관통하며, 우주의 모든 부분이 하느님 안에 존재하지만, 하느님의 존재는 우주 보다 크며 우주에 의해 다 소진되지 않는다는 믿음"[307]이라고 정의되는 범재신론panentheism이 존재한다. 오늘날 현대 세계의 생태 위기 상황에서 애정 어린 마음으로 우주를 껴안을 수 있는 하느님에 관한 생태적 사유는 범재신론적 관점이 될 것이다.[308]

5.1.1 하느님-세계 관계의 생태론적 구조

하느님과 세계의 관계에 대한 내재와 초월의 동시성을 중심으로 하는 범재신론은 하느님이 스스로 존재하는 자존성과 무한성을 가진 분으로서 세계의 창조주이자 모든 창조물의 근원이며 동시에 세계는 하느님의 부분을 형성한다는 믿음이라고 할 수 있다. 이것은 세계의 모든 창조물이 어떠한 형식으로든 하느님과 연관되어 존재한다는 일원론적 이해를 기반으로 하는 것이며, 그 이전에 창조란 그 자체가 하느님의 자기-전달 사건으로 존재한다.

그러므로 하느님 자신이 전달된 세계는 구원되어야 할 대상이라기보다 하느님이 그 안에 내재하며 물질적 세계의 신화를 위하여 전진하는 도상에 있는 성스러움을 간직한 주체인 것이다. 하느님의 내재적 존재 방식이 외부로 드러난 것으로서의 창조와 세계라는 이러한 관점은 예수의 죽음을 하느님의 죽음이 아니라 하느님 안에서의 죽음이라고 한 몰트만의 이해를 통하여 표현될 수 있다.[309] 즉 십자가 사건을 하느님의 구원 사건이기 이전에 성부와 성자 사이의 내재적 사건이 역사 안에서 드러난 하느님 자체의 사건이라고 봄으로써[310] 역사를 통하여 현존하는 삼위일체 하느님의 내적 존재 방식을 이해할 수 있다.

이러한 하느님-세계 관계의 구조는 과정 형이상학을 통하여 보편적 구조로 설명이 가능하다. 브락켄은 하느님 삼위일체의 내재적 구조와 연관하여 세계에 존재하고 있는 모든 창조물들은 가장 최상위에 있는 삼위일체 하느님으로부터 연결되어진 사회적 '시스템'[311]의 구조로 존재한다고 보았다. 그리고 세계는 무한한 속성을 지닌 하느님의 창조의 장하느님 매트릭스 안에서 하느님과 모든 창조물은 삼위일체적 관계에 의해 끊임없는 전달과 수용을 지속한다고 해석하였다.[312] 하지만 창조물의 유한한 속성은 하느님의 무한한 속성의 바다에 담기게 되기 때문에 창조물과 영향을 주고받는 상호적 관점이 하느님의 자유를 제한하지 않는다. 즉 유한한 특성의 세계는 무한한 특성의 하느님 안에 밀접하게 시스템의 구조로 연관되어 존재하는 한편, 하느님은 그의 완전성을 유지한 채 세계와 대화하며 응답함으로써 세계에 참여하는 구조를 갖는 것이다.

응답하며 소통하는 하느님은 세계를 향한 의도와 목적 및 지향성을 갖고 있지만 초자연적 개입의 방식으로서가 아니라 세계와의 지속적인 관계를 통하여 물리적 인과성과 관계적 자율성을 만들어 가는 방식으로 세계 안에서 활동한다. 그러므로 과정 형이상학에 의하여 현대적으로 해석되는 이러한 개념의 범재신론은 신학에 관한 자연주의적 접근 방식을 갖는 것이다.[313] 이러한 접근을 통하여 우리는 하느님을 결코 유한하며 우연적인 창조 세계로 환원시키지 않으면서, 인간을 비롯한 창조물이 세계 안에 존재하며 관계하는 하느님의 지향에 지속적으로 응답함으로써 하느님의 의지에 따라 미래의 종말론적 완성을 향하여 나아간다는 전망을 가질 수 있다.

삼위일체 생태신학은 하느님의 세계 내재성에 생태론적 근거를 두면서도 하느님의 존재론적 고유성과 초월성을 망각하지 않는다. 하느님의 자기-전달이 이루어지는 장으로서의 하느님 매트릭스의 구조는, 자연적 질서의 법칙과 규칙성을 통한 '아래로부터 위로'의 방식과 함께, 인간의 사고와 의도에 영향을 주는 '위로부터 아래로'의 방식으로도 이루어진다.[314] 삼위일체의 내재적 차원과 경륜적 차원이 불가분의 관계로 연결되어 있다는 이해를 기반으로 하느님의 세계 초월성과 세계 내재성을 통합적으로 바라보는 관점은 세계에 존재하는 모든 창조물이 바로 하느님이 거하시는 신전이 된다는 신학적 증언을 생태론에 제공한다.

5.1.2 육화와 위격적 결합의 생태론적 의미

물질적인 것이란 세계와 역사의 한 부분을 의미하며, 초월성과 역사성이 하나로 결합되어 있는 인간에 대한 하느님의 자기-전달은 세계의 역사 안에서 물질적인 것을 포함하여 이루어지는 것이다. 그러한 측면에서 성자의 육화란 물질성을 하느님의 로고스가 세계 안에서 자신을 드러내고 현존하게 하는 것으로 보았다는 것이며 하느님과 세계의 범재신론적 관계성을 드러내는 것이기도 하다. 그러므로 하느님은 우리가 도달할 수 없는 초월적 세계에만 존재하는 분이 아니라, 물질을 포함한 세계의 범주적 차원에서 당신 자신을 계시하시며 그 계시를 통해 세계에 존재한다.

존재론적 의미를 갖는 하느님의 자기-전달이란 하느님이 자신과 소통한다는 것을 의미하는 것으로 세계에 대한 하느님의 진정한 자기-전달이란 세계에 존재하는 하느님을 전제로 한다. 그러므로 세계 내 존재로서 인간이 하느님을 인식할 수 있는 것은 자신에게 선험적으로 존재하는 하느님을 통해서 가능하게 된다. 내재적 삼위일체와 경륜적 삼위일체를 동일한 것이라고 본 라너의 공리는 하느님의 존재 방식으로서의 자기-전달이 이미 하느님이 내재하고 있는 창조물의 세계를 통해서 일어나고 있다는 것에 관한 설명이다.

성자의 육화와 위격적 결합은 하느님이 생물학적 물질성을 갖고 진실로 세계 역사의 한 부분이 된 것이라고 할 수 있다. 그러므로 하느님은 지금 이곳에 우리가 경험할 수 있는 현실로서 존재하며, 창조물 전체는 항상 하느님 안에 존재한다는 관점은 육화 및 위격적 결합의 개념을 통하여 표현될 수 있다. 성자에게서 발생한 위격적 결합은 그리스도가 구원 경륜 안에서 역사하는 하느님이라고 말하기 이전에 이미 그가 세계 안에서 진실로 생물학적 물질성을 가진 한 요소이며 이 땅의 한 부분이라는 것을 표현하는 것으로, "구원의 절대적 중개자가 이 우주 역사의 한 부분"GG 195/259이 된다는 것을 의미한다. 그러므로 성자의 위격적 결합은 하느님과 세계의 통교가 가능하게 되는 결정적 계기이다.

하느님이 위격적 결합을 통하여 창조물의 역사 안에서 구체적인 실재성을 갖고 존재하게 됨으로써 하느님과 세계는 진정한 통교가 가능하게 된다.

> 우리를 하느님과 만나게 하는 것은 창조된 중개자 혹은 세계의 능력자가 아니다. 하느님의 통교에 관한 이러한 개념은 기본적으로 아리우스적인 것으로 하느님의 진정한 자기-전달과는 거리가 있다. 그것은 그리스도의 종말론적 구원 행위를 예언적 봉사자의 방식이나 천사의 능력 혹은 신플라톤주의의 영지주의적 유출론의 방식으로 영원히 잠정적으로 개방된 매개의 수준으로 떨구는 것이다. 구원 역사의 차원에서 하느님이 진정으로 전달되는 것은 하느님의 내적 생활을 통한 진정한 매개를 통해서만 존재한다. 그리스도의 은총을 통하여 우리와 관계하는 하느님의 '삼중성'은 이미 하느님의 실재 그 자체가 세 인격적인 방식으로 그 존재 안에 있는 것이다.TT 38

위격적 결합의 의미가 신학적으로 특별히 중요한 것은, 역사적 인물 예수가 구원의 중개자로서 그를 통해 하느님의 절대적 자기-전달이 인간 역사 안에서 보편적이고 철회할 수 없는 것으로 주어졌다GG 193/257는 의미를 갖는 것이기 때문이다. 무한한 속성의 하느님이 유한한 세계의 물질적 요소를

갖는 분이 되셨다는 것GG 195-196/260은 우리의 실제적 우주
가 하느님의 존재로 가득 차게 된다는 것을 의미한다. 그것은
"말씀이 사람이 되시어 우리 가운데 사셨다."요한 1,14는 복음
말씀처럼 하느님의 자기-전달이 분명한 현실로 우리에게 존
재한다는 것에 관한 증언이라고 볼 수 있다.

그러므로 생태적 영성을 위하여 눈여겨보아야 하는 것은
세계의 물질적 요소로 육화한 성자 안에 존재하는 하느님의
신비적 모습이다. 그것은 역사적 인물 예수가 순종과 기도
와 죽음의 수락을 통한 철저한 자기 비움을 통하여, 그 비움
의 자리를 하느님이 내재하실 공간으로 내어 놓음으로써 하
느님의 자기-전달을 받아들이는 신비적 모습이기도 하다.[315]
그러므로 세계에 있어서 물질성은 하느님을 받아들이는 그
릇이 된다.

성자의 육화와 위격적 결합을 우주 공동체적 차원에서 조
망할 때 인간의 위치와 역할을 발견할 수 있다. 인간이 하느
님의 초월성을 파악할 수 있는 것은 인간의 인식 구조 안에
이미 하느님이 존재하기 때문이며, 따라서 인간의 역사적 실
존이 하느님을 향해 질문하지 않는 것이 절대적으로 불가능
하다는 통찰은 물질적 세계가 이미 초월을 인식할 수 있는
인간을 통하여 하느님을 담고 있다는 사유를 가능케 한다. 또
한 하느님은 인간이 인식할 수 있는 계시를 통하여 인간에게
세계에 존재하는 범주적인 것을 초월하는 희망의 약속을 제
시하신다.GG 210/278 세계 내재성과 함께 초월성을 동시에 갖

는 하느님은 삼위일체적 관점에서 성자는 세계의 우주적 초월에 대한 하느님의 약속이 되고, 성령은 그것의 촉진자가 된다. 초월성의 기원이며 그 자체이기도 한 성부와 더불어 성삼위는 세계 안에서 내적으로 존재하며 활동하고 있는 것이다.

인간은 세계 안에서 하느님의 절대지평을 인식하여 자신의 위치와 역할을 발견하는 것과 동시에 인간 스스로 창조된 존재로서 자신의 유한성을 자각한다. 그것은 무한한 속성의 초월적 하느님이 세계에 자신을 전달하면서 한정적인 세계에 내재한다고 하더라도, 하느님 자신이 창조물과 동등한 유한한 속성으로 환원되는 것은 아니라는 점을 분명히 인식하는 것이다. 그런 측면에서 라너는 과정 신학이 제시하는 범재신론에 이의를 제기하였다. 그는 하느님과 세계의 관계에 관한 초월과 내재를 이해하는 방식에서, 초월론적 토미즘을 기반으로 자신이 이해하는 관점과 범재신론을 표방한 과정 신학의 방법론의 차이를 다음과 구별하고 있다.

그것은 초월론적 토미즘이 범신론과 전통적 유신론 사이의 중간에 범재신론으로 자리 잡는 것에 끌리는 이유이다. 나는 '끌린다.'feels attracted고 하였지, 범재신론을 '받아들인다.'embrace라고 하지 않았다. (나의 방법은) 최소한 화이트헤드나 하트숀 또는 헤겔적인 것은 아니다. 만약 내가 이 철학자들의 주장을 제대로 이해했다면, 그들이 이야기하는 하느님은 그 자신이 되기 위하여 창조가 필요한 유한한 하느님이다. 우리는 이러한 하느님을 받아들일 수 없다. 왜냐하면 우리 안에 있는 것은 무한한 실재를 오직 끊임없이 추구하기 때문에, 그를(그들이 주장하는 하느님을) 유한한 것으로 인식할 것이기 때문이다.

그러므로 우리가 추구하는 범재신론은, 그 자신이 되기 위하여 우주가 필요한, 성장하며 팽창하는 유한한 하느님을 거부한다. 반면에, 우주 안에 존재할 뿐만 아니라 우주가 그 안에 존재한다고 말할 수 있는 하느님을 받아들인다.[316]

이처럼 하느님의 초월적 절대성을 존중하는 신학적 관점은 과정 신학과 같이 하느님을 세계와의 관계 하에서만 인식하려고 하는 것에 대하여 문제를 제기한다.[317]

과정 신학이 자연주의적 해석의 방식에 따라 초월적 하느님과 세계의 관계를 인과적 관계가 존재하는 자연적 질서의 구조로 세계 내재성을 설명하였다면, 초월 신학적 방법론에서는 하느님이 세계의 실재들에 내재함으로써 하느님의 초월성이 인식 가능하게 된다고 설명하였다. 라너는 감각을 통하여 세계 안의 유한한 구체적인 어떤 것으로서 추상하는 가능성을 '전취'Vorgriff라고 하였다. 인간의 주체적인 행위로서 초월의 전제가 되는 전취는 무한한 존재das Sein를 지향하고 있으므로, 인간의 인식 작용 안에서 절대 존재esse absolutum로서의 하느님의 존재가 함께 긍정된다고 할 수 있다. 라너는 이것을 신학적으로 해석하여 하느님이 자기-전달의 계시를 통하여 당신의 창조 세계에 직접적으로 내밀하게 현존하며 인간을 포함한 세계를 구원으로 이끄신다고 제시하였다.[318]

이처럼 과정 신학과 초월 신학의 두 가지 접근 방식은 초월적 하느님과 하느님의 세계 내재성이라는 측면에서 공통의 인식을 공유하지만, 그것에 대하여 범재신론이라는 용어를 적용하는데 있어서는 위와 같은 범주적 개념의 차이가 존재한다.

그러나 두 해석의 방법론을 생태신학의 맥락에서 고찰한다면, 세계에 대한 은총으로 작용하는 하느님의 초월성을 인식하는 동시에 그 삼위일체적 자기-전달의 구조가 창조물의 실체적 구조와 어떻게 연결되어 있는지를 구체적으로 이해하도록 각각의 방법론으로 설명한다는 점에서 서로 보완적으로 이해될 수 있다.

5.1.3 하느님 창조 매트릭스 안의 세계

과정 신학 방법론은 화이트헤드의 양극적 신론으로부터 하느님에 관한 담론을 시작하지만 그것의 추상성을 극복하면서 우리가 일상에서 경험하는 구체적 실재의 차원에서 신적 위격과 일치에 관한 삼위일체론을 전개한 것은 브락켄이었다.

존재에 관하여 입자적 개체로 파악하기보다 경험에 의해 매순간 발생하는 변화의 과정으로 존재를 설명하는 유기체 철학의 방식은 세계 안의 모든 존재들을 관계적으로 파악한다. 존재의 궁극적 단위로 화이트헤드가 제안한 매 순간 발생하는 경험의 방울인 '현실적 존재'는 우리가 실체로서 경험하여 인식하는 것은 아니다. 브라켄이 그의 사회적 존재론에서 인간이 경험 가능한 존재의 단위로 본 '일정한 질서를 갖춘 구조를 갖는 사회'는 그의 후기 논문에서는 '시스템'組織, system[319]이라는 용어를 사용하여 '시스템 이론'system theory으로 설명하고 있다.[320] 이것은 화이트헤드가 『과정과 실재』 Process and Reality에서 '사회'의 범주로 사용한 개념PR 34-35을 변형 발전시킨 그의 독창적 용어이다.

그가 정의하는 '시스템'이란 사회적으로 구성된 공동체적 실재, 즉 존재론적 온전함을 유지하는 공동체적 실재를 의미하는 것이다. 사회적 혹은 공동체적으로 구성된 실재로서의 '시스템'이란 경험 세계에서 아리스토텔레스의 실체substance와 같은 것으로, 공동체적 실재를 이해하는데 있어 중요한 점은 이러한 존재론적 의미를 갖는 사회적 실체란 단순히 상호관계적인 현실적 존재들의 집합적 사회가 아니라 그 보다 더 큰 실재로서의 의미를 갖는다는 것이다.[321]

신은 창조성을 그 본성으로 갖는다. 그것은 신이 개념적 특성과 함께 물리적 특성도 함께 갖고 있다는 것을 의미한다. 유기체 철학은 그것을 신의 '원초적 본성'[322]과 '결과적 본성'[323]으로 설명하였고, 이와 같은 양극적 본성을 갖는 신의 개념은 고독한 절대적 초월자로 존재하는 신이라기보다 자신이 창조하는 세계와 끊임없이 소통하며 서로 영향을 주고 받음으로써 공동으로 세계를 창조하는 신이다.

생태론적 관점에서 이해하는 창조란 일회적 사건의 성격의 것이 아니라 지금도 세계의 모든 경험 계기들이 연결망 안에서 상호 영향을 주고받으며 '합생'의 과정을 통해 지속적으로 발생하는 창조를 의미한다. 그러므로 생태적 관점을 갖는 신학에서 바라보는 창조주로서의 신은 세계와 불가분의 관계에 놓여있으며 감동과 고통을 나누는 하느님이다.

이것이 전통 신학의 하느님의 불변성 개념과 상충된다고 주장할 수 있으나, 현대에 있어서 하느님의 불변성immutability 과 '고통 받을 수 없음'impassibility의 특성은 새롭게 이해되고 있다. 라너는 "죄 외에는 모든 일에서 우리와 똑 같으시고"히 브 4,15; 칼케톤공의회, DH 301라는 말씀을 중요하게 받아들여서 인간이 되신 하느님의 변화가능성mutability이라는 생각을 옹호하였다. "말씀이 사람이 되시어 우리 가운데 사셨다."요한 1,14 는 것은 로고스가 되어감becoming의 주체로서 세계의 역사 안에서 성자로서 자신의 삶의 변화와 탈바꿈을 경험한 것에 관한 언명이다. 성자는 자신 안에서 스스로는 불변하지만 '타자 안에서' 변화할 수 있다. 이러한 변화 가능성이 내적인 부족함이나 한계로 이해되어서는 안 되며, 그와 반대로 하느님의 완전성의 절정으로 받아들여져야 한다. 결과적으로 감동과 고통을 나누는 하느님이라는 개념은 완전성에 관한 의심을 주는 것이 아니라 자신에게서 나와서 인간과 세계에 대한

사랑으로 진출하는 하느님의 전능한 능력을 강조하는 증언
이다.[324]

절대적 불변성의 하느님이라는 개념은 하느님과 세계를
분리된 것으로 이해하는 것에서 비롯되었다. 그러나 세계와
함께 연민을 나누며 공감하는 구원의 하느님이란 개념은 초
월적 하느님이 세계에 내재하는 범재신론의 개념을 수반한
다. 이것은 신과 세계를 동일한 것으로 파악하는 범신론 혹은
우주일원론과는 달리 절대적 초월성의 하느님과 유한한 우
연적 속성을 가진 창조물의 본질적 차이를 받아들이는 것이
다.

브락켄의 '시스템 이론'은 이러한 범재신론적 이해를 위
한 실체적 구조를 밝히는 것에 기여하고 있다. 그의 시스템이
론에 의하면 일정한 질서를 갖고 구조화된 공동체적 실재들
은 질서화의 정도에 따라 아원자적 입자들로부터 우주의 은
하계에 이르는 존재의 모든 과정을 통하여 보다 낮은 층위의
소사회를 포함하는 위계적 구조를 갖는다. 이러한 시스템 이
론적 접근을 신론에 적용한다면, 하느님의 내적 생활 시스템
은 우주의 과정 안에서 더 이상 복잡한 높은 수준의 질서 시
스템이 없는 최상위의 궁극적 실재이며 창조 세계를 포함하
여 그 안에 존재하는 모든 것의 근거가 되는 범재신론적 관
점이 된다고 할 수 있다.

[시스템 이론에 의해] 범재신론panentheism이라는 용어를

이해한다면, 그것은 하느님-세계의 관계에서 제일 위에 하느님의 내재적 시스템이 있고 그 아래에 아원자적 입자들로부터 우주의 은하계에 이르는 일련의 위계적으로 질서화 된 하부 시스템들인 우주적 과정 그 자체가 있는, 위계적으로 질서화 된 일련의 시스템들이라는 것을 의미한다.[325]

우주에 관하여 다양한 가설들이 있지만, 어떤 우주론에서도 그 안에 존재하는 모든 사물들의 존재 이유가 되는 궁극적인 어떤 것이 가정되어야 하지만 우주의 운행 방식과 그 기원에 관하여 인간이 모든 것을 자명하게 이해 할 수는 없다. 그러므로 우주의 정교한 균형과 엄격한 일관성 그리고 그 법칙에 관한 인과 관계 등을 볼 때 그 모든 것에 선행하는 초정신적인 지향이 작용한다고 생각할 수밖에 없다. 그런 측면에서 그리스도교의 종교적 믿음은 성경이 궁극적 실재로 계시하고 있는 하느님을 우주 과정의 지속적 활동과 존재의 기반이라고 하는 것이다.[326] 이것은 하느님은 창조주이시며 창조 세계를 유지하는 분이라는 성경의 이해에 근거하여, 하느님의 내재적 생활 시스템이란 더 이상 높은 수준이 존재하지 않는 절대적인 궁극적 실재로서 존재하는 모든 것의 존재론적 근거라는 것을 의미한다.

모든 존재의 근거가 되는 하느님의 내재적 존재방식은 존재가 생성되어 출현하는 브락켄의 용어인 하느님 매트릭스의 근거가 된다.

나 자신의 관점에서, 하느님-세계 관계에 관한 이러한 이해는 범재신론panentheism이라는 용어가 의미하는 것과 유사한 것이다. 하느님 이외의 모든 것들은 이미 존재하고 있는 하느님의 내재적 시스템 안에서 부터 존재가 되어 나오며 그리고 창조된 세계에서 보다 높은 질서 시스템의 작용에 의해 지배를 받는다. 동시에, 하느님 이외의 모든 것들은 하느님의 내재적 생활이라는 가장 높은 질서 시스템 안에 있는 하위 시스템subsystem으로서 그 자신의 정체성이 유한하다는 점에서 하느님과 구별된다. 그러나, 하느님과 세계는 하나이면서 동일한 포괄적 생명 시스템life-system 안에 포함되어 있다.[327]

　　이러한 시스템 구조로부터 우주의 과정을 통하여 하느님과 세계는 모두 서로에 대하여 각자의 방식으로 작용하는데, 특히 하느님의 삼위일체적 구조는 하느님의 세 위격이 그들의 창조물과의 관계에 있어 전체 우주 과정과 그것을 구성하는 다수의 하부 시스템들 안에서 고유의 활동 방식을 갖는다는 것을 나타낸다.

　　하지만 하느님 위격들은 개별적 하위 시스템들 각자가 전체적 우주 과정에 적합하도록 유한한 경험 주체들을 강요하는 것이 아니라 설득하는 것으로 작용한다.[328] 그러므로 셀 수 없이 많은 세계의 하위시스템들은 그들이 속한 바로 상위 시스템의 구조에 의해 영향을 받을 뿐 아니라, 하느님-세계 관계에서 가장 높은 질서 시스템인 하느님의 내재적 생활 체계에 의해서 지향을 갖고 설득하는 방식으로 영향을 받는다는 것을 알 수 있다.

과정 신학의 범재신론은 하느님과 세계의 관계에 있어 자연주의적 접근을 하고 있다. 사회적 실체로서의 존재론에 적용되는 '시스템'과 '장'개념은 모두 일정한 질서를 넘어서 초자연적으로 개입하는 절대자로서의 신 개념은 받아들이지 않는다. 하느님의 무한한 창조의 매트릭스 안에 존재하는 창조물들은 신의 지향에 의해 '유혹'lure을 받으면서, 동시에 자신들의 합생의 결과를 신에게 포함시킴으로서 하느님과 세계는 불가분의 관계로 존재한다.

5.1.4 세계 내 인간의 위치

현대의 생태론은 인간을 포함하여 세계의 모든 자연물의 다양성은 서로가 구별되는 방식으로 존재하지만 결국은 서로 연관되어 결합되어 있는 유기체라는 관점을 갖는다. 자연을 활용하고 관리해야 하는 대상으로 바라보는 환경보존주의적 관점의 생태론은 창조계 안에서 인간의 위치를 지배자로서 인식하도록 하는 한편, 생태계 자체를 생명 혹은 존재의 주체적 기원으로 인식하는 생태주의는 인간의 위치가 자연의 관계망에 속한 하나의 요소로 환원되어 축소되는 경향을 보인다. 하지만 삼위일체적 관점을 갖는 생태론은 유기적 연결 구조인 생태계의 주인을 세계 안에 내재하는 초월적 하느님으로 바라본다. 이것은 하느님의 초월적 본성 안에서 한 부분으로 존재하는 세계 안에서 인간과 그 외의 모든 창조물들은 저마다의 역할을 갖고 생태계의 주인인 하느님을 반영하며 그 의지를 세계에 실현한다.

창조 세계 안에서 인간은 독특한 위치를 갖고 있다. 인간도 자연과 함께 창조주 하느님의 산물이지만, 성경에 의하면 창조의 끝에 맨 마지막으로 나타나 세계를 돌보는 책임을 부여받았다.[329] 그러므로 인간은 세계 안에서 노동과 돌봄을 통해 창조의 균형을 유지하여야 하는 윤리적 책임이 각 인간에게 주어져 있다. 근본주의적 생태론이 인간의 역할을 축소하는 것을 목표로 하면서 인간을 생태계의 전체성 안으로 함몰시키는 것과 비교하여, 삼위일체적 생태신학은 인간의 청지기적 역할을 강조한다. 이러한 관점은 하느님과 인간의 관계를 인간과 자연의 관계에 관한 모형으로 보도록 하는 것이며, 하느님의 모상을 가진 인간의 진정한 역할을 밝히는 것이다.

생태주의는 인간도 자연의 일부로서 모든 자연적 존재가 권리와 가치에서 평등하다는 주장을 갖는다. 반면 삼위일체적 생태론은 창조계에서 창조물들 저마다의 위치와 우주적 공동체 차원에서의 역할에 주목한다. 자연의 일부이기도 한 인간은 자연의 산물임과 동시에 물질이 정신으로 초월해 가는 도상에서의 특별한 시점에 있는 존재로서, 자연 자체는 인간을 향해 지향되어 있고 인간은 자기 자신에 대한 자각과 파악하기 어려운 근거 자체를 향한 지향성을 가진 존재ᴳᴳ

로서 가치를 갖는다.

창조계에서 인간이 특별한 위치를 갖고 있다는 생각은 창조계에 관한 진화론적 관점을 뒷받침한다. 즉 진화란 그 움직임의 과정에 있어 궁극적인 방향성과 결론이 있다는 의미를 함축하고 있으므로, 세계의 최종적 목표는 세계의 자기 초월을 통하여 하느님의 자기-전달이 세계 안에서 완성되는 그 지점이라고 할 수 있다. 그 과정에서 인간을 통하여 자기-전달을 세계에 수용시키려는 하느님의 구원 경륜은 세계를 움직이는 원동력이 되며, 인간은 진화의 과정 안에서 자신의 고유한 위치를 갖는다.[330]

삼위일체의 존재 방식은 세계에 있어서도 서로 다른 것으로 환원될 수 없는 다양한 역할의 고유성을 긍정하며 그것들이 분리되어 존재하지 않고 일치를 이루는 생태적 원리를 제시한다. 삼위일체적 생태론은 그리스도의 육화를 통해 드러난 세계 안에서의 인간의 위치와 역할의 중요성을 인식하며, 최종적이고 궁극적인 미래로서 성부의 섭리와, 성자가 가져다 준 해방 그리고 성령의 내주로 변화되어진 우주인 삼위일체의 시대를 설정한다.TS 230 세계 안의 정신으로서의 위치를 갖는 인간은 자신을 포함한 모든 창조물과 삼위일체 하느님의 창조적 활동으로 가득 찬 세계 안에 존재하면서, 동시에 창조 세계는 점진적으로 육화한 그리스도를 정점으로 하는 삼위일체 하느님의 종말론적 완성을 향해 실현되어간다.[331]

5.2 창조물의 내재적 가치와 고유성

생태적 신론에서 물질세계의 모든 창조물이 고유의 내재적 가치를 갖는 원인은 하느님의 흔적이 그 안에 담겨있기 때문이다. 이것은 근본주의적 생태론이 주장하는 생태평등주의에 입각한 내재적 가치의 입장과는 그 근거에서 차이가 있다.

삼위일체론에 근거한 생태론은 아퀴나스의 전통의 창조에 관한 관점과 같이 모든 자연적 창조물들은 저마다 다양한 모습으로 하느님의 모습을 담아 드러낸다고 본다. 나아가 하느님이 직접 물질성을 통하여 세계로 육화한 것을 창조물에 관한 고유한 가치의 근거로 삼는다. 이로써 우리가 현실을 살아가는 세계는 더 이상 하느님과 분리되어진 세계로 존재하는 것이 아니라 점진적으로 신화하여 가는 도상에서 성스러움이 함께 하는 장소가 된다.

5.2.1 창조물의 내재적 가치의 기초: 창조와 육화

본질적으로 그리스도교의 신론인 삼위일체론은 역사적 예수 사건에서 비롯된 초기 그리스도교인들의 하느님 경험에서 출발한 것이다. 그리스도교의 신론은 이러한 '아래로부터의 그리스도론'에서 출발하여 하느님 아버지 성부 뿐 아니라 이 땅의 구원자로 인식된 그리스도 성자와, 창조물 안에 존재하며 하느님의 은총을 수용하도록 이끄는 성령을 하느님으로 인식한 것이라고 할 수 있다. 이렇게 형성된 '아래로부터의 삼위일체론'은 그리스도론과 필연적으로 내적 연결성을 갖고 있다.[332] 그러므로 하느님의 자기-전달의 관계를 설명하는 삼위일체론은 그런 의미에서 진화론적 세계관에서의 그리스도론을 주목하도록 한다.

인간 자체를 하느님의 자기-전달 사건GG 183으로 규정한 삼위일체론은 모든 창조물이 하느님의 흔적을 담고 있으며, 흘러넘친 하느님의 신성이 모든 창조물에 증여되어 있다고 본 아퀴나스의 통찰이 배경을 이룬다. 이러한 자기-전달 개념은 세계에 그것을 제공하는 원리로서 그리스도의 육화와, 창조물이 그것을 수용하는 원리로서 성령의 부여가 동시적으로 발생하는 철저히 삼위일체론적 구조에 기반을 두고 있다.[333] 즉 세계에 깃들어져 있는 신성을 설명하는 개념으로서 하느님의 자기-전달은 그리스도의 육화와 성령의 부여가 동시적으로 창조물의 역사를 통하여 발생하여 세계 안에 현존하는 것으로 이해할 수 있다.

그리스도의 육화는 종말론 측면에서 세계 전체가 신화되는 과정의 시작이 된다.[334] 그리고 그 시발점인 '위격적 결합'unio hypostatica[335]은 예수에서 뿐 아니라 세계의 궁극적 수렴의 단계에 모든 창조물에게 해당되는 것이다.GG 181/241 즉 하느님의 육화란 단순히 로고스가 사람이 되신 사건만을 의미하는 것이 아니라, 하느님의 위격이 세계의 창조물과 일치를 이루어 창조물과 신성이 관계적 성격을 갖게 되는 것을 의미하는 것이다.

아퀴나스는 "하느님이 사물들을 존재에로 산출한 것은 피조물들에게 자신의 신성을 전달하고 이것을 그런 피조물들을 통해 표현하기 위한 것"[336]으로 보았다. 그것의 연장선상에서 라너의 삼위일체론은 그리스도의 육화를 진화적 관점에서 하느님의 자기-전달과 그에 대한 인간의 수용이 정점에 달하여 '절대적 구원자'가 역사 안에서 현실화된 순간으로 보았다. 그러므로 모든 유한한 창조물들은 궁극적으로 물질성이 하느님과 일치됨으로써 구원을 얻게 된다는 희망을 갖는다.

그리스도의 육화는 인간을 통하여 발생한 것이지만, 모든 창조물은 성삼위의 자기-전달에 의하여 상호 연결되어 있으므로 육화는 우주적 맥락에서 세계의 전체적 진화 과정 안에서 발생한 것이다. 그러므로 육화는 우주 전체와 연관되어 인간 뿐 아니라 인간이 아닌 창조물들을 포함한 모든 창조물이 하느님 자기-전달의 연결망 안에 위치한 존재로서 빠짐없이 고유의 내재적 가치를 갖고 있다는 것을 확증하는 근거가 된다.[337] 절대적 구원자가 세계 안에 현실화된 그리스도의 육화는 세계 진화 과정에서의 접근적 목표이다.[338] 그리고 물질이 정신을 향하여 초월해 가는 우주적 창조계 전체의 진화적 운동과 관련하여, 창조물이 하느님과 온전한 일치를 이루는 '육화'는 신화되어 가는 세계의 궁극적 목적이 된다.

현실의 물질세계는 단순한 대상적 객체로 존재하는 것이

아니라 최종적으로 하느님과 온전한 일치에 이르게 되는 가치를 내포하고 있다. 모든 창조물들은 그리스도의 위격적 결합에서 비롯되어 하느님과의 온전한 일치를 향한 육화의 과정에 놓여 있는 존재이다. 이러한 관점은 창조와 육화를 별개의 두 사건이 아니라 하느님의 세계 내 경륜 활동의 국면들로 이해하도록 이끈다.[339]

육화에 집중된 그리스도론과 비교하여 삼위일체론은 성령으로 인하여 더욱 현실적이며 풍부한 생태론을 전할 수 있다. 성령은 성부의 본성이 성자를 통하여 세계로 증여될 때 이를 수용하도록 하는 '창조되지 않은 은총'으로서 보편적 관점을 갖는다.[340] 이러한 은총은 성부의 본성이 직접적으로 창조계에 전달될 때 그것을 수용할 수 있도록 창조세계에 이미 갖추어져 내주하는 것이다. 성령이 목적을 향하여 과정 중에 있는 우주적 세계를 완성으로 이끌려는 하느님의 의향을 수용하도록 이끈다는 생각은 이 세계가 유한한 창조물들만의 세계가 아니라 하느님이 삼위일체적 구조로 편재하는 세계이며 모든 창조물들이 하나도 남김없이 세계의 신화를 향해 전진하고 있다는 긍정적이고 낙관적 관점의 생태론을 제시한다.

5.2.2 창조의 지속적 발생

현대 삼위일체론이 세계에 존재하는 모든 창조물의 내재적 가치를 하느님이 세계에 전달된 구조와 육화의 우주적이며 진화론적 의미를 통하여 밝혀 나갔다면, 생태적 세계관을 바탕으로 하는 과정 신학의 사회적 실체론은 매 순간의 관계적 경험에 의해 발생되는 새로움의 발생을 창조성의 발현으로 보며, 그것이 구체적 실재로서 감각적 물질세계 안에서 어떻게 존재적으로 설명될 수 있는지를 밝히고 있다.[341] 이것은 현실의 모든 존재와 계기들은 하느님의 창조성이 지금도 매순간 작용하고 있는 실재로서의 가치를 갖고 있음을 밝히는 것이다.

각각의 현실적 계기들은 모든 선행先行하는 계기들에 의해 영향을 받으며 본래부터 자기 창조적 힘을 가지고 있다는 유기체 철학의 원리는 각각의 현실적 계기들이 복합체를 이루고 사회를 이루어 다자many가 일자one가 되고 그로부터 다자가 다시 생성되어 가는 창조성의 원리를 세계의 존재들에 영향을 주는 신의 원초적 본성으로 파악한다. 그에 따라 창조란 어느 시간적 계기의 한 순간에 발생한 사건이 아니라 세계 안에서 상호적 관계를 형성하는 현실적 계기들의 창발적 합생과 그 사이에서 점진적으로 사회적 질서가 발전되어가는 것을 창조의 본질로 본다.

과정 신학은 세계의 창조란 아무것도 없던 곳에서부터의 창조가 아니라 '혼돈'에서의 창조라고 제안한다.[342] 창세기 1장의 "한 처음에 하느님께서 하늘과 땅을 창조하셨다. 땅은 아직 꼴을 갖추지 못하고 비어 있었는데, 어둠이 심연을 덮고 하느님의 영이 그 물 위를 감돌고 있었다."창세 1,1-2는 말씀은 혼돈 속에 있는 사건들에게 있어서 정신성의 일종인 개념에서 질서가 발생함으로써 창조를 이루었다는 것을 의미하는 것으로 해석하였다.

'무'의 상태란 광자나 미립자 같이 단순하지만 연속적으로 질서화 된 사회들이 존재하지 않았던 우리의 우주 시대 이전의 무질서의 상태를 의미하는 것이다. 이는 사실상 우리가 경험할 수 있는 물질 혹은 개념이 존재하지 않는 것이다. 그러므로 성경이 계시하는 세계의 '창조'란 연속적으로 존속하는 사물들의 부재를 의미하는 '무'에서 일련의 패턴을 갖고 질서를 갖추는 형태가 발생하여 우주가 생성되었음을 의미하는 것이라는 해석이 가능하다. 이러한 질서의 발생은 신의 창조 행위가 일거에 모든 창조물을 순간적으로 발생하였다고 생각하기보다 역사적 시간을 통한 관계적 교류가 질서를 형성하면서 다양한 창조물이 생성되었다는 생각으로 발전시킬 수 있다. 또한 그 창조는 일회적 성격이 아니라 생성의 과정을 통해 지금도 지속되고 있는 것이다.

이러한 창조의 '장'에서 하느님 세 위격은 각자의 고유한 역할을 갖고 세계의 모든 창조물과 하느님의 내적 존재 방식을 나누면서, 창조물과 상호주체성을 갖는 공동체적 일치를 지향하는 초인격적 차원의 결정을 통하여 창조물의 질서를 유도함으로써, 무로부터 창조를 생성해 간다.

현실에서 실재하는 모든 창조물은 저마다 고유한 가치를 갖고 있지만, 그 존재의 구조는 "위계적인 질서를 갖는 현실태의 소사회들로 형성된 거대한 관계망”[343]으로 존재한다. 그 관계망 안에서 무한한 속성에 의해 전체를 포함하는 하느님의 매트릭스는 모든 창조물을 그 발생의 순간부터 하느님 안에서 온전한 존재로 포함한다. 그러므로 하느님 매트릭스 개념은 하느님과 분리되어 있는 창조물이란 생각할 수 없다는 것을 의미하며, “그 분 안에서 살고 움직이며 존재합니다.”[사도 17,28]라는 바오로 사도의 말을 기억하게 한다.

전통 신학의 창조론에 기반을 둔 생태신학의 해석은 자연 전체가 하느님의 모상으로 창조된 하느님의 것이므로 하느님의 대리자에 불과한 인간은 자연을 다루고 이용하는 데에서 하느님과 자연의 방식과 어울리는 방식으로 이루어져야 한다고 설명한다.[344] 이러한 관점은 아직 신과 인간 그리고 자연이 서로 분리되어 존재한다는 것을 전제하는 것이다.

그러나 세계의 모든 존재를 역동적인 유기적 과정으로 이해한다면, 신의 창조성에 의해 비롯된 다양한 존재 혹은 계기들이 서로의 관계적 활동을 통하여 새로움을 연속적으로 창조하여 가는 것이 세계의 현실이라는 관점을 가져온다. 나아가 세계는 하느님이 개입하기보다 지향을 제시하여 설득하는 방식에 의해 전진하고 있으며, 그 최종적 완성의 과정에 있는 모든 창조물은 궁극적으로 세 위격의 활동으로 구성되는 하느님의 창조 매트릭스 안에 존재한다고 이해할 수 있다.

따라서 삼위일체적 생태론은 모든 창조물은 하느님과 유기적인 상호작용을 지속하며 하느님의 창조에 함께 참여한다는 개념을 갖는다. 근본적으로 하느님-인간-자연은 분리되어 존재하지 않는다는 세계관을 갖는다는 점에서 인간을 포함한 모든 자연과 세계 내 존재는 하느님의 창조성 안에서 똑같이 저마다의 절대적인 내재적 가치와 역할을 갖고 있다.

5.2.3 삼위일체의 성사이며 신비인 창조계

모든 창조물이 하느님을 드러낸다는 생각 자체는 세계의 모든 존재에 관한 성사적 관점을 보여준다. 삼위일체 하느님의 관점에서 창조 세계 전체는 하느님 세 위격의 일치를 보여주는 삼위일체의 몸TS 231/326이며, 삼위일체의 영광이 드러나는 무대TS 225/319가 된다.[345] 세계의 창조물에 내재하는 삼위일체 하느님의 흔적은 삶의 한가운데에 놓여 있는 일상의 사물들 안에서 발견할 수 있다는 성사론적 생각으로, 모든 창조물과 자연에서 하느님의 흔적을 발견할 수 있다는 창조물에 관한 아퀴나스의 전통적 관점에서 발견할 수 있는 것이기도 하다.[346]

'오이코스'οἶκος를 어원으로 하는 생태론ecology은 함께 살고 있는 구성원들의 상호 작용과 그 체계에 관한 담론이다. 그리스도교의 삼위일체론은 하느님이 세 위격으로 이루어진 공동체적 일치로 존재하시고, 그 존재의 유비로서 인간은 혼자로서의 삶이 아니라 타자들과 함께 공동체적으로 살아가는 것을 본성으로 갖는다는 것을 보여준다. 그러한 공동체적 삶은 인간의 사회뿐 아니라 창조물로서 같은 기원을 갖는 자연을 대하는 태도 있어서도 삼위일체의 공동체가 그 원형이 되도록 확장되어야 한다. 근대주의 세계관에서 물질은 소유하고 지배할 수 있는 객체적 대상일 뿐이었다. 삼위일체적 생태론은 창조물 자체를 하느님이 깃들어 있는 성사로 파악하며 세계에 존재하는 모든 물질 자체가 '하느님을 담은 그릇이며 구원을 만나는 자리'로서 하느님의 성사라는 관점을 존중한다.

우리가 일상에서 만나는 사물들, 지구적 환경에서 공생하고 있는 생명체들 그리고 우주에 관한 관상에서 하느님 삼위일체의 현존을 체험한다는 것은 신비적 체험이라고 할 수 있다. 이 신비를 관상하고 내면화되는 것은 생태신학의 중요한 실천 사항이 된다. 이에 대하여 라너와 브라켄 그리고 보프는 일치된 의견을 피력하고 있다. 특히 보프는 사회 개혁에 참여하는 힘으로써 신비를 중요하게 생각하였다. 그러한 신비는 설명할 수 없는 것에 대한 응답이나 마주하기 힘든 현실을 회피하는 태도로서의 신비가 아니라 현실의 더 빛나는 측면,[347] 즉 이해나 성공 여부를 뛰어넘어 활력을 공급하는 측면에서 열정의 원천으로서 종교적인 신비인 것이다.

삼위일체 신학적 생태론이 지시하는 것은, 우리의 현실 세계는 하느님이 삼위일체의 모습으로 현존하는 장소로서 과학적 세계관에서 이성적으로 바라보는 것보다 훨씬 더 크다는 것이다. 신비의 체험은 하느님에 관한 직접적 관상에서 뿐 아니라, 세계의 모든 창조물이 갖고 있는 신비적인 양면성에서도 얻어진다. 인간의 정신은 구체적인 연민의 태도를 갖고 타인의 상황을 파악하는 상호주체적 공감을 통하여 타인과 일치되는 경험을 한다. 연민과 공감을 통한 일치의 체험은 성삼위가 현실화되는 신비 체험과 동일한 것으로, 이러한 상호관계적 경험에 의해 상호주체성이 형성되는 것은 존재의 차원으로 확장된다.

이러한 체험은 '놀람과 경이'를 통하여 우리의 신앙 경험을 생생하게 살아있는 것으로 만드는 것으로서[348] 일상 안에서 종교적 신비가 내면화되는 것이다. 다시 말하면, 세계를 향한 신비의 체험은 교의를 수용하는 이데올로기적 신앙 체험이 아니라, 자신의 내면 깊은 곳에서 사물의 성사적 측면을 포착하고, 타인에 대한 연민을 느끼며, 우주의 조화로움과 장엄함에 감탄하는 것으로, 그 자체가 세계와 공감하여 삼위일체 하느님을 경험하는 것이다.

우리의 신앙이 살아있는 것이 되기 위하여 이러한 신비 체험은 결정적 요소가 된다. 그것은 단순히 교의를 수용하는 신앙과는 다른 것이다. 그런 의미에서 삼위일체의 신비를 생태적 관점에서 관상하는 것은 교의가 전달하고자 하는 하느님 계시의 의미를 일상의 창조물과의 관계에서 만날 수 있도록 이끄는 것이기도 하다.[349]

5.3 세계의 상호연결 관계에 대한 삼위일체적 전망

하느님을 삼위일체로 이해하는 것은 창조 세계에서 우주의 다양성과 그것들의 일치를 포괄하는 상호 관계적 개념을 더욱 명확하게 가져오도록 할 수 있다. 전통적으로 삼위일체론의 주된 관심사는 일치의 원리를 설명하는 것이었다. 분명하게 서로 다른 인격적 특성으로 경험되는 세 위격이 어떻게 한 분 하느님이신가에 관한 사유는 공동체를 단순한 일자들의 합이 아니라 다양한 일자들의 상호 관계로 이루어지는 유기적 개념으로 이해하도록 이끈다.

일치의 관계에 관한 유기체적 이해는 삼위일체 하느님에 관한 존재의 유비로서 모든 창조물이 서로 독립적인 개별적 개체로 존재하는 것이 아니라 상호 연결된 관계망으로 존재한다는 사유로 발전할 수 있다. 이것은 하느님의 존재 방식이 세계 내 창조물의 존재 방식과 연결되어 하느님-인간-자연이 유기적으로 연결된 전체성을 갖는 우주적 차원의 세계에 관한 이해로 확장된다. 이러한 연결의 관계는 상호주체적 정신성이 파생되어 사회적 공동체로서의 존재적 특성을 갖는 것이다. 삼위일체에 관한 사회적 이해는 세 위격이 이루는 사랑의 상호 내주적 공동체의 일치 관계를 세계에 존재하는 모든 사회가 조화로운 일치를 추구하는 생태적 관계의 궁극적 원형으로 제시한다.

5.3.1 세계의 상호 연결 관계의 기초: 페리코레시스

삼위일체론의 형성기에 초기 교부들은 세 위격이 일치를 이루는 관계적 성격을 온전한 공동체적 상호 친교로 파악하였다. 그것은 서로 구별되는 위격들 간의 일치의 원리를 하느님의 불가해한 삼중적 원리로 표현한 것이다. 동방 교부들이 이끌었던 이러한 친교의 공동체로서의 하느님 삼위일체 개념은 세 위격의 일치를 이루는 신성Godhead이 성부 하느님으로부터 기원되는 것이라는 신학적 명제를 갖고 있었다.[350] 현대에서도 동방 신학 전통의 존 지지울라스는 일치의 근원을 성부로 부터 비롯된다고 본 것이야 말로 삼위일체 신학을 추상적 우시아 개념보다 인격적이고 관계적인 하느님을 나타낸 카파도키아 교부들의 공헌이라고 보고 있다.[351]

'유일한 하느님'이라는 개념은 위격들의 삼위일체에 선행하거나 그에 종속된 개념이 아니다. 구약의 하느님은 신약의 성부와 같이 전능하고 영원한 하느님으로서 신성의 원천이다. 이 유일한 하느님은 신약을 통하여 예수 그리스도의 아버지로 드러난다. 신약성경은 '홀로 참하느님이신 아버지'요한 17,3를 우리 주 예수 그리스도의 아버지이며 성령을 보내신 분으로 나타낸다. 그 분 안에서 성자와 성령은 긴밀하게 일치되어 있으므로 교회의 전통은 동일한 본성homoousia을 가진 성부, 성자 성령을 '유일한 하느님'으로 믿어온 것이다. 공통된 신적 본성에 관한 계시와 성부·성자·성령으로서 하느님이라는 두 가지 계시는 병행하며 서로 함축된 의미를 통합함으로써 성부·성자·성령의 한 하느님이라는 하느님에 관한 유일한 자기-계시를 구성한다. 여기에서 성부는 선후 혹은 상하의 위계적 위치가 아닌 신성의 전적인 근원이자 기원Totius fons et origo divinitatis으로서 위격들의 일치의 기초가 된다.[352]

삼위일체에 관한 일치의 근원이 성부에게 있음을 강조하는 것은 성부의 기원성monarchy을 위계적인 것으로 이해할 우려가 있다는 주장이 있다.[353] 이러한 우려를 극복하는데 유용한 개념이 페리코레시스이다. 그리스도교의 전통적 신앙고백은 유일한 하느님을 동일한 본성을 가진 세 위격의 삼위일체로 이해한 것이다. 이것을 세 위격이 상호 내재하는 관계로 표현하였던 카파도키아 교부들의 생각은 '페리코레시스' 개념을 통하여 다양성을 존중하는 현대적 이해에 적합한 삼위일체 개념으로 재등장하였다.[354] 그것은 "위격들 사이에는 서로에 대한 어떠한 우월과 열등이 없는 완벽한 동등성과 완전한 삶의 순환이 존재한다. 그들 사이에서 서로 구분되는 것을 제외하고는 모든 것이 공유되고 소통된다."TS 93는 설명과 같이 세 위격의 서로에 대한 어떤 우월과 열등이 없는 완전한 순환적 동등함으로 이루어진 상호내주의 관계를 의미하는 것이었다.

세 위격의 일치에 관한 친교 개념인 페리코레시스는 하느님의 내재적 존재 방식에서 세 위격이 서로 상호 내주 내지는 침투하는 영원한 사랑의 일치 과정이라는 것을 표현한다. 본성상 일치의 연합 안에 존재하는 하느님 세 위격의 무한한 친교와 소통의 풍요로움은 세계의 다양한 존재들을 창조할 뿐만 아니라 창조된 존재 안에 삼위일체의 형상과 모양을 전달한다. 창조를 삼위일체적 사랑과 일치가 외적으로 나타난 것이라고 보는 신학적 관점은 하느님에게서 모든 창조물이 생겨났으며 동시에 하느님의 본성이 모든 창조물 안에 존재함을 의미하는 것이다. 그러므로 창조론은 모든 자연물이 하느님에게서부터 왔다는 것에 관한 진술이며, 하느님과 세계의 관계를 통찰하여 볼 수 있는 생태신학의 출발점이 된다. 또한 삼위일체의 내재적 존재 방식으로서의 페리코레시스는 우주의 목적으로서 창조 세계가 하느님과 함께 누릴 미래로 전망되는 것이다.

페리코레시스적 연결 관계는 단지 하느님의 내재적 관계만을 의미하는 것이 아니라 세계의 종말론적 완성을 위한 하느님-세계-창조물 간의 관계적 원리가 되는 사회적 의미를 갖는다. 페리코레시스를 일치의 원형으로 하는 삼위일체적 관계는 세계를 공동체적으로 바라보게 한다. 그러한 삼위일체 모형의 공동체는 그 구성원들의 개별성은 존중하지만 자신을 타자에게 전적으로 내어줌으로써 지배와 종속의 위계적 관계는 존재하지 않는 온전한 일치의 공동체라고 할 수 있다.[355] 그러므로 우주, 지구, 인류 등에 대하여 그것을 구성하고 유지하는 모든 구성원들이 상호 의존적 관계 망web of relationships을 구성하고 있다는 생태론적 원리는 다양성과 일치를 추구하는 삼위일체론을 원형으로 함으로써 단순한 연결의 관계를 넘어서는 온전한 일치를 지향할 수 있다.[356]

상호 연결의 원리는 삼위일체의 내재와 경륜에 있어서도 그것을 분리된 것이 아니라 관계적인 것으로 파악한다. 하느님의 상호 내주적 존재 방식은 하느님과 세계의 관계에 의하여 곧 세계에 대한 구원 경륜의 모습으로 드러난다. 이에 대하여 라너가 하느님의 내재적 삼위일체는 자기-전달이 이미 이루어진 세계에서의 경륜적 삼위일체와 동일한 것이라고 일치시킴으로서 구원 경륜의 가치를 부각시켰다면, 보프는 내재적 삼위일체는 경륜적 삼위일체의 근거가 되는 것으로 그보다 훨씬 큰 것이라고 해석하였다. 또한 브락켄은 하느님의 무한한 매트릭스 안으로 창조계의 모든 경험들이 수렴되므로 경륜적 삼위일체는 내재적 삼위일체 안으로 침지된다고 설명하고 있다.[357] 이러한 설명의 방식들은 삼위일체의 내재와 경륜의 관계가 서로 독립적인 것이 아니라 서로 연결되어 있다는 것을 나타내고자 한 것이다.

즉 하느님이 실재성을 갖고 내재하는 세계는 그 자체로 하느님의 초월성을 포함하고 있으므로, 내재와 경륜의 관계는 서로 독립적으로 존재하는 것이 아니면서 무한한 특성의 하느님 존재 방식이 그 근거가 되어 세계를 포함하고 있음을 나타낸다. 결국 세 신학자들의 내재와 경륜에 관한 논의는 하느님이 세계와 불가분하게 연결되어 있다는 것을 나타내는 설명 방식으로서 하느님의 세계 내재성과 초월성의 동시성을 설명하는 범재신론적 사유를 갖는 것으로 받아들일 수 있다.

내재적 삼위일체는 하느님이 세계의 구원 경륜을 이끄는 경륜적 삼위일체의 모형으로 전망할 수 있다. 그러므로 그리스도인이란 하느님의 삼위일체적 원형을 세계 안에서 실천해 나가는 사명을 부여받은 자들로서 그 구조가 갖는 현세적 의미를 발견하는 것이 실천적 관점에서 중요하다.

삼위일체적 생태론은 심층 생태론이 제시하는 관계망의 공동체를 하느님의 존재방식인 내재적 삼위일체가 세계에 반영되어 있는 것으로 해석함으로서 단순한 관계망을 넘어 신성이 깃들어 있는 것으로 이해하는 신학적 기반을 갖는다. 나아가 세계 구원의 완성된 모형이 되는 삼위일체적 존재 방식은 완성을 향한 도상에 있는 현실의 우주에 관한 진화론적 이해와 맞닿아 하느님을 목적으로 하는 신앙의 실천으로서 생태적 회개의 생활 태도를 제시한다.

5.3.2 상호 연결 구조의 실재론: 사회적 실체와 상호주체성

페리코레시스적 상호 연결의 관계는 공동체로서의 하느님 존재를 서술할 수 있는 기초가 되면서, 동시에 창조물에 관한 존재의 형식으로서 사회적 실체론으로 서술할 수 있는 근거가 될 수 있다.

유기체 철학의 형이상학적 구조로 설명된 사회적 실체론

은 삼위일체론이 오랜 동안 이끌었던 위격들의 일치에 관한 논의를 구체적 실체를 갖는 실재로 설명할 수 있는 기반을 제공했다. 우리가 경험할 수 있는 사회적 실체로서 공동체적 존재를 합리적이며 실재적인 것으로 설명할 수 있는 유용한 도구는 과정 사상의 형이상학을 적용하는 것이다. 삼위일체는 전통적으로 본질 혹은 친교라는 추상적 용어를 사용하여 그 일치를 설명하여 왔다. 그러나 그 일치의 방식에 관한 추상성은 삼위일체를 현실적 실재로서가 아니라 불가해한 신비로 돌림으로서 합리적 이해를 추구하는 현대인들의 설득을 얻지 못하였다. 과정 신학의 시스템 이론과 사회적 실체적 접근은 삼위일체에 관한 이러한 어려움을 형이상학적 방법을 사용하여 합리적으로 설명할 길을 제시하였다.

화이트헤드는 『과정과 실재』를 통하여 근본적으로 세계에 존재하는 실재들이란 상호 관계적 합생의 과정을 통하여 상호 연결되어 존재한다고 설명하였다. 이것은 자연의 세계를 포함한 모든 존재란 새로움이 생성되는 창발적emergent 창조의 과정으로 존재하는 것으로 이해하는 것이다.[358] 즉 존재의 상호연결성을 형이상학적 측면에서 존재의 본성으로 파악한 것이다.[359]

사회적 실체론은 다양한 현실적 계기들이 복합적으로 존재하는 '사회', 즉 공동체적 사회에서, 그 사회를 통합하여 지배하는 의식 혹은 정신이 존재한다는 개념을 강조한다.[360] 그것은 특정한 사회의 상호주체성Intersubjectivity[361]으로 표현되는 것으로, 그 사회의 전체적 결합을 유지하여 통합하는 기능을 하도록 파생된 행위자derivative agency이다. 그 상호주체성의 의식 혹은 정신이 다수의 다양한 현실적 존재들로 이루어진 공동체를 하나의 존재로 인식함으로써 존재적 일치를 가져온다.362 이처럼 다수 존재들의 복합체로부터 그것을 단일의 존재로 인식하게끔 하는 '상호주체성'을 발견하여 그것을 현실에서 경험되는 실체적 존재의 단위로 파악하는 공동체적 존재론은 무한한 속성의 하느님 삼위일체에 관한 위격과 일치를 설명하는 방식에도 유사한 방식으로 설명하였다.363

사회적 존재의 실체를 표현하기 위한 좋은 방법 중 하나는, 전기장, 자기장과 같이 어떠한 힘이 작용하는 장소의 의미로 사용되는 '장'의 개념을 사용하여 설명하는 것이다.364 그것은 자연과학에서 실체를 구성하는 기본 요소가 되는 것으로서, 새롭게 발생하는 모든 현실적 존재들에 대하여 그것들의 지속적인 환경 혹은 맥락으로 경험되는 것이다. 유기체 철학이 존재의 궁극적 요소로 본 '현실적 존재'내지 '현실적 계기'가 현실의 실제적 세계에서 존재로서 인식될 수 없는 것에 비하여, '장'field은 인간이 의식적으로 경험할 수 있는 실체의 단위가 된다.365

삼위일체에 관하여 세 위격이 공동으로 점유하는 '장'개념을 적용하여 자연과학을 통합하는 현대적 이해를 제시한 것은 브락켄의 공로이다. 그것은 무한한 속성의 하느님을 비인격적 원리로서가 아니라 인격적 실체로 인식할 수 기반을 제

공하며, 동시에 하느님-세계 관계 역시 '장'의 관계로 설명될 수 있다.[366]

본질적으로 유한한 본성을 갖는 모든 창조된 주체들은 하느님 세 위격과 함께 공통의 존재 기반인 '매트릭스'를 구성한다.[367] 따라서 하느님 위격들과 창조물들은 그 무한성과 유한함에 차이가 존재할 지라도 동일한 매트릭스 안에서 하느님의 신성을 공유하면서 하느님-인간-창조물은 근본적으로 불가분의 존재론적 연결성 안에 놓여 있다.

이러한 실체적 이해 방식은 전통 신학에서 해석되었던 관계적 실체의 의미를 삼위일체적 존재 방식으로 세계에 전달된 하느님이라는 이해를 넘어서, 세계의 모든 창조물들이 하느님의 창조 매트릭스 안에서 상호 연결되어 실체적으로 존재한다는 개념으로 확장하여 해석할 수 있도록 하였다.[368] 이것은 유기적으로 연결되어 존재하는 세계의 존재들이 통합된 사회적 실체의 구조를 통하여 관계망으로 존재할 뿐 아니라 그 자체가 궁극적으로 하느님 실체의 구성요소가 되는 것이다.

5.3.3 세계의 우주적 전망과 신비적 태도

상호 연결된 존재로서의 생태적 관점은 궁극적으로 우주적 관점을 향한다. 육화와 위격적 결합의 개념에서 출발하는 진화론적 세계관은 인간을 포함한 모든 창조물이 공동의 기원에서 출발하여 자기-초월의 단계에 따라 정신성의 강도가 결정되어지는 정신과 물질의 결합 존재라는 관점에서 출발한다. 그리하여 우주적 차원에서 인간과 자연은 모두 제각기 정신성의 발전 단계의 각 지점들에 도달해 있는 것으로서 서로 유기적으로 연결되어 존재한다.

하느님 삼위일체가 성자의 육화를 통하여 물질이 정신으로 자기 초월을 해 나가는 과정에서, 우주의 전체적 차원에서도 인간의 정신과 마찬가지로 세계의 전체성과 우주 전체를 꿰뚫는 자각의 주체인 정신적 인격이 존재한다. 그 우주가 갖게 되는 통일적인 자기-의식이란 상호주체성의 성격을 갖는 것으로, 우주의 전체성 안에서 인간의 역할이 된다.[369]GG 189/251

그러므로 우주적 공동체에서 인간은 그의 인식작용과 관련되어 세계의 정신이 된다.[370] 또한 정신과 물질이 결합되어져 있는 인간은 그 유비를 통하여 인간과 자연 역시 유기적으로 결합된 관계임을 인식할 수 있다. 즉 자기-전달된 하느님을 인식함으로써 자기 초월을 하는 인간은 세계의 정신이 되어 자연을 자신의 신체로 경험한다. 그런 관점에서 물리적 우주 전체는 우주 의식이 작용하는 하나의 신체라고 할 수 있다. 그러므로 하느님과 인간 및 자연은 서로 연결되어 하나의 유기체를 이루어 존재하며, 그 전체로서의 세계는 구체적으로 하느님 창조의 매트릭스라는 유기적 연결의 구조 안에서 존재하고 있는 것이다.

삼위일체의 내재적 존재 방식과 구원 경륜에 관한 신비를 관상하고 일상의 세계 안에서 삼위일체를 발견하는 내면화된 영성은 생태신학의 주요 실천적 주제가 된다. 보프는 삼위일체의 존재방식인 내재적 삼위일체란 하느님의 인간과의 관계를 드러내는 경륜적 삼위일체 그 이상이라는 점을 강조하였고, 이것은 범재신론적 전망을 갖는 것이었다.

> 삼위일체는 단지 인간만을 위한 것이 아닌 그 자체로 신비이다. 그러므로 경륜적 삼위일체는 내재적 삼위일체이지만 내재적 삼위일체 전체는 아닌 것이다. 내재적 삼위일체는 인류에게 계시된 것 그 이상이다. 이러한 이유로, 내재적 삼위일체 전체가 경륜적 삼위일체는 아니라고 할 수 밖에 없다. TS 215

삼위일체 하느님이란 인간이 도달할 수 있는 범위를 훨씬 넘어서는 신비에 감추어진 초월적 존재이며, 단지 인간에게는 영원한 생명에 관한 지복의 일부분만을 드러내는 신비이다. 이러한 이해는 하느님의 삼위일체적 존재 방식을 직관하고 활동에 참여하며 관상하는 신앙적 실천이 이성적 이해에 우선된다는 것을 드러낸다.[371]

과정 신학에서 주장하는 설득하는 하느님 또한 동일한 관점에서 이해할 수 있다. 성령이 편재하여 있는 세계에서 우리는 "그 바다에 잠겨 있다."[372]는 표현은 하느님의 자기-전달에 의한 은총 혹은 하느님 매트릭스 안에 모든 창조물을 비롯한 세계 전체가 보편적으로 참여하고 있음을 나타낸다. 그러므로 무한히 크신 초월적 하느님을 근거로 하는 생태신학은 삶의 현장에서 하느님의 현존을 발견하고 그 신비를 경험하여 내면화되는 관상적 태도로부터 생태적 감수성을 발견하는 영적 훈련을 중요하게 생각하여야 한다. 그것은 교리에 관한 이성적 이해 이전에 하느님의 창조와 내재에 관한 계시의 신비를 발견하는 것이다.

생태론은 우주를 하나의 유기체로 바라본다. 이것은 생태주의적 가이아 이론의 측면에서 하느님이 배제된 생태 생명론으로 나타나기도 하지만 생태신학은 삼위일체적으로 관계하시는 하느님을 바라본다. 그것은 우주의 모든 창조물들에 관한 단순한 연결 관계만 바라보는 것이 아니라, 그 관계가 기원되는 근원을 살피며 역사가 지향을 갖고 전진하고 있는 목표의 관점을 포함하는 것이다.

삼위일체론의 전망을 갖는 생태론은 물질적 창조계 전체를 의미하는 우주가 하느님의 존재 방식에 따라 그 완성을 향하여 전진하고 있다는 종말론적 관점을 가지며, 그러므로 생태 위기의 상황에 대하여 비관적인 종말을 예측하지 않는다. 인간은 온 우주와 그 근원인 하느님과의 완전한 일치를 위하여 세계의 정신으로서 우주의식 혹은 우주적 자기의식을 갖는 역할이 있다. 이것은 우주적 전체성 안으로 인간이 함몰되는 것과는 달리 세계 안의 창조물 모두가 창조주로부터 비롯되는 공통된 기원과 함께 저마다의 고유한 목적을 갖고 있음을 상기하는 생태론적 사유를 제시한다.

결 론

20세기에 들어서며 인간이 경험하게 된 생태 위기의 상황에 대한 반응은 우선 환경 파괴적 산업 문명을 정부의 규제나 기업 윤리 혹은 시민의식의 개선과 더욱 발전된 과학기술을 통해 위기를 극복하고자 하는 방식으로 나타났다. 인간의 노력을 중심으로 하는 이러한 환경 관리적 입장은 근본적 가치관의 변화는 없이 상황의 미봉책만 제시할 뿐이라는 비판을 받았다.

이러한 입장은 자연을 자연 자체의 입장에서 바라보는 생태 중심적 담론들에 의해[373] 좀 더 근본적 대안을 제시하는 생태론으로 대체되었고 심층 생태론Deep Ecology 및 사회생태론Social Ecology,[374] 생태여성주의Ecofeminism[375]의 형태로 발전되어 나타났다. 인간중심주의의 극복에 초점을 맞추었던 이러한 생태주의Ecologism적 입장은 종종 극단적으로 반인간주의의 경향을 보임과 동시에 생명 생태계가 스스로 치유의 능력을 갖고 자생할 수 있다는 믿음을 근거로 인간의 간섭을 불필요한 것으로 파악하였다. 또한 심층 생태론이 가져온 철학적 관점은 인간의 역할을 축소하는 생명평등주의biospherical egalitarianism와 우주와 하느님을 혼동하는 범신론 혹은 가이아Gaia 생명론 등의 사고로 표현되곤 하였다. 그러나 이러한 생태주의적 담론들에 있어서 자연에 대한 가치를 판단하는 주체가 인간이라는 점에서 결국 인간중심주의를 벗어날 수 없다는 문제가 제기되기도 하였다.[376]

한편 교회의 전통에 있어서 아퀴나스의 해석으로부터 내

려오는 창조물에 대한 고유가치 개념은 심층 생태론에서 주장하는 생명평등주의와는 다르다. 즉 창조물들은 각기 저마다 하느님과 고유한 관계 안에서 다양하게 하느님의 선성을 드러내는 동등한 내재적 가치를 갖지만, 그것이 모든 창조물이 그 역할에 있어서도 똑같이 취급되어야 한다는 획일주의를 의미하는 것은 아니다.[377]

생태주의와 생태신학은 자연과 인간의 관계적이며 통합적인 조화를 중요하게 여기고 세계 안의 모든 생명들이 저마다의 가치를 가지고 있음을 확인하면서 다양성을 존중하고 상호 간의 친교를 바탕으로 한 공동체적 삶을 사회적 원리로 가지며 위계적 지배-종속의 구조를 반대한다는 점에서 공통된 시각을 공유한다. 그러나 생태 위기의 정신적 원인이 되는 인간중심주의를 극복하는 방향에 있어서, 생태주의는 자연 혹은 생태계 중심으로 전환하는 것에 초점을 두는 반면 생태신학은 창조의 주체로서 세계와 소통하는 하느님에게로 향한다는 점에 근본적 차이가 있다.

현대의 생태 위기는 인간중심주의로부터 인간과 자연이 유기체적 관계 하에서 공동체적으로 존재하고 있다는 세계관으로의 전환을 요청한다. 그런 면에서 토마스 베리가 현대를 생태대ecozoic로 전환하는 시대로 이해하는 전망을 제시한 것은 우리에게 시대를 관통하는 패러다임의 전환을 요청하는 것이었다. 앞으로 만들어가야 할 공동체적 세계관으로의 전환은 교회가 전통으로부터 증언하는 신론에 있어서도 하느님의 공동체적 삼위일체를 생태적 신론으로 이해하여야 할 필요가 있다.

이 책은 생태 문제에 관한 접근에 있어 환경 보존에 집중하는 인간 중심적 기술주의의 문제점과 함께 생태중심주의가 보여주는 범신론적 생명론과 반인간주의에 관한 문제의식에서 출발하였다. 그것은 또한 세계와 우주를 바라보는 관점에서 생태신학이 견지해야 할 신앙의 근본 경험이며 계시인 신론에 관한 질문과도 연관된다. 즉 교회의 전통을 통하여 그 시대적 요청에 따라 다양하게 해석되어온 삼위일체에 관한 담론을 자연과 인간의 생태적 관계를 뒷받침하도록 현대의 언어로 재해석하는 작업이 요청되는 것이다.

이 책에서의 연구 대상이었던 세 명의 신학자는 각기 고유의 방법론으로 삼위일체에 관한 현대적 해석에 기여하며 생태신학에 영감을 주었다. 라너는 인간과 세계의 창조물 안에 내재하는 하느님을 전통적 신학의 방법론과 유리되지 않고 현대적으로 설명함으로써 20세기에 들어 전통적 신학의 방향을 하느님 자체에 관한 담론에서 구원 경륜의 하느님으로 바꾸는데 선구자적 역할을 하였다. 브라켄은 현대의 과학과 철학에 대한 통합적 이해를 추구하는 과정 사상으로부터 신학의 기반을 가져와 공동체적 존재론인 사회적 실체론으로부터 삼위일체의 해석을 이끌었다는 점에서 선구자적 역할을 하였다. 그의 신학은 범재신론을 존재의 실체적 구조에 의해 밝힌다는 점에서 자연주의적 이해라고 할 수 있다. 보프의 해방신학적 접근은 자연을 착취되는 가난한 자로 파악하며 생태 위기를 극복하는 실천을 신앙 행위이자 삼위일체 존재 방식을 목표로 전망하는 통찰을 보여 주었다. 삼위일체에 기반을 둔 그의 생태신학은 인간과 자연의 관계를 넘어 인간이 살아가는 사회의 구조와 교회의 구조에 있어서도 구성원의 조화로운 관계를 지향하는 생태적 가치를 전달한다.

그에 따라 삼위일체론을 현대적 언어로 재해석한 신학자들의 논지로부터 제시할 수 있는 생태신학적 의의는 다음과 같은 세 가지 주제로 설명될 수 있다.

첫 번째, 삼위일체에 관한 현대적인 해석으로부터 이해되는 하느님은 세계 내재성과 초월성을 동시에 갖는 하느님이다. 이로써 우리는 세계를 우연적 속성의 물질과 그것들의 관계로만 이루어졌다고 보지 않고 초월적 속성의 하느님이 내재하는 신성한 장소라고 인식하게 되고, 따라서 일상에서 거룩함을 발견할 수 있게 된다.

두 번째, 세계 내 모든 존재는 신성이 전달된 창조물로서 동등한 속성을 지니며 각자 고유한 가치와 역할을 갖는다. 인간 또한 동일한 창조물로서 초월적 하느님을 인식하는 고유함을 갖고 세계의 정신이 된다. 세계의 모든 존재는 입자적 개체들의 단순한 무리가 아니라 일정한 질서를 갖고 구조화된 사회적 공동체로서의 실체를 이룬다. 이 과정에서 개별적 존재들은 관계적 활동을 통해 상호주체성을 갖고 그 사회를 지배하는 정신의 발생을 통해 사회적 실체를 이룬다. 이는 세 위격을 단일한 하느님으로 인식하는 근거가 될 뿐만 아니라 인간을 창조계 안에서 고유한 역할을 갖고 자연과 결합된 대아적 자아로 확장하여 보게 한다.

세 번째, 아원자로부터 우주의 은하계에 이르는 세계의 모든 창조물은 일정한 구조적 질서를 갖고 관계적으로 연결되어 존재하며, 그 연결 관계의 궁극적 근원은 삼위일체로 계시하는 무한히 크신 초월적 하느님이시다. 그 안에서 세계의 물질성은 성자의 육화를 통하여 신성과 결합하여 삼위일체적 일치의 완성을 향하여 우주적 전망을 갖고 신화하여 간다.

이들의 관점에서 생태적 의미를 갖는 삼위일체에 관한 세 위격의 역할은 다음과 같이 설명된다.

하느님 세 위격의 기원이자 모든 창조의 근원인 성부는 현세의 일상에서 수많은 관계를 통하여 창발하는 새로움을 구원을 향한 방향으로 이끄는 지향성의 원천이다. 그러므로 성부는 인간뿐 아니라 생태계 전체를 향한 복음적 실천으로서 구원의 개인적 차원뿐 아니라 사회적 차원을 포함하는 해방의 기원이자 목표가 된다.

성자는 성부의 의지와 성삼위의 은총을 창조물의 세계에 전달하는 중개자의 역할을 갖는다. 세계를 향한 성자의 역할인 육화와 위격적 결합을 통하여 세계의 물질성이 신화되어 가는 목표와 기원을 제시함으로써 모든 창조물과 함께 우주적 전망을 갖는 세계 구원의 근거가 된다.

성령은 하느님의 자기-전달의 존재방식이 성부의 의지와

성자의 자기 비움을 통하여 세계를 향한 은총으로 전달될 때 그것을 세계가 받아들이도록 수용하는 역할을 한다. 성령은 인간 및 세계에 상존하는 은총으로서 모든 인간과 자연의 창조물에게 보편적으로 은총을 전달하며 하느님과 인간 및 자연이 친교를 통하여 상호 내주적 온전한 일치를 이루도록 하는 원리가 된다. 또한 복음적 실천을 위한 열정과 동력을 인간에게 제공한다.

삼위일체론에 기반을 두는 생태신학은 위격과 일치의 관계를 사회적 유비로 이해하는 것을 존중한다. 이것은 다양한 생태계의 구성원들로 이루어진 세계가 사랑을 통한 일치와 우주적 전체성을 목표로 한다는 점에서 하느님의 삼위일체적 존재방식을 그 원형으로 이해하고자 하는 관점을 갖는 것이다. 이러한 공동체적 일치의 관계는 인간을 비롯한 모든 존재가 사회적 유기체로서 사랑의 페리코레시스를 통하여 일치를 이루는 관계임을 의미한다.

삼위일체 신학에 근거한 생태론의 의미는 다음과 같은 특징과 의의를 갖는다.

첫째, 세계의 생태계를 구성하는 모든 존재는 그 근원이자 창조주인 하느님의 삼위일체적 계시에서 비롯된다. 그러므로 창조주가 빠진 인간중심주의나 생태주의가 자연을 인간을 위한 객체로 취급한다거나 물질적 생태계 자체를 스스로 생명을 갖는 주인으로 보는 것은 세계의 근거가 되는 것을 고려하지 않은 오류를 갖고 있다. 이것은 자연의 신비에 관한 관상을 추구하는 생태 영성이 자칫 하느님이 빠진 범신론적 영성으로 기우는 것을 경계하는 의미를 포함된다. 생태 영성은 자연과 모든 창조물로부터 그 근원을 의식하고 보살피는 것에서 비롯된다.

둘째, 인간은 생태계를 위하여 역할을 축소할 것이 아니라 하느님으로부터 비롯되는 창조 질서의 연결 구조 안에서 하느님과 물질세계를 연결하는 정신으로서의 역할과 책무를 갖는다. 이것은 인간중심주의로의 회귀가 아니라 자연 안에서 창조물의 속성을 가진 동등한 존재로서 세계에 있어서 자신의 역할을 발견하는 것이다. 근본적 생태주의가 제기한 생태평등주의가 평등성을 유지하기 위하여 오히려 인간의 개입을 요청하는 모순적 상황에 관하여 그 대안으로서의 역할을 할 수 있다. 곧 인간은 생태계의 질서가 위협받는 상황에서 그 원인 제공자로서 스스로를 성찰하며 문제 해결을 위한 하느님의 의지를 인식하고 실현해 가는 청지기적 책무를 갖는다.

셋째, 현대의 시대적 징표로서 생태 위기에 대응하는 노력은 신앙 행위와는 별개인 단순한 사회 참여의 차원이 아니라 하느님을 예배하고 찬미하며 삶으로 내면화하는 신앙 행위 자체이다. 역사적으로 삼위일체에 관한 교의는 성부의 궁극적 사랑과 그리스도를 따라 사는 삶 및 성령을 통한 열정과 일치에 관한 관상을 풍부하게 하였다. 이것은 세계의 일상에 깃들어 있는 하느님을 관상하고 찬미하는 영성적 태도를 함양하게 한다. 또한 생태 위기가 인간의 위기와 동일한 문제LS 139라는 인식은 신앙의 차원에서 인간이 지향하는 가치와 성향을 포함한 통합적인 종교적 회개를 요청하는데,LS 216-221 신학적 삼위일체 생태신학은 그 회개의 배경이 될 뿐 아니라 나아갈 방향을 제시하는 역할을 할 수 있다.

넷째, 신학적 생태론의 관점은 생태 위기의 문제를 넘어 우리가 살아가는 공동체의 삶의 방식에도 적용될 수 있다. 그러한 관점에서 삼위일체의 모습은 현대를 살아가는 교회의 조화로운 생태적 모습에 영감을 준다.

삼위일체가 전망하는 세계는 개체의 주체성을 넘어 공동체적 상호주체성이 작용하며 상호 내주적 친교를 이루는 생태적 공동체이다. 하느님을 향한 친교의 공동체로서의 교회는 궁극적으로 세계에 구원을 제공하고 그것을 수용할 수 있도록 은총을 부여하는 성삼위의 존재 방식을 따른다. 그것은 교회의 각 구성원이 각자의 역할과 기능에 의하여 고유한 가치를 갖는 다양한 모습으로 공동체적 친교의 일치를 이룸으로써 생태적인 교회의 모습을 갖는 것이다.

저마다 고유한 역할을 갖고 유기적으로 결합되어진 구원 공동체인 교회는 그 자체가 하나의 사회적 실체로서 조화를 추구하는 생태적 모습을 추구한다. 교회의 실체적 존재를 통합하는 공동주체성의 인식은 '시노달리타스'synodalitas의 과정을 통하여 형성된다. 즉 교회라는 실체의 정신이란 하느님 백성의 다양한 구성원들의 상호 경청과 토론과 합의를 통하여 복음의 진리를 찾아가는 과정에서 형성되는 상호주체성인 것이다. 이것은 삼위일체 하느님의 실존 방식인 상호내주적 일치를 이루기 위하여 교회의 모든 구성원들이 함께 참여하는 제도적 장치를 갖추는 노력이 요청되는 것이다. 삼위일체에 근거한 생태신학이 가치와 기능에서 모호함이 있는 평등주의적 생태론의 대안으로서의 전망을 제시할 수 있듯이, 각 구성원들이 갖고 있는 고유한 은사와 역할을 존중하는 생태적 교회에 대한 전망을 제시할 수 있다. 이곳에서 시노달리타스에 관한 인식은 세계가 하느님과 이루는 깊은 일치에서 각 구성원의 다양한 역할을 긍정하면서 동일한 거룩함을 향해 가는 동반자임을 긍정하는 것이라 할 수 있다. 그것은 단순히 구성원들의 다수결에 의한 민주적 의사절차 이상의 의미를 갖는다는 것을 인식하는 것으로, 은사의 다양성에 의하여 '분화된 공통책임성'을 갖는 '분화된 일치'[378]의 상호주체적 교회라고 할 수 있다. 여기에서 교회 구성원을 '성직자와 평신도'로 구분하던 관점은 '직무사도직과 보편사도직' 혹은 '봉사직무와 하느님 백성의 공동체'로 이동할 것이다.

　현대의 생태 위기란 인간 이기심만의 문제도 아니고 사회 경제적 구조의 문제만도 아니며 더군다나 생태계의 순환적 문제만도 아닌 다양하게 전개되는 복합적이면서 상호 관계적인 문제라는 인식은, 창조주를 의식하고 인간의 피조성을 인식하며 그 안에서 자신의 위치를 성찰하고 책임감을 갖는 영성적 태도에 바탕을 두는 생태적 실천을 요청한다.

이것은 초기 교회 공동체가 삼위일체적 방식으로 구원을 베푸시는 하느님으로 인식하였던 관점과 연관하여 신앙인들이 세계를 하느님이 편재하시는 장으로 인식하는 것에 근거를 둠으로써 더욱 현실적이 된다.

우주적 창조계 안에서 하느님 모상으로서의 인간의 위치는 하느님의 의지를 인식하고 모든 창조물의 질서를 돌보는 책무를 가진 존재임과 동시에 세계의 구원을 위해 육화하신 하느님이 위격적 결합을 통하여 물질의 신화가 시작된 지점이다. 창조주 하느님의 내적 존재방식이자 세계와의 관계 방식인 삼위일체가 계시하고 있는 의미로부터, 삼위일체론적 전망을 갖는 생태신학은 인간이 자연을 대하는 방식과 우리가 추구해 나가는 생태적 세계에 관한 원리와 원형을 제시할 수 있다. 또한 삼위일체론에 근거한 신학적 생태론은 생태 위기에 응답하는 다양한 방식의 생태신학이 그리스도교 계시에 관한 신앙 전통에 근거하도록 하는 준거의 역할을 수행할 수 있을 것이다.

서론

1 심상태, 「생태계 위기와 그리스도교 신앙」, 광주가톨릭대학교 신학연구소, 『신학전망』 92(1991.3), 97.

2 성 바오로 6세 교황, 『민족들의 발전: 회칙』(1967), (서울: 한국천주교중앙협의회), [34].

3 프란치스코 교황, 『찬미받으소서: 공동의 집을 돌보는 것에 관한 교황회칙』(2015), 개정판, (서울: 한국천주교중앙협의회, 2021). 이하 LS. 환경과 생태 문제에 관한 것을 대상으로 교회가 최초로 반포한 회칙으로, 프란치스코 교종은 회칙을 통하여 성경의 계시와 교회의 가르침의 전통은 모든 피조물이 저마다의 가치를 갖고 서로 의존적인 관계 속에 존재함을 드러내고 있다고 밝힘으로써 그리스도교의 근본 바탕에 존재하는 생태적 메시지의 의미를 강조하고 있다.

4 이 책에서는 'Creature'에 대하여 '창조물'이라는 용어를 사용하는 것을 원칙으로 하였다. 그것은 창조를 일방적인 것으로 이해하기보다 상호 관계적인 창조의 의미도 포함하고 있다는 논지를 갖기 때문이다. 그러나 문장을 인용한 경우와 특별히 피조된 의미가 강조될 경우에는 '피조물'로 적었다.

5 테르툴리아누스는 북아프리카 카르타고 출신의 초대 교회의 평신도 신학자로서 라틴어를 사용하여 광범위하게 교의를 정리하였다. 최초로 삼위일체(Trinitas)라는 용어를 사용하며 '한 본체와 세 위격'(tres persona, una substantia)라는 개념으로 설명하였다. 그는 유스티아누스의 저작에서 많은 영향을 받았고, 『호교론』Apologeticum 등의 저술을 통해 그리스도교의 교의를 옹호했고, 이단을 반박하기 위한 저술도 많이 썼다. 열광적 근본주의자로서 엄격함에 매력을 느끼며 금욕적 독신주의자였던 그는 205년경 몬타니즘으로 기울게 되었다고 전해진다. 주요 저서로는 Apologeticum, De testimonio animae, Ad nationes, Ad Scapulam, De praescriptione haereticorum, Adversus Marcionem, Adversus Praxeam, De resurrectione carnis, De baptismo, De anima, De oratione, De Patientia, Ad Martyres, Ad uxorem, De poenitentia, De pudicitia 등이 있다. 『가톨릭 대사전』 11권, 한국가톨릭대사전편찬위원회, (서울: 한국교회사연구소, 2005), 8646-8652.

6 이에 관하여 스코틀랜드 생태신학자인 마이클 노스콧(Michael Northcott, 1955~)의 상세한 서술을 볼 수 있다. Michael S. Northcott, The Environment and Christian Ethics, (New York: Cambridge University Press, 1996), 124-63; 노영상, 「삼위일체론적 생태신학을 향하여」, 『장로교회와 신학』 7(2010), 94.

7 곽진상, 「테야르 드 샤르댕의 인격적 인간-우주 이해와 그리스도 중심적 생태신학의 원리」, 『신학과 철학』, 24(2014), 185.

8 Pierre Teilhard de Chardin, *The Phenomenon of Man*, (London: Harper & Row, 1965), 『인간 현상』, 양명수 역, (서울: 한길사, 1997), 241.

9 Ibid., 306-309.

10 Brennan R. Hill, *Christian Faith and the Environment*, (New York: Orbis Books, 1998), 119.

11 Karl Rahner, *On the Theology of Death*, (New York: Herder and Herder, 1961), 66; Ibid., 119.

12 Karl Rahner, *Theological Investigations*, (Baltimore: Helicon Press, 1961), 128; Ibid., 119.

13 심상태, 「생태계 위기 그리스도교 신앙」, 110.

14 교황청 신앙교리성, 『자유의 자각: 그리스도인의 자유와 해방에 관한 훈령』, 강대인 역, (서울: 한국천주교중앙협의회, 1986), [34].

15 화이트헤드가 관계적 생성의 원리로 설명한 '합생'이란 "다수의 사물들로 구성된 우주가 그 다자의 각항을 새로운 일자의 구조 속에 결정적으로 종속시킴으로써 개체적 통일성을 획득하게 되는 그런 과정을 일컫는 말이다."(PR 211/424)라고 설명하고 있다. Alfred North Whitehead, *Process and Reality*, Corrected Edition, ed. David Ray Griffin and Donald W. Sherburne, (New York: The Free Press, [1929] [1978], 2013); 『과정과 실재: 유기체적 세계관의 구상』, 오영환 역, (서울: 민음사, 2003). 이하 PR.

16 노영상, 「삼위일체론적 생태신학」, 108.

17 이재돈, 「토마스 베리의 우주론」, 『가톨릭 철학』, 11(2008), 15-16.

18 Thomas Berry, *Dream of the Earth*, (San Francisco: Sierra Club Books, 1988), 39-41. 『지구의 꿈』, 맹영선 역, (서울: 대화문화 아카데미, 2013), 74-78. *The Universe Story*, (San Francisco: Harper Collins Publishers, 1992); 『우주 이야기』, 맹영선 역, (서울: 대화문화아카데미, 2008).

19 이재돈, 「토마스 베리 우주론」, 18-19.

20 Thomas Berry, Thomas Clarke, *Befriending the Earth: A Theology of Reconciliation Between Humans and the Earth, Mystic*, (CT: Twenty-Third Publications, 1991), 『신생대를 넘어 생태대로』, 김준우 역, (고양: 에코조익, 2006), 71-75.

21 Ibid., 44-45.

22 Ibid., 30.

23 Thomas Aquinas, *Summa Theologiae* (이하 ST) I, q.47, a.1.; Ibid., 39-40.

24 Ibid., 37-38.

25 ST I, q.47, a.1.;『신학대전』제6권, 정의채 역, (서울: 바오로딸, 1999), 197.

26 ST I, q.8, a.1;『신학대전』제1권, 157.

27 토마스 아퀴나스, *Summa Contra Gentiles*, Ch.2 ;『대이교도 대전』II, 박승찬 역주, (왜관; 분도출판사, 2015), 125-131.

28 ST, Ia, q.45, a.7;『신학대전』제6권, 137.

29 Anne M. Clifford, CSJ, "Foundations for a Catholic Ecological Theology of God", Edit. Drew Christiansen SJ. and Walter Grazer, "*And God Saw That It Was Good*", (Washington D.C.; United States Catholoc Conference, 1996), 39.

30 ST, Ia, q.47, a.2.;『신학대전』제6권, 205-207.

31 근대 이후 인간과 자연을 분리하고, 창조와 구원의 분리하여 생각해 오던 정신적 상황에서 신학이 인간과 구원만을 강조하던 상황의 성찰로부터 생태신학이 태동하였다. 이것은 창조에 관한 신학적 관심과 함께 시작되어 생태 위기의 문제를 인식하면서 본격적으로 생태신학이 이야기되기 시작하였다. 생태 위기의 맥락 안에서 신학과 현상 사이의 대화를 통하여 비판적이며 변증법적 상호 관계를 확립해 가는 것에 관한 담론을 전체적으로 '생태신학' 이라고 한다. 조현철,「생태신학의 이해: 생태신학의 교의 신학적 체계 구성을 위하여」,『신학과 철학』8(2006), 193-242.
'생태신학'은 Ecological Theology, Eco-Theology, Ecotheology 등의 용어로 표현되고 있으나 여기서는 Ecotheology를 사용하였다.

32 이에 관하여, 한스 우르스 폰 발타살(Hans Urs von Balthasar, 1905~1988)이 '신학적 미학'(theological aesthetics)을 전개하였던 것과 같은 개념으로 '신학적 생태론'(Theological Ecology)을 '생태신학'과 구별하여 이해할 필요가 제기되기도 하였다. 발타살은 미적 감각을 통한 하느님 체험을 '신학적 미학'(theological aesthetics)으로 정의하며, 미학을 신학적 범주에서 전개하는 '미학적 신학'(aesthetic theology)의 개념과 구분하였다. 미학적 신학(aesthetic theology)은 미학을 세속적이고 철학적인 범주가 아니라 신학의 범주들에서 행하는 신학을 의미하고, 신학적 미학은 하느님의 계시에 관한 신학으로부터, 즉 하느님 관점에서 미의 이론을 발전시키는 것을 의미하는 것이다.
이와 같이 하느님의 계시에 바탕을 주고 하느님 관점에서 생태 담론을 전개하는 방식으로서 정의되는 '신학적 생태론'(Theological Ecology)은 삼위일체론에 근거한 생태신학과 같은 의미를 갖는 것으로 생각된다. 이에 관하여 Eugene R. Schlesinger(Santa Clara University)는 지구 환경의 위기 상황에 관한 현상의 데이터들에 관하여 윤리, 영성, 사회 교리 등의 다양한 신학의 범주에서 그 응답을 전개하는 '아래로부터'의 '생태신학'적 방법론과 구별하여 창조물의 생태계에서 발견되는 삼위일체 하느님의 창조와 세계 내주에 관한 체험에 근거하여 창조물을 적절하게 평가하고 보살피는 방법을 제시하는 '위로부터'의 접근 방식을 '신학적 생태론'(Theological Ecology)으로 정의하였다. Eugene R. Schlesinger, 'A Trinitarian Basis for a "Theological Ecology" in Light of Laudato Si', *Theologocal Studies*, 79(2)(2018), 339-355., *Hans Urs von Balthasar, The Glory of the Lord: A Theological Aesthetics, vol. 1, Seeing the Form*, ed. Joseph Fession and John Riches, trans. Erasmo Levia-Merikakis, (San Francisco: Ignatius, 1982), 117.

제1장

33 박종구, 『그리스도교 교의의 역사적 형성 연구: 고대 교회의 삼위일체론과 그리스도론의 성립』, (서울: 서강대학교 출판부, 2012), 22.

34 스코트랜드인이었던 그는 파리에 있는 성 빅토르 수도원에 들어가서 당시 대 스승이었던 성 빅트로의 휴(Hugh of St. Victor, 1096~1141)의 영향을 받았다. 그의 초기 저작들은 명상에 관한 것과 함께 순수한 영성적 질문들에 관한 해석들을 주로 다루고 있는데, 주로 아우구스타누스, 베네딕트, 그레고리 1세, 그리고 성 빅토르의 휴 등의 저술에 관한 도덕적 해석에 의존하였다. 그는 그의 초기 저작인 야곱과 열두 아들들에 대한 비유를 통하여 관상의 단계를 제시한 Benjamin Minor라고 하는 「관상을 위한 영혼의 준비」(De Praeparatione Animi ad Contemlationem)와 *Benjamin Major*라고도 하는 「관상의 은총」(De Gratia Contemplationis)에서 비유를 통해 관상의 단계를 설명하였다. https://en.wikipedia.org/wiki/Richard_of_Saint_Victor, [2018.12.16].

35 John Norm Davison Kelly, *Early Christian Doctrines*, (London: A&C Black, 5th Ed., 1968); 『고대기독교교리사』, 박희석 역, (고양: 크리스챤다이제스트, 2004), 17~44; 21. 각주 4.

36 박종구, 『그리스도교 교의』, 25. 각주 9, 10 참조. 정신계와 물질계의 철저한 이원론에 바탕을 두고 물질적인 것은 극복되어야 하는 대상으로 보는 영지 주의는 매 시대마다 등장하는 하나의 현상으로 보기도 하며, 현대에 있어서 뉴에이지 운동을 그런 모습으로 본다.

37 아리우스의 주장은 신앙과 교리의 문제에 관하여 교회가 처음으로 경험한 심각한 사건이었다. 그것은 사소한 신앙 문제가 아니라, 삼위일체 신앙을 유지하면서 성자의 동일본질성을 부인함으로써 로고스의 그리스도론을 무너뜨리는 효과를 갖는 것이었다. 그는 그의 서신과 설교 및 「향연」(*Thaleia* 이라는 저서를 통하여 종속적인 그리스도론을 주장하였다. 박종구, 『그리스 도교 교의』, 67-68.

38 3세기 인물로 알렉산드리아 출신의 성경학자이며 주석가이다. 그는 알렉산 드리아 주교 클레멘스(Clemens, 160경~215 이전)와 더불어 그의 뒤를 이어 알렉산드리아 교리신학파의 대표적 신학자이며 엄격한 금욕생활을 영위한

열정적 인물로 알려졌다. 또한 이교철학자와의 호교적 논쟁에 대처하기 위해 신플라톤주의와 이교문학을 공부하여 그리스도교와 그리스 철학을 조화롭게 융합한 인물로 평가받고 있다. 그는 고양된 그리스도와 성령과 함께 경험되는 하느님을 '휘포스타시스'(ὑπόστασις)라는 용어를 사용하여 구분하면서 사벨리우스주의를 거부하였지만, 성부의 우위성을 강조하며 성자와 성령의 일치의 원인을 성부에게 두었다. 성경주석서로는 『핵사플라』(Hexapla)가 유명하며 그 밖에 그의 성경주석은 구약의 거의 전부와 4복음서들을 망라하고 있다. 신학서는 『원리에 대하여』(De Principiis)가 주목되며 금욕적 저서 『순교에의 권고』와 『기도에 대하여』가 고대에 널리 읽혔다. 『한국 가톨릭 대사전』, (한국교회사연구소, 1994); The Oxford Handbook of The Trinity, Eds. Gilles Emery and Matthew Levering, (Oxford: Oxford Univ. Press, 2011), 104.

39 박종구, 『그리스도교 교의』, 29-30.

40 카파도키아 교부들 이전의 상황은 여러 용어들에 대하여 그 이해에 대한 동의가 이루어지지 않았던 상태여서 극도로 혼란스러웠다. 정통이던 이교이던 모두 같은 용어를 사용하면서 다른 의미로 이해함으로써 모두가 이단으로 의심받았다. John G.F. Wilks, "The Trinitarian Ontology of John Zizioulas", Vox Evangelica, 25(1995), 65.

41 Ibid., 65. 이러한 존재 개념은 히브리서 1,3, 니케아공의회 파문문서, 그리고 아타나시우스의 편지에서 나타난다.

42 오리게네스가 '세 위격'(ὑποστάσεις, hypostases)이라는 구문을 사용하기 시작하면서 하느님의 단일성 혹은 삼위성을 표현하는데 혼란이 시작되었고, 이러한 제반 문제를 해결하기 위하여 362년 알렉산드리아 시노드가 소집되었지만 공의회는 '휘포스타시스'의 사용에 대하여 합의된 개념을 정립하는 데에 실패하였으며, 나시안주스의 그레고리(329~390)가 공의회에 제출하였던 용어의 의미에 관한 문제를 확정한 것은 바실리우스(329/30경~379)였다. 그렇지만, 당시 아직 용어들과 그 의미를 단순히 일치시키기에는 충분하지 못하였다.

43 서원모, 「동방 교부들의 삼위일체론」, 『삼위일체론의 역사』, 역사신학연구회, (서울: 대한기독교서회, 2008), 134-5.

44 Oxford Handbook of The Trinity, 121.

45 당시 그리스 철학적 사고로는 용어의 문제에 있어서 보다 근본적인 것은 그것이 추상적인 것인지 구체적인 것인지의 문제였다. 당시 '우시아'와 '휘포스타시스'는 서로 다른 두 가지 방식으로 사용되고 있었다. 첫 번째는, 아리스토텔레스의 '제일 실체'와 '제이 실체'의 방식처럼 우시아를 추상적 존재로 그리고 휘포스타시스를 구체적 존재로 구분하는 것이다. 두 번째 접근법은 우시아와 휘포스타시스를 모두 구체적 존재로 간주하는 것이었다. 그리스 철학의 개념에서 우시아라는 용어를 구체적이고 개별적인 것을

의미하는 '제일 실체'라는 아리스토텔레스 용어로 해석한다면 그것은 세 위격을 사벨리우스의 양태론적으로 해석하는 것이었고, 형상 혹은 본질의 개념인 '제이 실체'나 '스토아적 실체'로 해석한다면 그것은 삼신론을 함의하는 것이었다. Catherine Mowry LaCuna, *God for Us: The Trinity and Christian Life*, (San Francisco: Harper-Collins, 1991), 『우리를 위한 하나님』, 이세형 역, (서울: 대한기독교서회, 2012), 67/116.

46 Wilks, "Trinitarian Ontology", 69.

47 Gregory of Nazianzus, *Orations*. 40, 41. Ibid., 70. 재인용.

48 Gregory of Nyssa, *Epistles*. 38.4, in Basil, *Epistles*. Ibid., 70.

49 Basil, *Epistles*. 236.6. Ibid., 71.

50 G.L. Prestige, *God in Patristic Thought*, (London: SPCK, 1956, 2nd edn.), 249.

51 Basil, *Epistles*. 214.4; 236.6; Gregory of Nazianzus, *Orations*. 29.2. Wilks, "Trinitarian Ontology", 69. 재인용.

52 서원모, 「동방 교부들의 삼위일체론」, 155.

53 8세기 그리스 신학자 다마스쿠스의 성 요한(John of Damascus)은 페리코레시스 (perichoresis)란 용어를 사용하여 각각의 위격이 다른 두 위격 안에 함께 내재(coinherence)하고 있을 뿐 아니라, 하느님 위격 각각이 갖는 역동적이며 생명이 넘치는 특성을 보여 주려 하였다. 캐서린 모리 라쿠나는 성부의 군주론이 카파도키아 교부신학자들이 주창한 하나님의 내재적 관계 교의에 의하여 약화되고 페리코레시스 개념이 그 자리를 대신하게 되었던 것으로 보고 있다. LaCuna, 『우리를 위한 하나님』, 387-388. 이것은 현대에 이르러 카파도키아 교부들이 하느님의 내재적 존재 방식으로 설명한 상호-친교적 방식을 설명하는 것에도 사용하고 있으나, 카파도키아 교부들이 이 용어를 직접 사용한 적은 없다. 조병하, 「삼위일체와 그리스도 신앙 이해 논쟁과정에서 형성된 용어 페리호레스스에 대한 고찰」, 『성경과 신학』 64(2012), 259.

54 임홍빈, 『현대의 삼위일체론』, (서울: 대한기독교서회, 2008), 75-76.

55 아우구스티누스는 그의 삼위일체론의 서두에서, 이 글을 쓰는 이유가 이성을 남용하여 신앙을 훼손하는 사람들을 향하고 있다고 밝히며 하느님에 관한 세 부류의 오류를 지적하였다. 그 세 부류란, 비물체적이고 영적인 것에다가 인간의 감각을 통하여 경험하여 알아낸 것들을 적용하려는 사람들, 하느님에 관하여 생각한다면서 인간 정신의 성정에 따라 생각하려는 사람들, 그리고 우연적인 피조계를 하느님이라는 불변의 실체에로 끌어올리려 하는 사람들이라고 하였다. 이들의 공통점은 신앙을 빠진 채 이성과 철학적 사유로만 신에게 접근하여 인간의 개념과 언어만으로도 신의 본질에 대하여 알 수 있다고 생각하는 태도라고 보았다. Augustinus, *De Trnitate*, 『아우구스티누스 삼위일체론』, 성염 역, (왜관: 분도출판사, 2015), 1권(I). 1.1, 103. 이하 DT.

56 Edmund J. Fortman, *The Trinune God: A Historical Study of the Doctrine of the Trinity*, (Philadelphia: Westminster, 1972), 140-141.

57 아우구스티누스는 다음과 같은 사례를 들어 설명하였다. 성령이 성부의 배우자이고 성자의 어머니라는 의미를 포함하는 등의 일단의 유비들과 남자와 여자의 혼인 그리고 그들의 자녀 등 인간의 본성과 연관하여 하느님 삼위일체의 모상을 발견할 수 있다는 등의 주장은 인식 불가능한 하느님의 무한성에 비추어 개연성이 적다고 비판하였다. DT XII. 5.5, 909.

58 아우구스티누스는 성경을 인용하여, "우리와 비슷하게 우리 모습으로 사람을 만들자."(창 1,26) 하신 말씀에서 이미 복수로 지칭되는 '엘로힘'이라는 단어가 삼위의 하느님을 함축하고 있지만, 성부의 모상, 성자의 모상을 갖춘 '삼위일체'가 바로 참된 한 분 하느님이라고는 직접 언급되지 않고 있음을 강조하였다. DT XII. 6. 7, 913-915.

59 DT V. 6. 7. 513-517.

60 아우구스티누스는 '표현될 수 없는 존재는 표현될 수 없는 방법으로 표현될 수 있다.'는 부정신학적 입장을 갖고 인간의 언어로 표현될 수 없는 신의 본질을 강조했다. DT I. 1. 3. 109-111.

61 DT V. 1. 1. 499.

62 DT XV. 27. 50. 1327.

63 아우구스티누스는 그리스어μια οὐσία τρεις ὑπόστασις가 라틴어로는 una essentia tres substantiae로 번역되지만 essentia가 substantia와 동의어의 의미도 있음을 지적하였다.(DT V. 9. 527) substantia는 ὑπόστασις의 번역으로 사용되어야만 하였으나 οὐσία의 번역으로 사용되다가 나중에 가서야 οὐσία의 좀 더 좋은 번역으로 essentia가 채택되었다. 이러한 상황에서 ὑπόστασις의 번역으로 서방의 개념은 테르툴리아누스의 용어인 persona를 사용하였다. 그렇지만, 문자적 번역으로 그것은 개별 주체적 인격의 느낌이 강한 πρόσωπον과 거의 유사한 것이었다. W.G.T. Sheed는 그의 논문 *Nicene and Post-Nicene Fathers edition of Augustine's Trnitate*, 92, n. 7.에서 substantia는 나중에 essentia와 구분되었다고 적고 있다. 이것이 별다른 의미 없이 아우구스티누스의 정식인 'una essentia, tres substantia'가 되게 하였고, 중세에 있어서 실체에 관한 라틴 용어를 만드는데 기여하였다. 이것은 K. Barth가 존재 양식으로서 ὑπόστασις의 동방 이해와 관련하여 *Church Dogmatlcs*, Vol.1.1: The Doctrine of the Word of God, trans. G.T. Thomson (Edinburgh: T&T Clark, 1936), 413에 적고 있다. Wilk, "Trinitarian Ontology", Endnote. 81, 86.

63 이러한 번역의 문제를 지적한 그리스어와 라틴어의 차이는 다음 표와 같다. Ibid., 75.

그리스	라틴
οὐσία	Essentia
ὑπόστασις	Substantia
πρόσωπον	Persona

64 DT V. 10. 529. 하느님은 세 존재가 아니므로 세 분이라 하지 않고 위대하심 자체인 한 분이라고 말해야 하며 선하심과 영원하심 전능하심에서도 마찬가지임을 강조하여 한 분의 존재를 거듭 강조한다.

65 DT V. 11. 12. 531.

66 DT V. 11. 12. 533-535.

67 아우구스티누스는 하느님의 영과 유일성을 명확히 표현하기 위하여 한 인간의 내면에서 그 모상들을 찾아가는 삼위일체에 관한 심리적 유비를 전개하였다. 인간에게 존재하는 삼위일체 하느님의 형상에 관하여 아우구스티누스는 삼위일체론 8권에서는 '사랑 하는 자'(amans), '사랑 받는 자'(amatur), '사랑' (amor)으로, 9권 전반부에서는 '지성'(mens), '지성의 자기 인식'(notitia sui), '지성의 자기 사랑'(amor sui)으로, 10권에서는 '기억'(memoria), '지성'(intellegentia), '의지'(voluntas)로 표현하고 있다. 그는 비육체적이고 분리할 수 없는 것인 인간의 '지성'(mens)을 영적이면서 서로 분리되지 않는 삼위일체의 모상으로 보았으며, 또한 이 유비들을 사용하여 삼위일체의 상호인격적 유비가 어떤 것이 되는 것인지 간략히 다뤘다. DT X. 12. 19. 833.

68 DT VIII. 8. 12. 709. 즉 삼위일체의 모상을 '사랑 하는 자', '사랑 받는 자' 그리고 '그들의 사랑'에서 발견하는 것이다. 아우구스티누스에게 있어서 이러한 사유는 개별 영혼 안에 있는 삼위일체의 공통 주관성을 지시하는 것이다. 이것은 사회적 유비에서 다수의 주체들 간에 형성되는 상호주관성과는 구별되는 것으로, 하나의 인격 안의 내면에서 동시에 발생하는 다수의 감정들 사이에서 이루어지는 공통 주관성을 의미한다.

69 DT IX. 2-4. 727-743.

70 이러한 [지성-인식-사랑]의 모상이 하느님에게 적용된다면, 지성이 자기를 안다는 것은 인식을 출산하는 일이므로 성자와 말씀의 출생(genitus)은 지성의 인식행위에 해당하고, 사랑이 지성에서 발출한다는 원리로부터 성령의 발출(processio)은 지성의 의지에 비교하여 적용하였다. DT IX. 12. 17-18. 767-775.

71 DT VII. 6. 12. 655.

72 Fortman, The Trinune God, 149.

73 Augustinus, De Trinitate, X. 12. 19. 833; 11.17-19. 827-835. 아우구스티누스는 그 이전의 유비였던 지성(mens), 인식(notitia), 사랑(amor)에서, 지성(mens)은 전체 안에서의 한 관계라기보다 전체에 상응하는 것으로 말하자면 '하느님'에

상당하는 유비라고 생각하였다. 즉 '성부', 성자, 성령이 아니라 '하느님', 성자, 성령을 유비하게 되는 것이다. 그런 이유로 아우구스티누스는 첫 번째 개념을 '기억'(memoria)으로 대체한 것이었다. Gresham, "The social model of the Trinity", 26. 이 유비에서 '기억'의 의미는 과거에 대한 인식 이상의 것으로, 아우구스티누스는 "우리 기억의 훨씬 심원한 깊이이며 우리가 사유를 행하려면 맨 처음 발견하는 것"이라고 하였다. DT XV. 21. 40. 1291.

[74] 그렇지만 아우구스티누스는 자신이 삼위일체를 심리적 유비로 설명한 것을 엄밀하게 고찰해 볼 때 그 유비가 불충분하다고 고백하고 있다. 즉 그 셋을 갖고도 하나의 인격에 불과한 인간과 세 인격이 곧 한 분 하느님으로 존재하는 위대한 불가분성의 삼위일체 하느님을 유비하는 것은 온전한 유비가 되지 못하는 것이다.

[75] DT XV. 23-43, 1299-1301.

[76] 하느님의 자기-전달(Selbst-mitteilung Gottes): 라너는 인간을 하느님을 향한 정신적 운동인 초월을 지향하는 존재라고 규정하는 한편, 하느님은 인간을 향하여 자신을 내어주는 존재로 이해하며 그것을 하느님의 자기 증여/전달/양여/통교라는 용어로 설명하였다. 라너는 이 용어가 "하느님께서 당신 스스로 인간 존재 구성의 가장 심오한 핵심이 되도록 하셨다."는 것을 의미하는 것이며, 그것이 바로 "하느님 고유의 모습"이라는 의미로서, 존재론적 의미로 이해할 것을 설명하였다. 그는 이것을 하느님의 은총에 관한 핵심 개념으로 사용하였으며 또한 삼위일체론으로 기획하여 성자의 육화와 성령의 파견으로 이루어지는 구원 경륜 안에서의 경험과 일치시켰다. 용어의 번역과 관련하여 이 책에서는 '자기-전달'로 사용하는 것을 원칙으로 하고 문맥의 의미에 따라 적당한 용어를 사용하였다. 이규성, 「인간의 초월성에 대한 신학적 이해」, 『신학과 철학』, 21(2012, 11), 60; Karl Rahner, *Grundkurs des Glaubens: Einführung in den Begriff des Christentums.* (Freiburg: Verlag Herder, 1976); *Foundations of Christian Faith: An Introduction to the Idea of Christianity*, Trans. William V. Dych, (New York: Seabury Press, 1978), 116; 이봉우 역, 『그리스도교 신앙 입문: 현대 가톨릭 신학 기초론』, (왜관: 분도출판사, 1994), 163. 이 책에서는 영문본과 한글 번역본을 함께 참조함. 이하 GG.

[77] William J. Hill, "The Three-Personed God: The Trinity As Mystery of Salvation", (Washington, DC: Catholic University of America Press, 1982), 61; John Greham, "The social model of the Trinity", 28.

[78] 아퀴나스는 『신학대전』에서 q2-26에 걸쳐 "한 분 하느님에 관하여"(De Deo Uno)를 설명하고, 이어 q27-43에 걸쳐 "삼위의 하느님에 관하여"(De Deo Trino)가 서술되고 있다.

[79] LaCuna, 『우리를 위한 하나님』, 이세형 역, 217.

80 ST I, q.3, a.4; 『신학대전』 제1권, 213.

81 ST I, q.4, a.2, 3; 『신학대전』 제1권, 255-269. 정원래, 「토마스 아퀴나스와 관계적 삼위일체론」, 웨슬리 신학연구소 편, 『관계 속에 계산 삼위일체 하느님』, (서울: 협동조합 아바서원, 2015), 108.

82 서병창, 「토마스 아퀴나스의 존재개념에 관한 연구」, 철학연구회, 『철학연구』, 39(1996. 12), 79.

83 말씀은 지성적 활동의 양태를 통하여 발출하며, 자기와 결부된 근원에서 발출하므로 동일한 본성 안에 존재한다. 따라서 하느님 안에서의 말씀의 발출은 출생(generatio)이라 불리고 발출하는 말씀 자체는 아들(성자)이라고 불린다고 하였다. 성자가 성부로부터 출생한다는 것은 창조물 세계의 질료적 근원과 같은 것을 의미하는 것이 아니라 동일본질적(cosubstantiale)인 출산의 근원을 의미한다. 하지만 의지는 이끌리는 성향(inclinatio in rem volitam)에 입각하여 발생하므로 발출로 표현해야 한다고 보았다. ST I, q.27, a.2-3. 『신학대전』 제3권, 168-175.

84 정원래, 「토마스 아퀴나스와 관계적 삼위일체론」, 113-114.

85 아퀴나스는 무한한 하느님 안에서 관계의 존재(esse relationis)는 본질의 존재(esse essentiae)와 하나이며 같은 것이라고 보았다. 하느님 안에서 관계가 실재하기 위해서는 서로 대응되는 무엇인가가 있어야만 하며, 그것은 서로 구별되는 것이어야 한다. 하지만 하느님의 본질은 온전한 유일성과 단순성을 지니므로 실재적인 구별은 오직 관계적인 것에 따라(secundum rem relativam) 존재한다고 본 것이다. ST I, q.28, a.2-3, corpus. 『신학대전』 제3권, 187-195.

86 ST I, q.28, a.2.; "하느님 안에는 관계의 존재(esse relationis)와 본질의 존재(esse essentiae)가 서로 다른 것(aliud)이 아니고 하나이며 같은 것이다." 『신학대전』 제3권, 190-191.

87 LaCuna, 『우리를 위한 하나님』, 230.

88 ST I, q.28, a.1, corpus; 『신학대전』 제3권, 185.

89 ST I, q.29, a.4, corpus; 『신학대전』 제3권, 220.

90 de Margerie Bertrand, *Christian Trinity in History*, Still River, (MA: St. Bede's Publications, 1982), 145-146.

91 Ibid., 310.

92 경륜적(economic) 삼위일체: 그리스어 '오이코노미아'(οἰκονομία)의 번역인 '경륜'은 하느님께서 그리스도를 통하여 세계의 역사 안에서 실현시키고자 하는 구원 계획을 의미한다. 신약성경에 나타나는 삼위일체적 증언들은 모두 구원 경륜에 관한 것이다. 그 곳에서 하느님은 성부를 의미하며 성자와 성령은 구원 역사를 통하여 성부 하느님이 실제로 현존하는 것과 마찬가지로 신앙의 경험으로부터 주님으로 언급된다. 이처럼 창조 세계를 하느님의 섭리에 따라 질서 지우고자

하는 하느님 세 위격의 활동을 경륜적 삼위일체라고 하며, 이것은 삼위일체의 내부적(ad intra)인 것과 대비하여 외부적(ad extra)인 것을 나타낸다. 즉 경륜적 삼위일체는 하느님과 세계의 관계성을 확보하기 위한 것이다.

93 LaCuna, 『우리를 위한 하느님』, 이세형 역, 257-258.

94 내재적 삼위일체: 초기 그리스도교인들에게 있어서 예수 그리스도가 하느님을 드러낼 뿐 아니라 그 분 자체가 하느님이심을 믿는다면 어떻게 하느님을 예배하여야 할지가 큰 물음으로 다가왔을 것이다. 세상의 구원자로서 다가 왔던 예수 사건에 관한 신약성경의 이야기들과 이미지, 상징들로부터 영원한 하느님의 존재를 표현하는 신학적 작업은 많은 논쟁들을 거치며 4세기에 이르러 철학적 개념으로 표현된 삼위일체론으로 응답을 하게 되었다. 내재적 삼위일체란 구원사에서 드러난 예수와 성령의 활동을 초월적으로 존재하는 절대적 창조주 하느님의 계시와 연관하여 존재론적으로 이해하는 것이다. 또한 하느님 존재의 내적 생활 안에서 하느님 세 위격은 떨어짐 없이 함께 현존하면서, 창조 세계에서의 활동과 상관없이 하느님 자신 안에서 서로 활동하는 것에 관한 기술이다. 따라서 경륜적 삼위일체와 내재적 삼위일체의 관계는 구원의 신비와 하느님 존재의 신비의 관계라고 할 수 있다. 그러므로 내재적 삼위일체는 하느님의 자유에 관한 이해를 위하여 꼭 필요한 것이라고 할 수 있다. LaCuna, 『우리를 위한 하느님』, 48.

95 가톨릭교회의 신학교 교육에서 아우구스티누스와 아퀴나스의 삼위 일체 교의를 기억하기 위해 학생들에게 5-4-3-2-1 공식을 외우게 하는 것이 고작이었다고 라쿠나는 지적하고 있다. 5는 다섯 개념 ((비출생(ingeneratedness), 어버지 됨(paternity), 친자관계(filation), 발출(spiration), 발현(procession)), 4는 비출생을 뺀 네 개의 관계들, 3은 위격 구성의 관계인 아버지 됨, 친자관계, 발현이고, 2는 삼위의 관계들을 이루는 두 발현인 출생과 발출을 의미한다. LaCuna, 각주 133. 259.

96 persona는 본래의 의미로는 신과 인간 모두에게 사용되는 언어이나, 국문으로 번역시 인간에게 제한되거나 일반적 의미로 사용 시에는 '인격'으로, 하느님에 관하여서는 '위격'으로 사용한다. 이 책에서 일반적으로 사용 시에는 '페르소나' 라고 적는다.

97 박승찬, 「인격개념의 근원에 대한 탐구 - 그리스도교 신학과 보에티우스의 정의를 중심으로」, 『인간연구』, 13(2007//가을), 83-119.

98 그의 저작은 방대한 성경 주석을 포함하고 있으며 그의 이름을 빌린 많은 위작들이 유포되기도 하였다. 구원사적 관점에서 인간의 역사를 바라보던 요아킴과 극단적 청빈을 선택하였던 성 프란치스코는 동시대의 인물이었다. 그의 사후 요아킴을 추종하였던 요아킴파(Johachimites)와 그로부터 영향 받은 개혁파 프란치스칸들은 당시의 사회를 심판이 임박한 사회로 보며 종말에 대한 각성을 통해 철저하게 그리스도적 삶을 준수할 것을

촉구하였다. 홍용진, 「중세 '교회(Ecclesia)' 개념의 재파열 : 프란체스코회 영성파; 13세기 말~14세기 초 남부 프랑스의 경우」, 한국프랑스사학회, 프랑스사 연구 32, (2015. 02), 10.

99 사랑의 유비에 관한 핵심논의는 리처드 삼위일체론의 3권에서 설명되고 있다. De Trinitate III.2. 이 책에서는 영역본인 다음의 책을 참고하였다. Richard of St. Victor, *The Twelve Patriarchs, The Mystical Ark, Book Three of the Trinity*, trans. Grover A. Zinn, (New York: Paulist Press, 1979).

100 Richard of St. Victor, *The Twelve Patriarchs*, De Trinitate III.2, 374.

101 박승찬, 「신학적 관심에 따른 '인격'(persona) 개념 정의의 변천; 성 빅토르의 리카르두스를 중심으로」, 한국중세철학회, 『중세철학』 18(2012/12월), 171.

102 Richard of St. Victor, *The Twelve Patriarchs*, De Trinitate III.3, 375-76.

103 Ibid., III.4, 377.

104 Ibid., III.5, 378.

105 Ibid., III.11, 385.

106 현대 신학자 중 발타살과 리처드 스윈번(Richard Swinburne, 1934~), 그리고 콜린 군톤(Colin Gunton, 1941~2003) 등이 그의 삼위일체론에 관한 연구를 하였으나 그들의 해석과 접근 방식은 리처드와 많이 달랐다. 이에 관하여 다음과 같은 저서와 논문들이 있다. Hans Urs von Balthasar, *Theo-Logic: Theological Logical Theory*, Vol.3 trans. Graham Harrison (San Francisco: Ignatius Press, 2001-2005); Richard Swinburne, The Christian God (Oxford: Oxford University Press, 1994); "Could There be More than One God?" Faith and Philosophy 5 (1988): 225-241; Colin Gunton, *The Promise of Trinitarian Theology*, (Edinburgh: T & T Clark, 1991); *The One, the Three and the Many: God, Creation and the Culture of Modernity*, (Cambridge: Cambridge University Press, 1993); *Father, Son and Holy Spirit: Essays toward a Fully Trinitarian Theology*, (New York: T & T Clark, 2003). Jin-Hyok Kim, "A Trinitarian Logic of Divine Love - Richard of St. Victor's Rational Argument for the Trinity and Modern Appropriations of His Trinitarianism", 신학논단 82, (2015.12.), 각주 27. 22-23.

107 Jin-Hyok Kim, "Trinitarian Logic of Divine Love", 24. 발타살은 이들의 신학을 하느님과 세계의 삼위일체의 구조 안에서 이해되는 '변증법적 모델'(dialectical model)과 대비하여 '대화적 모델'(dialogical model)이라고 불렀다. Balthasar, *Theo-Logic*: Vol 2, 40-43; Ibid, 각주 31, 24.

108 Joachim of Fiore, "Letter to All the Faithful", in Bernard McGinn, *Apocalyptic Spirituality: Treaties and Letters of Lactantius, Adso of Motier-En-Der, Joachim of Fiore, The Franciscan Spirituals, Savonarola*,

(New Jersey: Paulist Press, 1979), 97-98; 이형기, 「요아킴의 신학에 있어서 삼위일체론과 종말론」, 역사신학연구회, 『삼위일체론의 역사』, (서울: 대한기독교서회, 2008), 각주 14. 301.

109 그는 요한 묵시록의 머리가 일곱이고 뿔이 열인 붉은 용(묵시 12,3)을 해석하여 황금과 평화의 시대인 성령의 시대가 오기 이전에 하느님의 백성들은 적그리스도의 큰 박해를 일곱 차례 겪을 것이라고 내다보았다. 그리고 이들이 진압된 후 도래하게 되는 평화의 시대에는 마지막 환난을 맞이할 것이며 예수 그리스도께서 영광 속에 재림하시는 것처럼 사탄 역시 악한 자들과 함께 나타나 자신이 심판자처럼 행세할 것이라고 경고하였다. Bernard McGinn, *Apocalyptic Spirituality*, 137, 이형기, 310.

110 Robert E. Lerner, "Antichrists and Antichrist in Joachim of Fiore", Cpeculum, Vol 60, No. 3 (Jul. 1985), 553-570; 홍용진, 「중세 교회」, 10. 재인용. 왕의 모습을 한 적그리스도는 이교도적 모습으로 여러 차례 파문당했던 당시의 신성로마제국의 황제 프리드리히 2세 (Friedrich II, 1215~1250)로 추정될 수 있었으나, 사제의 모습을 한 적그리스도는 교종들 중 누구라고 지적하기가 쉽지 않았다.

111 McGinn, A*pocalyptic Spirituality*, 140; 이형기, 「요아킴의 신학」, 311-312.

112 Joachim of Fiore, "The Book of Concordance", Book 3, Part 1, Ch. 1, Trans. by E. Randlph Daniel, in *Apocalyptic Spirituality*.

113 Joachim, "The Book of Concordance", 124; 이형기, 「요아킴의 신학」, 304.

114 McGinn, *Apocalyptic Spirituality*, 120, Ibid., 302-303.

115 Ibid., 303-304. 그는 이를 역사의 구원사적 관점에서 성부, 성자, 성령의 세 시대로 구분하였다. 첫 번째 성부의 시대는 구약의 질서에 따라 성부의 권능과 위엄으로 다스려지던 율법의 시대이며 노예가 사회를 유지하고 선행이 중요한 시대였다. 두 번째 성자의 시대는 감추어졌던 지혜가 그리스도를 통하여 계시된 시대로서 신약과 교회 및 성사로 이루어졌으며, 요아킴은 자신이 살던 당시를 개인의 신앙이 중요한 바로 이 시기라고 보았다. 이제 맞이하여야 할 세 번째 시기는 새로운 영적인 교회가 일어나 세상을 궁극적으로 변화시키는 성령의 시대로서 서방과 동방 교회가 하나가 되고 유다인이 회개하는 영원한 복음의 시기로 보았다. 이 시대에 도달하면 사람들은 국가나 교회의 권위에 종속되지 않고 율법과 신앙을 넘어 성령의 사랑 안에서 살게 된다고 설파하였다. 요아킴의 역사관은 수도원주의와 연관되어 육체적인 것에서 영적인 것으로, 단순한 마음가짐에서 관상적인 것으로 진보해 나가는 미래지향적인 것이었다.

116 정홍렬, 「요아킴의 성령론적 종말론 연구」, 한국조직신학회, 한국조직 신학논총 43(2015), 193.

117 McGinn, *Apocalyptic Spirituality*, 131, 이형기, 「요아킴의 신학」, 307.

[118] Edmund Fortman, *The Trinune God: A Historical Study of the Doctrine of the Trinity*, Philadelphia: Westminster, (1972), 197-99.

[119] Jürgen Moltmann, *Trinitat und Reich Gottes*, (Munrich: Christian Kaiser, 1980); trans. Margaret Kohl, The Trinity and the Kingdom: The Doctrine of God, (Minneapolis: Fortress Press, 1993); 『삼위일체와 하나님의 나라』, 김균진 역, (서울: 대한기독교출판사, 1982). 243. 이하 TK.

[120] 요아킴이 설명한 성령의 시대에는 우리의 영혼뿐 아니라 우리의 육신도 영적이 된다고 보았다. 성령의 통교는 우리의 본성을 신성화하고 우리를 하느님의 충만함에 참여하도록 한다. (Psalt. II, fol. 260rB; Fortman, *The Trinune God*, 198) 성부의 시대와 성자의 시대 그리고 다가올 성령의 시대가 구분되기 위해서는 하느님 위격들의 실체적 구분이 분명해야만 했다. 요아킴은, 당시 저명한 신학자였던 롬바르드(Pertus Lombardrdus, 1100경~1160)가 주장하는 전통적 삼위일체론은 하느님의 본질을 세 위격과는 별도로 구분되는 어떤 다른 것으로 생각한다고 보아, 그것은 네 번째의 사성(四性, quaternitas)을 가지는 것이라고 비판하였다. 요아킴은 이러한 딜레마에서 빠져나올 수 있는 하나의 방법으로 세 위격을 명확히 구별되는 본질들과 같은 것으로 파악하였다. 그리고 그는 그것들을 '하나의 실체 유사체'(one substance similitudinarie: Psalt. I, d.1. fol. 233rA; Fortman, The Trinune God, 198)라고 불렀으며, 그들은 하나의 동일체 (idemptitas: In Apoc., Introd. c. 12; Fortman, *The Trinune God*, 198)로 결합되어 서로 동화(同化)되어 집합적인 일치를 이룬다고 보았다.(DH 803: Fortman, *The Trinune God*, 197-198) 라테란공의회는 사성(quaternitas)은 존재하지 않으며 오직 삼위일체성만 존재한다는 것을 확인하며, 세 위격이 서로 타자(alius)이기는 하지만 타자적(aliud)은 아니라고 선언하였다. 또한 세 위격은 하나의 본질(quaedam summa res)임으로 역사가 위격에 의해 분할될 수 없다고 확인하였다.(DH 804) 이로써 공의회는 하느님 유일성에 관한 요아킴의 유비가 부적절하다고 판단하면서 하느님의 유일성에 관한 형이상학적 접근을 재확인하였다.

[121] John Gresham Jr., "The social model of the Trinity in theologies of Leonard Hodgson, Jürgen Moltmann, and Joseph Bracken", Ph.D. Dissertation, Baylor University, (1991). 1.

[122] Leonardo Hodgson, *The Doctrine of the Trinity*, (New York: Charles Scribner's Sons, 1944).

[123] 위르겐 몰트만, 이신건 역, 『삼위일체와 하나님의 역사』, (서울: 대한기독교서회, 1998), 342.

[124] 이에 관해 몰트만은 다음과 같이 말하고 있다. "성자에 대한 성부의 사랑 속에는 세계의 이념이 포함되어 있다. …… 영원한 아들/로고스를 통하여

성부는 세계를 창조한다. 그는 창조의 중재자이다." 몰트만, 『삼위일체와 하나님의 나라』, 김균진 역, (서울: 대한기독교출판사, 1982), 135.

125 몰트만, 『창조 안에 계신 하느님』, 김균진 역, (서울: 한국신학연구소, 1999), 17.

126 Jürgen Moltmann, *The Trinity and the Kingdom od God: The Doctrine of God*, trans. Margarer Kohl, (London; SCM Press, 1981), 139-144; 박만, 『현대 삼위일체론 연구』, (서울: 대한기독교서회, 2003), 151.

127 Ibid., 152.

128 몰트만은 신약성경에 분명하게 나타나는 세 위격의 하느님 모습을 강조하였다. "예수님께서는 세례를 받으시고 곧 물에서 올라오셨다. 그때 그분께 하늘이 열렸다. 그분께서는 하느님의 영이 비둘기처럼 당신 위로 내려오시는 것을 보셨다. 그리고 하늘에서 이렇게 말하는 소리가 들려왔다. "이는 내가 사랑하는 아들, 내 마음에 드는 아들이다."(마태 3,16-17).

129 John J. O'Donnell, "The Trinity as Divine Community: A Critical Reflection upon Recent Theological Developments", *Gregorianum* Vol. 60, No. 1, (1988), 21. 몰트만에게 있어서 삼위일체의 일치 문제는 존재론적인 문제가 아니라 종말론적 문제로서 하느님은 오직 종말에 이르러 완전한 일치를 이룬다고 설명하고 있다. 또한 기스베르트 그레사케(Gisbert Greshake, 1933~)는 그의 저서 Der Dreieine Gott에서 몰트만의 삼위일체론이 삼신론이라고 강력히 비판하고 있다. Gisbert Greshake, *Der dreieine Gott : eine trinitarische Theologie*, (Freiburg im Breisgau: Herder, 1997), 168-171.

130 John G.F. Wilks, "The Trinitarian Ontology of John Zizioulas", in *Vox Evangelica* 25(1995), 64.

제2장

131 그는 자신이 학문적 신학자 이전에 사제이고 그리스도 신앙을 가진 한 인간이라는 점을 강조하였다. 그렇기 때문에 자신의 신학은 복음을 선포하는 과정의 사목적 문제들에 관하여 현대인들이 이해할 수 있는 방법으로 해석 내지 설명해 가는 것에 초점을 맞추었다고 반복하여 말하고 있다. "나는 신학이나 철학 어느 한편을 연구하는 사람이라고 주장한 적이 없다. 나는 결코 신학을 예술을 위한 예술처럼 훈련한 적도 없다. 내가 생각하기에 나의 저작들은 통상 사목적 관심에서 비롯되었다고 할 수 있다. 하지만 직업적 학자들과 비교하여 나는 아마추어 신학 애호가일 뿐이다." Harvey D. Egan, "Theology and Spirituality", *The Cambridge Companion to Karl Rahner*, Ed. Declan Marmion and Mary E. Hines, (Cambridge: Cambridge Univ. Press, 2005), 13.

132 라너 신학의 특징 중의 하나는 그가 신학과 삶 그리고 영성을 분리 하여 생각하는 것을 근본적으로 거부하는 실제적이며 실용적 해석의 신학을 추구하였다는 것이다. 그는 아퀴나스에게 있어서 삶과 신학이 밀접하게 연결되어 있었으며 신학이 그의 영적 삶에 근본적인 조건이었던 것처럼, 라너 자신이 추구하던 신학 역시도 자신의 일상의 삶과 분리되어 존재할 수 없는 것이라는 점을 고백하였다. 라너의 제자인 메츠(Johann B. Metz, 1928~)는 라너의 신학을 "실존적 자기 서술의 형태…… 신앙의 찬가 안에서, 하느님의 가려진 얼굴 앞에서의 삶의 역사이며, 종교적 경험의 신비적 전기이다."라고 평가하고 있다. J.B. Metz, "Karl Rahner-ein theologisches Leben", Stimmen der Zeit 192 (1974), 308. Egan, "Theology and Spirituality", 14.

133 하비 이간(Harvey D. Egan)은 우리가 통상 라너의 난해함에 대하여 선입관을 갖고 생각하는 것과는 달리 그의 신학은 분석적이라기보다 종합적이면서 영성적이고 따뜻함이 있다고 평가하며, 그런 의미에서 그의 신학을 지혜신학(Sapiential Theology)이라고 설명하고 있다. Egan, "Theology and Spirituality", 13-26. 그러므로 인간 존재에 관한 철학적 사유로부터 시작하는 그의 신학의 논리적 치밀함과 개념적 난해함에 대하여 선입관을 갖고 그를 사변적 신학자로 단정하여 버리는 것은 그가 의도하는 의미를 충분히 이해하는데 걸림돌이 될 수 있다.

134 이규성, 「인간의 초월성」, 58-59.

135 Milton Michael Kobus, "The Doctrine of the Trinity according to Karl Rahner", Doctoral dissertation, Catholic Theological Union at Chicago, (2007), 16.

136 그가 의미하는 '초월적'(transzendental)이란 표현은 칸트의 '선험적 인식 가능성의 조건'이라는 것과는 다른 것으로서, 오히려 "인식 주체와 한 특정한 대상과의 상호 연결 내지 조건 등을 규명하는 원리"라고 정의하고 있다. 심상태, 「칼 라너의 하느님 이해」, Catholic Theology and Thought, 47(2004), 97.

137 이에 관한 설명은 이 책 4.2 '사회적 실체로서의 존재' 부분 참고.

138 『세계 내 정신』(Geist in Welt)은 라너가 프라이부르그(Freiburg) 대학교 신학부에서 철학박사 학위논문으로 1936년에 제출하였으나 지도 교수 마틴 호네커(Martin Honecker)에 의해 기각된 후, 1939년에 단행본으로 간행 되었다. Geist in Welt, (Munich, Kosel-Verlag, 1957). 이 책에서는 다음 영문 번역본을 참고하였다. Spirit in the World, trans. by William Dych, (New York: Herder and Herder, 1969).

139 심상태, 「라너의 초월철학적 '세계 내 정신'의 이해」, 이성과 신앙 제28호 (2004.09), 137-180.

140 이규성, 「칼 라너(Karl Rahner) 신학에서의 철학의 역할」, 가톨릭 철학 12 (2009), 265.

141 Milton Michael Kobus, "The Doctrine of the Trinity according to Karl Rahner", Doctoral dissertation, Catholic Theological Union at Chicago, (2007). 15.

142 '본연적 존재'라는 번역을 사용한 Beisichsein은 '자기 안에 있는 존재'의 의미로 심상태는 "자기한테 있음"(自己歸存)이라는 용어를 사용한다. 심상태, 「라너의 초월철학」 II-0, 143.

143 이규성, 「칼 라너 철학」, 266.

144 심상태, 「라너의 초월철학」, 177.

145 Karl Rahner, *Hörer des Wortes; Zur Grundlegung einer Religionsphilosophie*, (Munnich, Kosel Verlag, 1963), 김진태 역, 『말씀의 청자』, (서울, 가톨릭대학교 출판부, 2004).

146 Egan, "Theology and Spirituality", 21-22.

147 이규성, 「인간의 초월성」, 60.

148 Ibid., 70.

149 K. Rahner, *The Trinity*, trans. Joseph Donceel, (New York: Herder & Herder, 1997, orig. ed. 1970), 37.

150 라너의 삼위일체론은 「구원 역사의 초월적 바탕으로서의 하느님」이라는 제목의 다음 논문에서 핵심적 내용들이 정리되어 설명되었다. K. Rahner, "Der dreifaltige Gott als transzendenter Urgrund der Heilsgeschichte", in *Mysterium Salutis. Die Heilsgeschichte vor Chrisms*, II, (Einsiedeln: Benziger, 1967), 317~401. 이 책에서는 위 논문의 영어 번역판인 다음의 책을 참고하였다. *The Trinity*, trans. Joseph Donceel with new materials by Catherine Mowry LaCugna, (New York: Herder & Herder, 1997. orig. ed. 1970). 이하 TT.

151 라너는 "그리스도인은 그들의 실제 생활에서 거의 유일신론자일 뿐이다."라는 말로 현실과 유리된 삼위일체론의 전통 교리를 비판하였다. Rahner, *The Trinity*, 10.

152 Karl Barth, *Church Dogmatics*, Vol. I, Part 1, ed. G. W. Bromiley and T. F. Torrance, trans. G. W. Bromiley (Edingburgh: T. and T. Clark, 1975), 359.

153 Karl Barth, *Church Dogmatics*, Vol. I, Part 1, 402, 김병훈, 「삼위 일체의 복수성과 단일성에 대한 현대 신학자들의 견해 탐구(1)-칼 라너」, 신학정론 vol. 27(2), (2009. 11) 254.

154 라너는 Subsistenzweisen(mode of subsisting)이라는 용어의 선택에 있어서, 내적 존재방식의 의미를 갖는 subsist를 사용함으로써, 외적 존재 방식을 표현하는 exist를 사용할 때 삼신론적 해석의 여지가 되는 것을 피하였다. "distinkten Subsistenzweisen"이라는 용어의 한국어 번역에 있어서, 노우재는

"구별되는 자립실체방식들"이라고 하여 subsist의 의미를 강조하였다. 노우재, 「칼 라너의 삼위일체론에 관한 고찰」, 『Catholic Theology and Thought』, 70(2012.12), 179.

155 Karl Rahner, "*Zur Theologie des Symbols*", (1967), 303, 한정현, 「칼 라너 신학의 총괄개념으로서의 상징의 신학 (I)」, 신학전망 135, (2001.12), 3.

156 대리 상징이란 두 개의 독립적 실재들 중에 알려지기 쉬운 것이 다른 하나의 실재를 위한 상징으로 사용되면서 그 실재의 주의를 환기시키는 역할을 하는 것을 의미한다. 이것들의 예로서 어떤 표지, 부호, 신호들이 있으며, 이들은 서로의 한정된 유사성과 약속에 의해서만 서로가 관계할 뿐이다. 하지만 라너는 이와는 근본적으로 다르게 존재론적으로 하나의 실재가 다른 실재를 현존하게 하여 주는 근원적 형태의 상징을 실재상징이라고 하였다. Ibid., 5.

157 Karl Rahner, "*Zur Theologie des Symbols*", 275-311, 한정현, 「칼 라너 신학의 총괄개념으로서의 상징의 신학 (III)」, 신학전망 139, (2002.12), 85.

158 한정현, 「칼 라너 신학의 총괄개념으로서의 상징의 신학 (I)」, 신학 전망 135, (2001.12), 5.

159 William J. Hill, *The Three-Personed God: The Trinity as a Mystery of Salvation* (Washington, D.C.: Catholic University of America Press, 1982), 137.

160 박종구, 「그리스도론과 삼위일체론의 관계: 그 신학적 접점에 대한 해석학적 이해」, 『신학과 철학』, 8(2006), 20.

161 Karl Rahner, "Membership of the Church According to the Teaching of Pius XII's Encyclical 'Mystici Corporis Christi,'" Theological Investigations, vol. 2, 34. 라너는 같은 논문의 60쪽에서 육화의 원리는 "하느님의 모든 은총은 육화적, 성사적, 그리고 종말론적 구조를 갖고 있다."고 하였다. 라너는 다음에서도 의식적으로 테르툴리아누스의 격언을 사용하고 있다. "The Body in the Order of Salvation," Theological Investigations, vol. 17, 77; Michael W. Petty, *A Faith that loves the earth: the ecological theology of Karl Rahner*, (Lanham Maryland: University Press of America, 1996), 120.

162 이규성, 「칼 라너의 그리스도론에서 나타나는 인간학의 수용 과정 및 그 체계적 이해」, Catholic Theology and Thought, 66, (2010), 155.

163 불트만은 공관복음서를 종교사적, 양식사적 관점에서 연구함으로써 예수의 기적과 최후만찬 등을 비역사적인 환상의 산물로 간주하였다. 이러한 주장을 바탕으로 예수의 발언으로 전해지는 말씀들은 대부분 사도들과 원시 교회의 절박한 실존적 규정에 의한 것이라고 봄으로써, 예수에 관한 신앙을 그의 인격에 관한 단순한 관심으로 바라보았다. 홍범기, 「역사적 예수 탐구와 그 부정적 결과들」, 인천가톨릭대학교복음화연구소, 『누리와 말씀』, 27(2010, 6), 25.

164 이규성은 다음 논문에서 에블린 모리스(Evelyne Maurice)의 연구를 인용하여 라너의 그리스도론 발전 단계를 세 단계로 구분하여 설명하면서, 1934년 작성된 '예수 성심'이라는 그의 영성적인 초기의 글에서부터 예수 성심을 인간 역사에 드러나는 하느님의 구체적 현존으로 설명한 한다고 적고 있다. 이규성, 「칼 라너 그리스도론」, 150. 각주 5), 6) 참조.

165 Ibid., 152.

166 Rahner, "Jesus Christ" in *Sacramentum Mundi: An Encyclopedia of Theology*, vol. 3, (New York: Herder & Herder, 1970), 197.

167 Petty, *A Faith that loves*, 124.

168 Karl Rahner, "On the Theology of Incarnation", *Theological Investigations*, vol. 4. Trans. Kevin Smyth, (New York: Seabury, 1974). 110.

169 Rahner, "Current Problems in Christology", *Theological Investigations*, vol. 1, 198-199.

170 Rahner, "Theology of the Incarnation", 117.

171 Rahner, "Current Problems", 191-192.

172 Karl Rahner, "On the Theology of the Incarnation" *Theological Investigations* vol. 4, 105-120, trans. Kevin Smyth, (New York: Seabury, 1974). 117; David Lincicum, "Economy and Immanence: Karl Rahner's Doctrine of the Trinity.", *European journal of theology*, Vol. 14, Issue 2, (2005), 115.

173 라너의 은총론에서 다루고 있는 창조된 은총(Gratia creata)과 창조되지 않은 은총(Gratia increata)에 관한 성령론적 관점은 다음의 논문에서 상세히 설명되고 있다. 이규성, 「칼 라너의 은총이해」, 가톨릭신학 14(2009, 6), 83-121.

174 "하느님의 두 내재적 발출은 두 파견과 동일하다." Karl Rahner, "Trinity, Divine," 301 in *Sacramentum Mundi: An Encyclopedia of Theology*, vol. 6, (New York: Herder & Herder, 1970).

175 Ibid., 298.

176 이규성, 「칼 라너의 은총 이해」, 94.

177 Rahner, "The Specific Character of the Christian Concept of God", *Theological Investigation*, vol. 21, 191; Petty, *A Faith that loves*, 95.

178 박옥주, 「자유의 유한성과 선험성: 칼 라너의 자유의 신학」, 『신학 논단』, 92(2018. 6), 91.

179 The 'economic' Trinity is the 'immanent' Trinity and the 'immanent' Trinity is the 'economic' Trinity. (Die 'ökonomische' Trinität ist die 'immanente' Trinität und umgekehrt.).

180 John P. Galvin, "Before the Holy Mystery: Karl Rahner's Thought on God"

Toronto Journal of Theology 9 (1993), 236.

Phillip Cary, "On Behalf of Classical Trinitarianism: A Critique of Rahner on the Trinity,", *The Thomist* 56 (1992), 365-405.

LaCugna, *God for Us*;『우리를 위한 하나님』, 이세형 역, 224/330.

Colin E. Gunton, *The Promise of Trinitarian Theology* (2nd ed.; Edinburgh: T&T Clark, 1997), xix, 127, 134-135.

Hans Urs von Balthasar, Theodramatik, II/2. *Die Personen des Spiels: Die Personen in Christus*, (Einsiedeln, 1998), 466; 노우재, 「칼 라너 삼위일체론」, 183-184, 재인용.

Ibid., 184.

Ted Peters, *God as Trinity: Relationality and Temporality in Divine Life*, (Louisville Westminster: John Knox, 1993), 97.

Lincicum, "Economy and Immanence", 116.

Lacuna, *God for us*;『우리를 위한 하나님』, 이세형 역, 230/339.

Lincicum, "Economy and Immanence", 116.

William Hill, *Three-Personed God*, 141.

이규성, 「칼 라너 신학」, 267.

제3장

O'Donnell S.J., "The Trinity as Divene Community; A Critical Reflection upon Recent Theological Developments," *Gregorinum*, 69(1988), 25.

수학자로서도 탁월한 업적을 남겼던 화이트헤드는 근대주의 이후 서로 대화가 불가능할 정도로 간극이 벌어진 자연과학과 철학을 통합하는 형이상학을 추구한 인물이다. 그의 통합적 논리 체계는 뉴턴의 물리학 및 입자적 세계관이 통용되지 않는 영역에 관하여 숙고하던 현대 물리학의 문제 해결을 인간에서의 현상에서 그 근거를 찾아보려는 시도에서 출발한 것이었다. 기존의 전통적 서구의 사상 체계는 물질이라는 실체와 정신이라는 의식적 경험의 본성을 서로 구분되는 이원적인 것으로 파악하였고, 존재를 자기 동질성을 유지하는 입자적 실체의 범주 안에서 바라보았다. 하지만 현대의 물리학자들이 관찰한 물질적 존재의 기본 단위들은 지금까지 통용되던 입자적 실체의 기계론적 모형으로는 설명할 수 없는 현상으로 드러나고 있었다.

『과정과 실재』는 화이트헤드의 존재론을 설명하는 결정적인 용어임과 동시에 대표적인 저서의 제목이기도 하다. Alfred North Whitehead, *Process*

주석

and Reality, Corrected Edition, ed. David Ray Griffin and Donald W. Sherburne, (New York: The Free Press, [1929] [1978], 2013); 『과정과 실재: 유기체적 세계관의 구상』, 오영환 역, (서울: 민음사, 2003).

195 Cobb, John B. *A Christian Natural Theology*, 『화이트헤드 철학과 기독교 자연신학』, 이경호 역, (서울: 동과서, 2015). 47-49.

196 "〈현실적 존재(actual entity)〉 혹은 〈현실적 계기(actual occasion)〉는 세계를 구성하는 궁극적인 실재적 사물(real thing)이다. 이것은 보다 더 실재적인 어떤 것을 발견하기 위해 현실적 존재의 배후로 나아갈 수 없다. 현실적 존재들 간에는 차이가 있다. 신은 하나의 현실적 존재이며, 아득히 멀리 떨어져 있는 텅 빈 공간에서의 지극히 하찮은 한 가닥의 현존도 현실적 존재이다. 그런데 비록 그 중요성에 등급이 있고 그 기능에 차이가 있기는 하지만 현실태가 예증하는 여러 원리에서 볼 때 모든 현실적 존재들은 동일한 지평에 있는 것이다. 궁극적 사실은 이들이 하나같이 모두 현실적 존재라는 것이다. 그리고 이 현실적 존재들은 복합적이고도 상호 의존적인 경험의 방울들(drops of experience)이다."(PR 18/78)

197 Hosinski, 『화이트헤드 철학 풀어읽기』, 57. 화이트헤드는 '현실적 존재'와 '현실적 계기'라는 용어를 함께 사용하고 있는데, 이는 존재의 기본 단위에 관하여 시공간적 개념의 적용 여부에 따라 적절하게 사용한 것으로 이해된다.

198 세계의 모든 것들은 이러한 합생의 과정을 통하여 자신을 지속적으로 새롭게 생성(창조)하는 과정으로서 존재하게 된다고 보는 것이 그의 기본적 통찰이다. 지금까지의 입자적 세계관에 의에 이해되는 이 세계 모든 실체들의 존재 방식이란 정신에 의해 의식적 주체를 구성하고 그것이 모든 사물을 대상으로 파악하여 의미를 발견하는 이분법적 구조로서 존재하는 것이었지만, 화이트헤드는 매 순간 모든 관계적 경험의 방울들이 각기 그 환경의 조건 아래서 영화의 필름들처럼 불연속적으로 생성하여 지속하면서 존재에 앞서 생성에 의하여 세계가 구성되는 것으로 이해하였다. 그러므로 그가 말하는 존재 단위인 현실적 존재는 시간적 연속성을 가지는 자기 동일적 주체는 아닌 것이다. 그것은 입자적 실체의 존재가 아니라, 경험을 통해 자기를 구성해 가는 합생의 주체적 과정으로 존립한다는 의미에서 유기적 관계 자체를 의미하는 것이었다. 문창옥, 『화이트헤드 과정철학의 이해: 문명을 위한 모험』, (서울: 통나무, 1999), 39.

199 Whitehead, *Symbolism: Its Meaning and Effect*, (1927); 『상징활동 그 의미와 효과』, 문창옥 역, (고양: 동과서, 2003), 13-15.

200 "만족은 일체의 미결정성이 사라지고 가(可)이든 부(否)이든 결정적인 상태에 다다른 것으로 합생의 목적인 사적 이상의 달성이라고 할 수 있다."(PR 212/426)

201 이러한 존재론에 의하면 서로 별개의 경험 과정으로 존재하던 현실적 존재는

합생의 과정 안에서의 생성을 통해 새로운 존재로 창조되는 과정을 궁극적 형이상학 원리로 갖게 되는데, 화이트헤드는 이것을 "이접적(disjunctive)으로 주어진 존재들과는 다른 또 하나의 새로운 존재를 창출해 내는 이접에서 연접(conjunctive)으로의 전진"(PR 21/84)이라고 표현하였다.

202 그는 경험 과정 안에서 발생하는 '느낌'(feeling)을 "우주의 일부 요소들을 그 느낌의 실제적인 내적 구조를 이루는 구성 요소로 만들기 위해 사유화되는 것"이라고 정의하였고(PR 231/461), 느낌을 통해서 현 존재가 당면한 주변 환경 조건을 받아들이거나 배제하는 판단 활동을 '파악'(prehension)이라고 하였다. 결국 현실적 존재는 이러한 파악을 통하여 상호 별개로 존재하던 계기들이 연접적 일자로 전진하여 간다.

203 화이트헤드는 경험으로부터 추상될 수 있고 재현될 수 있는 '가능태' 혹은 '형상'의 의미로 '영원한 객체'(eternal object)라는 용어를 사용하였다. 순수가능태로서 '객체'란 의미는 주체에 의존함으로써만 자기 지위가 생기는 것을 의미한다. 즉 느껴질 수는 있지만 느낄 수는 없는 것이다. 수학적 공식이나 노랑과 같은 특정한 색조도 영원한 객체이다. John B. Cobb, *Whitehead Word Book*, (Claremont, CA: P&F Press, 2008), 23-26.

204 "결합체란 현실적 존재들 상호 간의 파악에 의해 구성되는…… 관계성의 통일 속에 있는 한 조의 현실적 존재들"(PR 24/88)로서 어떤 통일된 관계성 안에 있기 때문에 하나의 특성을 유지하게 된다.

205 화이트헤드는 여러 사회를 '존속하는 객체'(enduring object), '입자적 사회' (corpuscular societies), '비입자적 사회'(non-corpuscular societies) 등으로 단순 분류하기보다, 내적 관계의 구조를 설명할 수 있는 방식을 원했다. (PR 99-100/224-226)

206 화이트헤드는 신의 원초적 본성을 "영원한 객체들에 대한 무제약 적인 개념적 가치 평가"(PR 31/96)라는 말로 정의하였다. 무제약적(unconditional)이란 의미는 시간의 제약도 받지 않으면서 신 이외의 어떤 것에 의하여서도 영향 받거나 제한되지 않음을 의미하는 것이다. Hosinski, 『화이트헤드 철학 풀어읽기』, 282-284.

207 Ibid., 301.

208 파악(prehension)은 어떤 계기가 다른 현실적 존재들을 자신의 본질을 구성 하는 요소로 이끌어 들이는 일반적이고 기본적인 방식을 가리키는 말이다. (PR 716-718)

209 윤철호, 「화이트헤드의 신관」, 『장신논단』, 제17호, (2001. 12), 139.

210 Robert C. Mesle, 『과정 신학과 자연주의』, 이경호 역, (서울: 이문 출판사, 2003), 52-55.

211 Cobb, John B. & Griffin, David R., *Process Theology: An Introductory*

Exposition, (1976); 『칸과 그리핀의 과정 신학: 입문적 해설』, 이경호 역, (대구: 이문출판사, 2012), 70-108.

212 Joseph Bracken, *One in the Many*, (Grand Rapids Michigan: William B. Eerdmans Publishing Company, 2001), 3.

213 Mesle, 『과정 신학과 자연주의』, 208.

214 Dong-Sik Park, "The God-World Relationship between Joseph Bracken, Philip Clayton, and the Open Theism," Ph.D. Dissertation, Claremont Graduate University, (2012), 35.

215 Loomer, Bernard M., "The size of God", *American Journal of Theology & Philosophy*, vol. 8, No. 1/2, (1987), 42.

216 Bracken, "Panentheism from a Process Perspective", 95-97.

217 Joseph Bracken, "Creatio Ex Nihilo: A Field-Orientd Approach", in *Dialog: A Journal of Theology*, 44(2005, Fall), 249.

218 Joseph Bracken, "Process Philosophy and Trinitarian Theology," *Process Studies*, 8/4, (1978, Winter).

219 David Ray Griffin, "Whitehead's Philosophy and some General Notions of Physics and Biology", *Mind in Nature: Essays on the Interface of Science and Philosophy*, Eds. John B. Cobb & David Griffin, University Press of America, (1977), 133.

220 Bracken, "Process Philosophy Trinitarian Theology", 222.

221 PR[139], 90-91/209-210. 사회적 환경을 지배하는 인과 법칙은 그 사회의 성격을 규정짓는 것의 산물이며, 사회는 그 사회의 개별 적인 구성원을 통해서만 유효할 뿐이다. 그러므로 한 사회에서 그 구성원들은 그 사회를 지배하고 있는 법칙에 의해 존재하며, 그 법칙은 오로지 사회 구성원들의 유사한 성격 때문에 성립된다.

222 Joseph Bracken, *Society and Spirit: A Trinitarian Cosmology*, (London, Associated University Press, 1991), 14.

223 Joseph Bracken, *Trinity in Process: A Relational Theology of God*, ed., Joseph A. Bracken-Marjorie Suchocki, (New York: The Continuum Publishing Company, 1997), 100. 이하 TP.

224 홍태희, 「조셉 브라켄의 사회적 삼위일체 모델 연구」, 『신학과 철학』, 제32호 (2018. 봄), 52-53.

225 Bracken, "Pantheism: A Field-Oriented Approach", in *Whom We Live and Move and Have Our Being: Panentheistic Reflections on God's Presence in a Scientific World*. ed. Philip Clayton and Arthur Peacocke, (Grand Rapids, Michigan: William B. Eerdmans Publishing Company, 2004), 213-214.

226 Josiah Royce, *The Problem of Christianity: The real world and the Christian ideas*, (London: Macmillan, 1913). 80. 조시아 로이스의 저서인 본 책은 1913년 옥스포드의 맨체스터 대학에서 있었던 일련의 강의에 기반한 것이다. 본 강의를 통하여 그리스도교의 기본적 개념인 공동체, 죄, 속죄, 구원의 은총 등에 관한 철학적 해석을 하였다.

227 Bracken, "Process Philosophy Trinitarian Theology", 224-225.

228 Ibid., 225.

229 Ibid., 226.

230 Bracken, "Pantheism: Field-Oriented", Forward x.

231 Joseph Bracken, "Process Philosophy and Trinitarian Theology," *Process Studies*, 8/4, (1978, Winter), 217.

232 "성자는 죽기까지 고통을 겪었고, 성부는 성자의 죽음에 고통을 겪었다. 여기서 성부의 비통은 성자의 죽음과 똑같이 중요하다." Jürgen Moltmann, *Der gekreuzigte Gott-Das Kreuz Christi als Grund und Kritik christlicher Theologie*;『십자가에 달리신 하나님: 그리스도교 신학의 근거와 비판으로서의 예수의 십자가』, 김균진 역, (서울: 대한기독교서회, 2017), 243.

233 Bracken, "Process Philosophy", 218.

234 Joseph A. Bracken, What Are They Saying about the Trinity?, (New York: Paulist Press, 1979), 9-15; Gresham, "The social model of the Trinity", 221.

235 Bracken, *The One the Many*, 17.

236 Bracken, "Creatio ex nihilo"248; "Pantheism: Field Approach" 214-215; "Panentheism Process Perspective", 103.

237 Bracken, "Pantheism: Field Approach", 212.

238 화이트헤드의 개념인 '연장적 연속체'(extensive continuum)는 사회가 고립되어 존재하지 않고 여러 유형의 사회적 환경 안에서 어떤 질서에 의해 여러 수준 안에서 존재하는 사회적 환경을 전제로 한 용어이다. 그러므로 자연은 '보다 특수한 사회가 보다 넓은 사회 속에 포함되어 있는 방식으로, 점차 그 지배의 폭에서 넓어지고 있는 사회들의 계열'(PR 213)로 이루어져 있다. 우리가 경험하는 3차원의 세계는 4차원의 사회를 전제로 한다. 궁극적으로 우리의 인식 범위 안에서 생각할 수 있는 가장 큰 연장성의 사회를 화이트헤드는 '연장적 연속체'라고 불렀다. 이러한 연장적 결합의 거대한 사회는 직접적 우주 시대를 훨씬 뛰어넘어 확대되는 것으로, 우리 시대의 전체 환경을 구성하는 것이다.(PR222);『과정과 실재』, 오영환 역, 부록: 화이트헤드 용어 해설집, (서울: 민음사, 2013), 697-698.

239 Bracken, "Pantheism: Field Approach", 215, 219.

240 Bracken, "Creatio ex nihilo: A Field-Oriented Approach," *Dialog: A Journal of Theology*, Volume 44, (2005. Fall), 248-249.

241 Ibid., 249.

242 브라켄은 몰트만과 뮬렌 및 융엘 등의 삼위일체론이 위격들의 구별성과 독립성을 강조하며 성령이 아버지와 아들 사이의 일치를 중재하는 역할을 한다고 이해하였다는 점에서, 진정한 일치를 설명하지 못한 삼신론이라고 비판하였다. Bracken, "Process Philosophy Trinitarian Theology", 218-220.

243 시간적 세계에서의 현실태는 신의 결과적 본성으로 흡수되면서 다양한 합생적 계기와 연관되어 미래가 과거를 계승하는 방식으로 시간적 세계로 이행해 간다. 화이트헤드는 이 과정에서 우주가 자신의 현실태를 완성시키는 방식에 네 가지 창조적 국면들이 있음을 도식화하여 설명하고 있다. 이에 의하면, 우선 가치평가와 관련하여 신의 원초적 본성과 연관된 무한한 '개념적 창시'(conceptual origination)의 국면이 첫 번째로 발생한다. 두 번째로 첫 번째 국면에 관한 조건이 결정되는 '물리적 창시'(physical origination)의 시간적 국면이 있다. 이어서 앞의 두 국면에서 발생하는 세 번째 국면은 다자가 개별적 정체성이나 일치의 완전함에 어떤 손실도 없이 영속하는 일자로서 완전한 현실태가 되는 국면이다. 창조 활동이 완결되는 마지막 국면에서 완전한 현실태는 시간적 세계로 되돌아간다. 그리하여 시간적 현실태 각자는 관계적 경험을 통하여 직접적 사실인 완전한 현실태를 포함하는 것이다.(PR 350/663)

244 Bracken, "Process Philosophy and Trinitarian Theology II", *Process Studies*, 11/2, (1981, Summer), 91.

245 Ibid., 91-92.

246 Ibid., 92.

247 Bracken, "Trinity: Economic And Immanent" *Horizons*, 25/1, (1998, Spring), 21-22.

248 백충현, 「삼위일체론에 대한 과정 신학의 반응들」, 『한국조직신학논총』, 제27호, (2010), 178-184.

249 백충현, 「내재적-경륜적 삼위일체에 관한 현대 신학의 논의 분석: 존재론, 인식론, 그리고 신비」, 『한국조직신학논총』 제24호, (2009), 98.

250 Bracken, "Process Perspectives and Trinitarian Theology," *Word & Spirit - A Monastic Review* 8: *Process Theology and the Christian Doctrine of God*, ed. Santiago Sia (Petersham: St. Bede's Publications, 1986). 57; 백충현, 「삼위일체론에 대한 과정 신학의 반응들」, 183.

251 라틴아메리카에서는 1960년대 초에 이미 '해방'(Liberation)이라는 신학적
주제가 나타나기 시작하여 제2차 바티칸공의회(1962~1965)와 콜럼비아
메델린에서의 제2차 라틴아메리카 주교회의(1968) 이후 해방신학이 본격
적으로 대두되었다. 해방신학은 실재하는 빈곤에서부터 출발한다. 즉
빈곤의 상태에 있는 '가난한 사람들'(the poor)이란 높은 영아 사망률, 열악한
주거 환경, 질병, 기아, 실업, 영양실조 등에 내몰린 사회의 주변인 내지는
모든 소외된 계층의 사람들을 포괄적으로 의미하는 것으로 본다. Gustavo
Gutierrez, *A Theology of Liberation*, trans. Sister Caridad Inda and John
Eagleson, (Maryknoll: Orbis Books, 1973), 162-169; 『해방신학: 역사와
정치와 구원』, 성염 역, (왜관: 분도출판사, 2000), 137-146.

252 Leonardo Boff, *Trinity and Society*, trans. Paul Burns, (Eugene: Wipf &
Stock, 1988); 『삼위일체와 사회』(Trinity and Society), 이세형 옮김, 서울:
대한기독교서회, (2011). 6. 이하 TS. 이 책에서는 영어본을 기준으로
주석하면서, 한국어 번역본인 『삼위일체와 사회』(이세형 역)는 부분적으로
참조하였다.

253 이 외에도 독일 가톨릭의 헤리베르트 뮐렌(Heribert Mühlen, 19 27~2006),
독일 개신교의 볼프하르트 판넨베르크(Wolfhart Pannenberg, 1928~2014),
가톨릭 여성 신학자 캐서린 모리 라쿠나 등의 많은 현대 신학자들이
그들이 속해 있는 다양한 맥락에서, 해석의 방식은 서로 다를지라도,
현대인이 이해할 수 있는 삼위일체론을 하느님과 세계의 관계성을 중심으로
설명하였다.

254 스페인과 포르투갈 등의 식민통치를 통하여 도입되고 성장해온 남미의
교회는 가난한 자들에 대하여 사회 상층부의 지배계층을 통하여 자선을
베푸는 형식의 온정적 태도를 유지하여 왔다. 하지만 이러한 상황은 가난한
자들이 스스로 변화의 동력이 되는데 기여하는 것이 아니라 지배자들에게
종속적인 상태가 유지되도록 하는 것이었다. Leonardo & Clodovis Boff,
Salvation and Liberation, trans. Robert R. Barr, (Maryknoll: Orbis Books,
1984), 3-4, 이하 SL; 『구원과 해방』, 정한교 역, (왜관: 분도출판사, 1986), 13-14.

255 즉 개발 국가가 존재한다는 것은 저렴한 노동력과 원자재를 제공하는
저개발 국가들의 존재를 전제로 하며, 그 결과 발생한 경제적 종속 체제는
가난한 국가들이 부유한 국가들에게 완전하게 의존하는 구조를 만든다.
그러므로 이러한 가난한 국가들이 빈곤을 대물림하는 종속적 구조에서
벗어나기 위하여 적극적인 투쟁에 나서는 것이 그리스도의 구원과 관련된
선교적 측면에서 필연적으로 요청된다고 보는 것이 해방신학의 관점이다.
구티에레즈, 『해방신학』, 41-43, 52-57.

256 그러므로 사회-경제적 영역에서의 해방은 하느님에 의해 주어진 해방이 구체화된 것이다.(SL 17)

257 이러한 행위는 "연못은 제공하면서 낚시하는 법은 가르치지 않는 것"(SL 6/18)처럼 원인은 간과한 채 종속을 강화하는 것으로 보았다. 또한 사회를 인체의 각 기관들이 기능적 분업 하에서 유기적으로 역할을 수행하는 하나의 몸으로 비유하여, 사회 안의 여러 계층들이 각자의 역할을 수행함으로써 사회적 조화를 이루어간다는 기능적 접근법에 대하여서도 비판적으로 바라보았다. 이러한 기능주의적 접근은 산업이 괄목할만하게 발전함에도 불구하고 가난한 자들은 여전히 빈곤에 시달리고 부자는 더 부유해지고 있는 이유를 잘 설명할 수 없었다.

258 해방론자들은 빈곤을 경제, 정치, 사회적 상황과 그 구조의 산물로 바라본다. 그리고 많은 경우에서 이러한 빈곤의 상태는 부익부 빈익빈을 초래하는 국제적 차원의 구조에서 비롯되는 것이다. 그리스도인이 그들의 신앙에 의한 희망을 견지하는 가운데, 그들의 삶의 자리에 대한 사회-분석적 방법의 접근은 현실에 대한 비판적 분석을 제공할 수 있다. 이러한 분석 방식은 자본주의적으로 구조화된 사회가 전 지구적인 체계를 갖게 된 것을 평가하기 위하여 사회의 저변에 놓여 있는 구조를 분석하는 것으로서, 주로 자본을 가진 소수와 그 외의 노동을 제공하는 다수들 사이의 서로 모순되는 관계를 변증법적으로 분석하는 방식이었다.(SL 7-8/ 20-21)

259 보프는 해방신학에서 사회적 현실과 관련된 신학의 과제가 세 단계로 이루어진다고 설명하고 있다. 첫째 단계는 사회 현실을 구원 역사의 측면에서 하느님의 계획과 같은 지향인지를 평가하는 것이다. 둘째 단계는 신앙의 전통들을 해방의 측면에서 파악하는 것이다. 어떤 전통적 해석들은 해방신학의 방향과 맞지 않을 수 있지만, 신학적 담론이 신앙의 전통적 측면을 무시하고 사회분석적 담론들과 유사하게 가서는 안 된다는 입장을 명확히하였다는 점도 중요한 측면이다. 신앙의 전통을 보존하는 신학이 가난한 자들의 사회적 현실을 효과적으로 해석하기 위한 목적에서 사회분석적 방법을 사용한다는 것은 해방신학이 전통 신학에서 유리되는 것을 원하지 않고 있음을 의미하는 것이라고 볼 수 있다. 셋째 단계는 신학이 그리스도교인 뿐 아니라 비그리스도교인 들을 포함한 전 인류에 해당하는 보편적인 것이어야 한다는 점이다. 그것은 그리스도의 복음이 모든 인류를 향하고 있다는 점과 함께, 신학이 모든 형태의 사회적 현상에 관하여 발언할 수 있다는 의미로도 적용될 수 있다.(SL 10/24)

260 Boff, Clodovis M. *Theology and Praxis: epistemological foundations*. Trans. Robert R. Barr. (New York: Orbis Books, 1987). 88.

261 Dominique Barbe, *La Grâce et le pouvoir: Les communautés de base au Brésil* (Maubourg Paris: Editions du Cerf, 1982); trans. John Pairman

Brown, *Grace and Power: Base Communities and Nonviolence in Brazil*, (Maryknoll, NY: Orbis, 1987). 48; Thomas R. Thompson, "Imitatio Trinitatis: The Trinity as social model in the Theologies of Jürgen Moltmann and Leonardo Boff", Ph.D. dissertation, Princeton Theological Seminary, (1996), 105; 같은 책에서 바브는 "해방신학은 아직 적절하게 삼위일체를 탐구하지 못하고 있다."고 언급하고 있다. Barbe, Grace and Power, 53.

262 Ibid., 52.

263 Boff, *Trinity and Society*, 『삼위일체와 사회』, 13-16/34-36, 주석 3.

264 "0 Dogma da Santfssima Trindade na Sagrada Escritura," *Sponsa Christi* 19 (1965), 264-269; Thompson, "Imitatio Trinitatis", 106.

265 Ibid., 106.

266 451년 열린 칼케톤공의회는 그리스도의 두 본성에 관한 교의를 명확히하였다. 그것은 다음과 같다. "우리는 신성에서나 인성에서나 완전하신 외아들 우리 주 예수 그리스도를 일치된 마음으로 가르칩니다. … (두 본성으로부터 aus가 아니라) 두 본성 안에서in, (단성론과 반대로) 혼합되거나 변화하지 않으시고, (네스토리우스 주의와 반대로) 분리되거나 나누어지지 않으시고, 두 본성이 하나의 인격(프로소폰)과 하나의 위격(휘포스타시스) 안에 보존되십니다." 후베르트 에딘, 『세계 공의회사』, 최석우 역, (왜관: 분도출판사, 2005), 36.

267 Leonardo Boff, *Jesus Christ Liberator: A Critical Christology for Our Time*, trans. Patrick Hughs, (Maryknoll, NY: Orbis Books, 1978), 189-94.; 『해방자 예수 그리스도: 우리 시대의 비판적 그리스도론』, 황종렬 역, (왜관: 분도출판사, 1993), 247-254.

268 Ibid., 194/254.

269 Boff, *Passion of Christ, Passion of the World*. trans. Robert R. Barr. (Maryknoll, NY: Orbis Books, 1987), xii.

270 Leonardo Boff, *Liberating Grace*, trans. John Drury (Maryknoll, New York: Orbis Books, 1979), 208. 『해방하는 은총』, 김정수 역, (천안: 한국신학연구소, 1988), 321-322.

271 Ibid., 211.

272 Boff, Leonardo & Boff, Clodovis, *Introducing Liberation Theology*, (Maryknoll NY: Orbis Books, 1987), 51-52.

273 Thompson, "mitatio Trinitatis", 111. 하지만 실천의 경험들이 신학자들 안에 살아 있게 되고, 그것들이 비록 비판적일지라도 교회의 교의적 자산으로 축적되면서, 보프에게서처럼 보다 세밀한 부분에서 삼위일체의 진리가 탐구되기 시작하였다.

274 Leonardo Boff, *Cry of the Earth, Cry of the Poor*, trans. Phillip Berryman, (Maryknoll, N.Y.: Orbis Books, 1997), 155.

275 아우구스티누스로 부터 아퀴나스로 이어지는 서방의 삼위일체론은 위격의 발출에 관하여 전통적으로 성자는 성부로부터, 그리고 성령은 성부와 성자로부터(Filioque) 나오며 세 위격이 동일한 하느님 본질을 통하여 일치를 이룬다고 보았다면, 페리코레시스적 일치의 방식은 카파도키아 교부들의 생각에서 유래되는 동방 신학의 이해방식이라고 할 수 있다. 이에 관해서 이 책의 '1.1.1 카파도키아 교부들의 관계적 이해' 참조.

276 김옥주, 「동·서방 교회의 연합을 위한 나지안주스의 그레고리의 삼위일체론 탐구」, 『한국개혁신학』, 34(2012), 8-34. 12.

277 몰트만은 "삼위일체의 위격들의 영원한 페리코레시스 속에 삼위 일체의 일치성이 있다."(TK 175/211)고 밝힘으로써, 위격들이 통일성 안으로 흡수되어 한 분 하느님으로 환원되지 않도록, 페리코레시스를 명확한 구별을 갖는 위격들 간의 일치의 방식으로 설명하고 있다.

278 이 책 '2.2.3 토마스 아퀴나스와 내재와 경륜의 분리' 참고.

279 이것은 하느님의 위격들을 강조하면서도(quid tres), 위격들의 구별을 해치지 않는 한에서의 단일성을 주장하여(quis unus) 하느님의 신비를 보존한다. 삼위일체를 사회로 파악하는 이러한 이해에 적합한 유비는 '신의 집단'(divine family)이나 '공동체'(community) 혹은 '사회'(society)로서의 하느님으로 표현되는 다원적 인격들의 사회이다.

280 Thompson, "Imitatio Trinitatis", 156.

281 TS 28-29; Thompson, "Imitatio Trinitatis", 157.

282 보프는 *Trinity and Society*, 106, n.8에서 이러한 그의 의견이 콩가르(Yves Congar, 1904~1995)의 논문 "La Tri-unitéde Dieu et l'Église." (1974)와 브루노 포르테(Bruno Forte, 1949~)의 『삼위일체의 모상인 교회』La Chiesa icona delta Trinita(1984)를 참고하였음을 밝히고 있다.

283 Thompson, "Imitatio Trinitatis", 159.

284 Leonardo Boff, *Church, charism and power: liberation theology and the institutional church*, trans. John W. Diercksmeier, (London: SCM, 1985); 『교회의 권력과 은총: 해방신학과 제도적 교회』, 유종순 역, (서울: 성요셉, 1986). 보프는 이 책을 통하여 11세기 그레고리우스 7세에 의해 교종의 절대 권리라는 이데올로기가 만들어지면서 "가난하고, 겸손하고, 약한 예수의 모습이 아니라 우주의 임금이며 권능의 유일한 원천인 전능한 하느님 자체로 그려졌다."고 비판하였다. 51/93. 또한 로마 황제의 권력 개념에서 차용된 이러한 개념으로 인하여 교회는 그 구조를 봉건적으로 이해하게끔 만들었고, 교종의 무류성도 이러한 전개 과정에서의 하나의 논리적 결론일

뿐이라는 비판적 관점을 토로하였다. 40/76.

285 교회의 일치를 위하여 봉사하는 교종의 역할은 유일신적 개념에 의해 유일의 교회, 유일의 교종, 유일의 그리스도, 유일의 하느님의 연장선상에서 이해된다. 때로는 교종이 이 땅에 있는 눈에 보이는 하느님(*Deus terrenus*)으로 간주되기도 하였고, 최고 권위(*suprema potestas*)를 갖는 교종이 교회법의 위에 있는 이러한 개념은 교회 구조를 피라미드식 위계질서 구조의 모델로 만들었다고 비판하였다. (TS 21)

286 "God the Father is no more than synonymous with God the creator"(TS 165).

287 하느님의 아들로서의 예수의 자의식이 성경에 기록된 것을 몇 가지로 설명하고 있다. 첫 번째는 예수의 거침없는 자유로움이다. 그는 스스로 아버지와 같은 의지를 가진 하느님의 아들이라고 생각했기에 구약의 백성들이 감히 어쩔 수 없었던 율법과 전통을 아버지의 뜻에 맞도록 억압적 사고로 부터 해방시켜 죄인들과 식사하고 안식일을 인간을 위한 것으로 재해석하였다. 두 번째는 해방을 향한 그의 행동이다. 아버지의 이름으로 죄를 용서하고, 병든 이들을 낮게 하고, 하느님께 나아가지 못하는 이들을 자유롭게 한 그는, 해방을 향한 아버지의 의지를 그의 아들로서 세계 안에서 충실히 실행하여야 한다는 사명감을 갖고 있음을 보여주었다.

288 Leonard Boff-Coldovis Boff, *Introducing Liberation Theology*, trans. Paul Burns, (Maryknoll, New York: Orbis Books, 1986), 91-92; 김수복 역, 『해방신학 입문』, (한마당, 1986), 127.

289 Vos, Geerhardus. 『성경 신학』, 원광연 역, (고양: 크리스챤다이제스트, 2006), 11.

290 이 책 '2.3.2 피오레의 요아킴과 역사적 이해' 참고.

291 Moltmann, *Trinity Kingdom*; 『삼위일체 하나님의 나라』, 150/180.

292 Boff, 『생태신학』, 75-77.

293 John W. Cooper, 『철학자들의 신과 성서의 하나님 - 신과 세계의 관계, 그 치열한 논쟁사』, 김재영 역, (서울: 새물결플러스, 2011), 541.

294 1979년 멕시코 푸에블라 라틴아메리카 주교회의 선언문에 명기된 내용. "ought to recognize the suffering features of Christ".

295 Leonardo Boff, *Ecología, mundializacão, espiritualidade. A emergência de um novo paradigma.* (São Paulo, Brazil: 1993); 『생태신학』, 김항섭 역, (서울: 가톨릭출판사, 1996).

296 생태신학에 관한 보프의 저서로서 1995년 영문으로 번역하여 출간한 *Ecology and Liberation:A New Paradigm*, trans. John Cumming, Ecology and Justice series, (Maryknoll, New York: Orbis Books, 1995)와 *Cry of the Earth, Cry of the Poor*, trans. Phillip Berryman, (Maryknoll, New

York: Orbis Books, 1997)를 주로 참고하였다.

297 Boff, *Cry of the Earth*, 154.

298 Boff, *Ecology kindle*, loc. 513/2484, 『생태신학』, 58.

299 Ibid., 517-520/2484, 59.

300 Ibid., 710/2484, 78.

301 이현복, "생태철학의 선구자, 스피노자 - 생태학적 관점에서 바라본 스피노자의 자연관", 근대철학 vol 6. (2011. 6), 39.

302 Boff, *Ecology* kindle, loc. 724-526/2484, 『생태신학』, 78.

303 Ibid., 735/2484, 79.

제5장

304 세계를 물질적 우주뿐만 아니라 생명의 역동성, 정신의 활동 그리고 절대적 영의 활동까지 포함한 '온 우주'의 세계로 인식하고자 하는 흐름은 그리스도교의 외부에서도 있어 왔다. 이것은 물리적 대상의 우주를 뛰어 넘어 우주를 관통하여 흐르고 있는 영의 활동 및 모든 사물의 기원으로서 궁극자인 '절대 영(정신)'을 받아들이는 개념으로, 그리스도 없는 현대적 영지주의적 모습으로서 생태적 대안으로 제시되기도 한다. 미국의 통합사상가인 켄 윌버(Ken Wilber, 1949~)는 세계에 대하여서 우주(Cosmology)라는 말 대신에 물질 우주 뿐 아니라 물질권, 생명권, 정신권, 신권으로 구성되는 '온우주'(Kosmos)라는 개념을 사용하였다. Ken Wilber, *Brief history of everything*, 『모든 것의 역사: 인간의식과 온우주(Kosmos)가 진화해 온 발자취』, 조효남 역, (서울: 대원출판사, 2004).

305 W. David Hall, "Does Creation Equal Nature? Confronting the Christian Confusion about Ecology and Cosmology", *Journal of the American Academy of Religion*, Vol. 73, No. 3, (2005. 9), 781-812.

306 백운철은 "보시니 손수 만드신 것이 참 좋았다."(창 12,31)라는 선언은 하느님이 창조하신 모든 것을 긍정적으로 받아들이긴 하지만 창조된 현실이 완전하다는 의미는 아니라는 점을 강조한다. 창조된 현실에는 하느님이 축복하시는 빛도 있지만 어둠도 존재하는 불완전함이 공존하고 있음을 암시한다. 백운철, 「창조와 새 창조」, 47.

307 *Oxford Dictionary of the Christian Church*, ed. F. L. Cross, Revised Edition edited by E. A. Livingstone, (Oxford University Press, 2005), 1027.

308 보프는 명시적으로 생태적 신론으로 범재신론을 언급하고 있다. Boff, 『생태신학』, 77.

309 "예수의 죽음은 '하느님의 죽음'으로 이해되어서는 안 된다. 오히려 하느님 '안에서의' 죽음으로 이해되어야 한다." Moltmann, 『십자가에 달리신 하나님』, 298.

310 이것은 예수의 십자가 사건이란 하느님의 구원 사건이기 전에 성부와 성자 사이의 내재적 사건이고, 이로서 십자가 사건을 통해서 예수의 죽음과 고난을 하느님의 역사 안으로 품은 사건으로 보는 것이다. 그리고 나아가 자연스럽게 인간의 역사를 품음으로써 우주적인 이 세계가 하느님의 역사 안에서 파악된다는 관점이다. Ibid., 316.

311 이어지는 다음 절 '5.2.2 하느님 자기-전달로서의 세계'에서 사회적 실체를 설명하는 브라켄의 용어인 '시스템'(system)을 좀 더 상세하게 설명하였다.

312 라너의 자기-전달의 개념은 존재의 본질적 의미를 밝히기 위하여 세계에 자신을 전달하는 하느님의 일방적인 의미가 강한 반면, 하느님 매트릭스는 전달과 수용이 동시에 일어나는 구조로서 상호 역동적 관점의 의미가 강하다.

313 Philip Clayton, "Panentheist Internalism: Living within the Presence of the Trinitarian God", Dialog: A Journal of Theology, 40(2001, Fall), 212.

314 하느님의 세계에 대하여 특정한 의도를 제시하는 방식과 관련하여, 그것은 초자연적인 개입을 통해서가 아니라, 인간의 사고와 의도에 영향을 주는 '유혹'(lure)의 방식으로 이루어진다. 또한 그것은 현대의 물리과학적 현상의 탐구에서 발견되어 이론화되고 있는 '불확정성의 원리'와 연관하여 미시적 차원에서 불확정적인 양자의 상태에 방향과 목적을 부여하는 방식으로 작용한다고 설명되기도 한다. 윤철호, 「변증법적 만유재신론」, 『장신논단』 28 (2007), 89-90.

315 "죄의 한가운데에서 조차 그는 영원한 사랑의 연민으로 존재하며, 종말에 까지 인내하려 한다. 그는 그곳에서 모든 사물의 가장 중심적 본성으로, 그리고 모든 종류의 질서가 깨어진 것처럼 보일 때조차 권위를 가진 채 여전히 승리하는 가장 신비한 낮춤으로 존재한다. 그는 한 낮의 빛과 같이 우리와 함께 있으며 우리가 의식하지 못하는 영이 우리와 함께 한다. 그것은 낮춤의 신비이며, 우리가 경험하는 것은 그것의 전체 모습을 추론할 수 없을 정도로 너무 미약하기 때문에, 우리는 그것을 이해할 수 없다." Karl Rahner, "Hidden Victory", in *Theological Investigations*, Volume VII: *Further Theology of the Spiritual Life*, trans. David Bourke (London: Darton, Longman, and Todd, 1971), 158.

316 Joseph Donceel, "God in Transcendental Thomism", *Logos: Philosophic Issues in Christian Perspectives* Vol.1, (1980), 60.; Joseph Conley, "A two-armed embrace: The panentheistic trinitarianism of Rahner and Edwards, Pacifica", Vol.26(1), (2012), 63.

317 이상에서 볼 때 라너는 자신의 신론이 화이트헤드의 양극적 신 개념에

기초하여 하느님을 세계와의 관계 하에서만 존재하면서 하느님을 초월적 특성으로의 창조성과 결과적 본성으로서 무제한적 세계 수용성으로 이해하는 과정 신학의 범재신론과 차이가 있음을 분명히 하고 있다.

318 심상태, 「칼 라너의 하느님 이해」, 99-101; 105.

319 브라켄이 사용한 system의 의미는 존재론적 의미를 가지고 있으므로 일반적으로 구조를 나타내는 의미의 '체계'와는 다르다고 할 수 있다. 그러므로 이 책에서는 system이 존재의 의미를 가질 때에는 '조직'이라는 용어를 적용하는 것이 보다 본래의 의미에 적합하다고 보았으나, 통상 '조직'에 대하여 organization이라는 용어를 사용하고 있으므로, 그 의미의 차이를 감안하여 번역어를 사용하기보다 잠정적으로 한글로 '시스템'이라고 표기하였다. 조직에 해당하는 의미는 다음과 같다. "공동의 목표를 달성하기 위해 분업과 통합의 활동 체계를 갖춘 사회적 단위(social unit)를 말한다. 조직은 구조와 과정 및 규범을 내포하며, 환경과 교호작용을 한다." [네이버 지식백과] 조직[組織, organization] (행정학사전, 이종수, 2009. 1. 15.), [접속일: 2020. 4. 16.].

320 Bracken, "Panentheism and the classical God-World Relationship: A System-Oriented Approach", *Americal Journal of Theology & Philosophy*, Vol.36, No.3, (2015, 9).

321 화이트헤드가 '현실적 존재'를 존재의 궁극적 단위로 본 것과 달리, 브라켄은 '시스템'을 '되어감'(becoming)의 과정으로 존재하는 존재에 대한 일차적 범주라고 정의하고 있다. Bracken, "Panentheism, System Approach", 207-8.

322 화이트헤드가 설명한 신의 '원초적 본성'은 순수한 가능태로서 개념을 현실화(conceptual realization)하는 본성이라는 측면에서 개념적일 뿐 현실적 실재성이 있는 것은 아니다. 창조의 과정에서 원초적 본성은 개념을 현실화하면서 최초의 지향을 제시하는 역할을 한다. 화이트헤드는 이것에 관해서 "'영원한 객체'와 관련된 질서를 부여하는 '느낌을 위한 유혹'(lure for feeling)이며 충동으로서 최초의 위상을 확립한다."고 하였다.(PR 343-344) 끊임없이 창조성을 유발하는 것으로서 신의 원초적 본성은 영원하고 비시간적이며 불변하는 특성을 갖는 것으로서, 창조되는 세계를 신의 목적을 향한 방향으로 이끌어가는 초월적 성격을 갖는다.

323 동시에 새롭게 합생하는 창조물들은 신 안에서 객체화되면서 신은 세계를 모든 새로운 창조물과 공유하게 되는데, 이것은 신이 세계와의 관계를 통하여 새롭게 창조되는 모든 세계의 결과를 수용하여 자신에게 포함시키는 것이다. 이것은 신의 '결과적 본성'으로, 세계를 끌어안는 신의 물리적 측면이라고 보았다. 그러므로 세계를 창조해 가는 신과 함께 세계 역시 신을 새롭게 함으로써 상호 서로의 새로움을 위한 도구가 된다고 보았다.(PR 349).

324 Luis F. Ladaria, *The living and True God: The Mystery of The Trinity*,

(Miami: Convivium Press, 2010), 430-431.

325 Bracken, "Panentheism, System Approach", 208.

326 Ibid., 223.

327 Ibid., 224.

328 설득하는 하느님이란 개념은 화이트헤드가 경험의 궁극적 단위인 현실적 존재에 대하여 하느님이 '최초의 지향'(initial aim)으로서 영향을 주는 방식으로 작용한다는 개념에서 나온 것(PR 244)으로, 브라켄은 이것을 그의 '시스템'에도 동일하게 적용하고 있다. Ibid., 224-225.

329 Boff, 『생태신학』, 72.

330 그것은 진화하는 세계에서 어떤 방향성 혹은 의지력이 그 목표를 향하여 세계를 이끌고 있다는 의미에서 '목적인'(causa finalis)이라는 개념을 전제로 한다. (GG 195/258).

331 이에 대해 보프는 다음과 같이 말한다. "삼위일체 하느님 안에 있는 우주는 창조물의 유한한 형상 안에서 세 위격이 온전히 일치하는 것을 보여줄 삼위일체의 몸이 될 것이다."(TS 231).

332 박종구, 「그리스도론과 삼위일체론의 관계: 그 신학적 접점에 대한 해석학적 이해」, 『신학과 철학』 Vol. 8, (2006), 7-8.

333 노우재, 「칼 라너 삼위일체론」, 157.

334 라너가 주장하는 바는 육화에 관한 교의가 진화론적 세계관으로 필연적으로 연결된다거나 그 연장선상에 있다는 것을 말하려는 것은 아니다. 다만 그가 추구한 것은 육화의 교의를 신화적으로 이해하는 것을 피하면서, 물질이 정신 안에서 자기를 초월하는 경향에 관한 철학적 구조를 밝힘으로서 하느님에 관한 합리적인 설명을 이끌어 내는 것이었다.

335 이 책 "2.3.1 육화와 위격적 결합" 참조.

336 ST I, q.47, a.1 '사물의 다수성과 구별은 하느님에 유래하는가', 정의채 역, 『신학대전』 제6권, 197.

337 Hyun-Chul Cho, "Interconnectedness", 632.

338 Karl Rahner, "Christology in the Setting of Modern Man's Understanding of Himself and of His World,", Theological Investigations, vol. 11, trans. David Bourke (London: Darton, Longman, & Todd, 1974) 227; Ibid., 632.

339 라너는 창조란 하느님이 세계로 현실화되는 과정(Weltwerdung Gottes)에서의 한 부분적 계기로 이해할 수 있고, 육화는 하느님의 로고스가 물질성을 취하여 자신의 타자(das Andere)로 세계 내에 현존하게 되는 것 (GG 197/261)이라고 설명하였다.

340 인간 실존의 가장 깊은 중심에서 거룩한 숨결로 현존하는 성령의 파견은,

성령이 전달하는 은총과 관련하여 성화된 인간에게 은총이 거처한다는 네오 스콜라 신학의 '효력인'의 개념 보다, 그리스도를 수용하도록 작용하기 위하여 인간 안에 보편적으로 고유하게 갖추어져 있는 은총의 '형상인'의 개념으로 파악하였다. 이 책 '3.3.2 위격들의 고유성과 세계와의 관계' 참조.

341 입자적 세계관에 따른 전통적 그리스도교 신학을 비판적 창조적으로 성찰한다는 측면에서 찰스 하트숀(Charles Hartshone), 데이비드 그리핀(David Griffin), 존 캅(John B. Cobb, 1925~)으로 이어지는 과정신학자들은 전통적 유신론의 비합리성에 대한 포스트모던적 해석을 시도하였다. 서방 세계가 그리스도교를 받아들이면서 로마 법률의 전문가들에 의하여 정리되었던 신학의 패러다임은 로마의 황제에게 속해 있는 속성들을 하느님에게 부여함으로서 전통적으로 하느님이 무한하고 일방적인 권능에 의하여 세계를 창조하였다고 생각하게끔 되었다. 화이트헤드는 하느님을 로마, 이집트, 페르시아의 황제와 같은 이미지로 만든 것을 뿌리 깊은 우상 숭배라고 비판한다.(PR 342/648) 이러한 일방적 통치자적 신관은 세계에 존재하는 악의 현존 역시 하느님에 의한 것이라는 모순에 부딪칠 수 있지만, 과정신학자들이 세계 안의 창조물과 지속적인 관계적 활동을 통하여 상호 주체성을 형성하는 하느님으로 해석하는 '설득하고 관계를 맺는 힘'의 하느님은, 신정론에서 보다 자유로운 하느님 개념을 전개할 수 있다.

342 그리핀은 '무로부터의 창조 교리가 생겨나게 된 배경으로 마르시온 영지주의의 도전에 대한 응답에서 발생한 것으로 보고 있다. 데이비드 그리핀, 『화이트헤드 철학과 자연주의적 종교론』, 장왕식·이경호 역, (고양: 동과서, 2004), 364.

343 과정 사상의 틀 안에서 브라켄이 제안한 독창적 개념은 모든 존재의 단위를 '현실적 존재' 혹은 '현실적 계기'라는 원자적 단위로 본 것이 아니라 우리가 세계 안에서 경험하고 있는 것들로서 일정한 질서를 갖고 '구조화된 사회'를 존재의 단위로 파악한 것이었다. 그 사회의 복합도에 따라 다양한 연결적 계층의 사회가 존재하며, 그 최고에 무한한 속성의 하느님이 삼위일체의 사회적 실체로 존재한다. 그는 또한 '장'개념을 적용하여, 창조가 발생하는 하느님 활동의 장을 하느님 매트릭스(Divine Matrix)라는 용어로 설명하였다. 이 책 '3.3.1 하느님 매트릭스' 참조; Bracken, "Creatio ex nihilo", 249.

344 조현철, 「생태신학의 이해: 생태신학의 교의 신학적 체계 구성을 위하여」, 서강대학교 신학연구소, 『신학과 철학』, 8(2006), 214.

345 그러므로 "자연은 벙어리가 아니다. …… 어느 것 하나도 아무렇게나 던져진 것이 아니다. 바람과 바위, 바위와 지구, 지구와 태양 그리고 태양과 우주…… 자연의 모든 것이 복된 삼위일체의 친교(communion) 안에 흠뻑 적셔진다."고 설명하며 세계의 모든 창조물이 하나같이 삼위일체적 관계 안에 놓여있음을 드러내고자 하였다. 보프, 『성삼위일체 공동체』, (Holy Trinity, Perfect

Community), 김영선·김옥주 역, (서울: 크리스천 헤럴드, 2011), 81.

346 즉 과거의 어떤 사건에 대한 기억을 불러 내어주는 물질적 사물은 하느님의 은총을 드러내는 성사로서 단순한 물건 이상의 가치를 발견할 수 있다. 보프는 『성사란 무엇인가』에서 일상의 삶에서 발견할 수 있는 성사성에 관하여 여러 사례를 들어 설명하고 있다. 세계의 사물에 대한 내면의 관찰은 세계에 깃들어 있는 변화시키는 은총의 현존을 발견하도록 하는데, 보프에 의하면 그것은 전 세상을 돌아다니고 집으로 온 아들에게 어머니가 건네는 물 한 잔에서, 아버지가 피우시던 꽁초로부터, 어머니가 구우시는 빵에서, 성탄 선물로 받은 양초로 부터 전달되어지는 것이라고 설명하고 있다.

347 보프, 『생태신학』, 204

348 Ibid., 209

349 이러한 신비적 태도의 생활 방식이란 평소의 일상적 삶을 통하여 꾸준히 지속적으로 훈련될 필요가 있다. 보프는 내면적 중심을 발견 하기 위한 묵상이나 관상의 훈련, 생각을 나눌 대화 통로, 하느님께 자신의 내면을 개방하는 기도, 공동체 전례, 특정한 체험의 시기 등이 그러한 것에 도움을 줄 수 있다고 설명한다. Ibid., 226-230.

350 김옥주, 「동·서방 교회의 연합을 위한 나지안주스의 그레고리의 삼위 일체론 탐구」, 17.

351 John Zizioulas, *Being as Communion* (Crestwood, NY: St Vladimir's Seminary Press, 1985), 27-49.

352 Ladaria, The Living and True God, 403-405.

353 보프는 다양성을 시대적 특징으로 하는 현대에서 삼위일체론을 '오직 성부에게서만'(monou tou Patros)이라는 개념으로 접근하거나, 성령의 기원에 관한 설명인 서방 신학의 '필리오케'(filioque)적 접근으로 하느님의 관계 방식을 설명하는 것은 현대인들이 이해할 수 있는 하느님 계시의 다양함을 드러내기에는 불충분하다고 보면서 위격들이 위계적으로 이해될 수 있는 신학적 언급을 비판하였다.(TS 4).

354 하나가 타자 안에 완전히 존재하면서 성부, 성자, 성령의 세 위격이 온전한 동일체로 존재한다는 개념으로서 위격들 사이의 관계적 친교를 설명한 용어인 그리스어 페리코레시스(περιχώρησις) 혹은 라틴어 키르쿠멘세시오 (circuminséssĭo)는 그 단어 구조 자체가 상호내주(cohabitation), 상호공존 (coexistence), 상호침투(interpenetration)의 의미를 갖고 있다.

355 보프가 하느님과 세계 그리고 창조물들 사이의 개방적 연결 관계를 표현한 페리코레시스에 관하여 조현철은 그것이 함축하고 있는 의미를 다섯 가지로 정리하였다. 첫째, 새로움이 계속하여 발생하는 생명의 원리이다. 상호내주적 개방성은 서로의 관계로부터 새로움이 발생하여 생명의 조건이

된다. 둘째, 사랑의 원리이다. 상호 내주하는 관계는 완전한 친교 안에 머물음을 의미한다. 셋째, 포용의 원리이다. 서로 구별되는 셋이 서로를 배제하거나 저항하지 않고 친교 안에 머무는 것이다. 넷째, 동등성의 원리이다. 온전한 개방에 의한 상호 침투적 관계는 서로가 타자를 지배하거나 종속되는 관계가 될 수 없다. 다섯째, 창조의 원리이다. 세 위격의 온전한 친교는 그 개방적 본성으로 인하여 서로 다른 위격들의 특성을 모두 포괄하므로 창조는 삼위일체의 창조적 과정의 결과이다. Hyun-Chul Cho, *An Ecological Vision of the World; Toward a Christian Ecological Theology for Our Age*, Editrice Pontificia Universita Gregoriana, (Rome: Gregorian University Press, 2004), 96-97.

356 보프는 생태론적 담론을 위하여 삼위일체론을 적극 사용하고 있다. 그는 우주의 모든 구성원들이 상호 의존적 관계 망(web of relationships)에 놓여 있다는 생태론을 제시하면서, 삼위일체의 개념이 이러한 일치와 다양성을 이해하는 데에 긍정적으로 개방되어 있다는 점을 강조하여 설명하였다. Boff, Cry of the Earth, 154-155.

357 백충현, 『내재적 삼위일체와 경륜적 삼위일체: 현대 삼위일체 신학에 대한 신학·철학의 융합적 분석』, (서울: 새물결플러스, 2015), 192-199. 백충현은 이전의 논문들에서 브라켄의 immersing에 대하여 '담금'이라는 표현을 사용하였으나 본 저서에서는 '침지'라는 용어를 사용하였다. 이 표현은 내재와 경륜의 관계성에 주목하여 세계 안에서 삼위일체의 경륜적 활동은 무한한 하느님의 내재적 삼위일체에 의하여 간접적으로 이루어진다는 것을 의미한다. 즉 경륜적 활동은 내재적 삼위일체의 활동 안으로 담긴다.

358 경험 계기들의 합생으로부터 생성되는 모든 존재들은 그 안에 정신적 극과 물리적 극이 통합되어 일원적으로 존재한다고 본다. 화이트헤드는 존재의 생성 과정을 '이접'(disjunctive)에서 '연접' (conjunctive)으로 나아간다고 표현하며 합생의 과정을 통하여 '다자'가 '일자'로 되어 가는 것을 모든 존재의 본성으로 보았다. (PR 254/348).

359 그 연결적 합생의 과정은 '느낌'(feeling)과 '파악'(prehension)을 통하여 존재론적으로 결합된 '일자'를 향하여 전진하여 간다. 이 책 '3.1.2 존재들의 공동체적 상호내재 구조' 참조.

360 상호 관계성에 의한 합생의 연결적 구조를 통하여 생성된 현실적 존재는 우리가 경험하는 세계에서 현실적 계기들의 집합체인 사회의 형태로 존재하며, 그 사회는 질서와 패턴을 갖는 '구조화된 사회'(structured society)라고 화이트헤드는 설명하였다. 브라켄은 화이트헤드가 그의 과정 사상을 발전시키면서 본문 내용의 주요한 개념 중 하나로 거론은 하였지만 그 내용의 전개에서 세부적으로 집중하지 않았던 '구조화된 사회'와 '파생 개념' (derivative notion)을 독창적으로 재해석하였다.

361 브라켄의 정의에 의하면, '상호주체성'은 둘 이상의 주체성이 서로의 존재와 활동에 우연적 변형을 주지 않으면서 상호 영향을 주고받을 수 있는 역동적 상호 관계의 장소, 즉 지향적인 공통 기반이 필요하며, 그것은 둘 이상의 참여자들 사이에 계속되어 발생하는 관계적 교류에 의해 구성되는 것이다. Joseph Bracken, "Intersubjectivity and the Coming of God", *The Journal of Religion* 83.3(2003, 07), 397.

362 사회적 실체는 인간을 사례로 설명될 수 있다. 인간 역시 수많은 현실적 계기들이 상호 물리적 생리적 관계를 주고받으며 존재하는 다수의 세포들, 기관들의 복합체적 사회로 이루어져 있다. 동시에 그것들을 통합하여 지배하는 의식 혹은 정신이 존재한다. 우리의 마음과 신체를 통합하여 조정하는 의식은 그 자체로 위계적 상호 질서를 갖고서 상호주체성을 기반으로 모든 기관과 세포들을 통합하여 연결하고 있는 것이다. 그리고 우리는 그 의식과 연결되어 있는 세포와 기관을 나로서 인식한다. Ibid., 389.

363 브라켄은 구조화된 사회에서 그 사회의 실제적 일치를 구성하는 지배적 소사회 혹은 상호주체성을 기반으로 공동체적 존재론을 제시함으로써, 궁극적 실재를 현실적 존재(계기)로만 한정한 화이트헤드 형이상학의 과정 사상을 원자론(atomism)적으로 이해로부터 탈피할 수 있는 가능성을 제시하였기 때문에 신화이트헤드주의자(neo-Whiteheadian)로서 특별히 주목을 받게 되었다. Marc A. Pugliese, *The One, The Many, and The Trinity: Joseph A. Bracken and the Challenge of Process Metaphysics*, Washington D.C.; The Catholic University of America Press, (2011), xvi.

364 브라켄의 다른 독창적 사고 중의 하나는 화이트헤드의 사회를 기존의 '장'(field)에 관한 이해와 같은 것이라고 본 것이었다. 그는 화이트헤드의 사회를 단순히 '질서의 요소'를 가진 현실적 계기들의 집합체라기보다 현실적 계기들이 상호작용하는 장소 혹은 맥락으로서의 '장'의 개념에 가깝다고 생각하였는데, 그 이유는 사회가 단순한 집합체와 달리 현실적 계기들의 생성과 소멸이 계승하는 시간을 통하여 지속하는 것으로 존속하기 때문이었다. Bracken, "Intersubjectivity", 390.

365 이 책 '3.2.2 공동체와 공동 행위자' 참조.

366 하느님 세 위격은 그들의 역동적 상호관계를 통하여 하느님이 내재적으로 존재하는 공통의 활동 장을 구성한다. 각 위격들의 활동의 장은 하느님의 무한한 특성으로 인하여 다른 두 위격 고유의 활동의 장과 완벽하게 겹쳐지며, 각 위격들은 다른 두 위격과 그 '장'에서 존재 자체에 전체적으로 내재한다. 이것은 하느님의 본성이기도 한 공통의 '장'을 통하여 상호주체성을 갖는 공동체로서 존재하는 일치된 한 분 하느님으로 인식된다. 브라켄은 화이트헤드 철학을 변형한 사회적 존재론으로 삼위일체를 설명하였지만, 자연주의적 유신론의 입장에 충실했던 화이트헤드는 상호 자기-구성을

하는 현실적 존재들의 내재적 개념을 설명하기 위하여 삼위일체 교리를 거론한 적이 있을 뿐, 동시적으로 합생이 이루어지는 현실적 존재들의 3자적 관계 혹은 공동의 패턴을 갖는 사회들의 결합 등의 구체적으로 정교하게 다듬어진 삼위일체 하느님 개념의 단계로 까지는 나아가지 않았다. Whitehead, *Adventures of Ideas*, pp. 168-69, 『관념의 모험』.; Bracken, "Intersubjectivity", 393.

367 Ibid., 397.

368 브라켄은 아퀴나스가 하느님의 세 위격을 서로 구별되는 관계적 차이를 제외한 모든 것을 공통으로 공유하는 '자립하는 것으로서의 관계'(relationem ut subsistentem)로 설명한 것에 관하여, 아퀴나스가 하느님의 위격들을 입자적 실체가 아니라 과정적 즉 관계적으로 바라보았다는 측면과 그리고 세 위격이 본질을 공유하는 단일한 실재라는 측면이 자신의 해석과 같은 선상에 있다는 것을 강조하였다. Ibid., 393.

369 이러한 우주의식은 아직 개별 인간에게서 그때마다의 유일회적 존재 방식으로 간헐적으로 발생하는 것이지만,(GG 189/252) 그 방향은 우주의 최종적 완성과 결말을 향하여 나아가는 것이다. 그것은 우주를 대표하여 하느님과 완전한 일치에 도달하는 순간, 인간은 우주를 대표한 정신으로서 전체성으로 결합되어진 온 우주에 참여한다는 것을 의미한다.

370 이에 관하여 라너는, 인간이 자신을 인식할 때 절대적 실재로서 존재의 근거인 하느님을 향하는 지향을 통하여 그 자신에게 현존하는 절대성을 자각하며, 그러한 과정을 통하여 자신에게 귀환하는 정신(Sich-selbst-gegeben-sein)이라고 설명하였다. (GG 183/243).

371 보프는 생명, 활동, 일치로서 "우주를 자신의 신전, 활동과 현현의 장소로 삼는" 성령이, 우리의 가슴을 뜨겁게 하고, 시인에게 영감을 주며, 예언자들을 고무하는 형태의 창조적 영으로서의 우리를 하느님의 지향에 다가가도록 고무한다고 설명하였다. 보프, 『생태신학』, 76.

372 Ibid., 77.

결론

373 이러한 담론들은 알도 레오폴드(Aldo Leopold)가 1949년 발표한 그의 논픽션 고전인 『모래군의 열두 달』 *A Sand County Almanac* (송명규 역, 따님, 2000)에서 제기한 '땅의 윤리'(Land Ethic)와 "산과 같이 사고하기"(Thinking like a mountain), (Leopold, 1966) 등에서 시작하여 레이첼 카슨(Rachel Carson)이 1962년 출간한 『침묵의 봄』 *Silent Spring* (Boston: Houghton Mifflin, 1962) 등에서 환경 운동의 실천적 필요성을 역설하는 것으로 발전하였다.

374 생태계 위기의 근본 원인이 사회 내의 위계적 지배 관계에서 비롯 되었다는 입장으로 1964년 북친(M. Bookchin, 1921~2006)에 의해 주창되었다. 생태계 위기는 통제와 지배라는 사회 구조적인 문제와 연계된 것이기 때문에 자연에 대한 지배이든 인간에 대한 지배이든 일체의 지배가 없는 사회를 추구한다. 사회생태론의 핵심은 "생태 문제는 곧 사회문제이며, 그 원인은 위계구조와 지배에 있다."는 것이다. 북친은 서양철학의 변증법적 사유의 전통 속에서 이성과 자연에 대한 새로운 해석을 통해 그동안 분리되었던 자연과 인간의 화해를 시도한다. 북친에서 멜로스(M. Mellos), 아담스(B. A. Adams), 갈퉁(J. Galtung) 등으로 이어지는 사회생태론의 일관된 논지는 "자연환경과의 지속적 균형을 보장해 주는 인간 공동체의 창출없이는 인간과 자연의 조화는 불가능하다."는 것이다. "사회생태론"(Social Ecology, 社會生態論): 『철학사전』, 철학사전편찬위원회, (서울: 중원문화, 2009).

375 현대의 환경위기는 인간에 의한 자연지배에 기인할 뿐만 아니라 남성에 의한 여성지배에 의해 강화되고 촉진되고 있기 때문에 인간과 자연의 조화와 공생을 주장하는 생태주의는 여성주의와 결합되어야 한다는 사상적 입장으로, 프랑스 작가 드본느(F. d'Eaubonne, 1920~2005)가 이 용어를 1974년 처음 사용한 이래 여성운동, 평화운동, 환경운동 등에서 널리 사용되고 있다. 1980년대 이후 생태여성주의는 자유주의적 생태여성주의, 문화적 생태여성주의, 사회적 생태여성주의 등으로 분화하고 있다. "생태여성주의"(Ecofeminism): 『철학사전』, 철학사전편찬위원회, (서울: 중원문화, 2009).

376 정선영, 「왜 심층생태주의인가: 생태비평의 세 가지 근본주의 생태론 고찰」, 『인문사회 21』 6/3(2015), 380.

377 모든 자연적 창조물은 각각의 고유성과 역할을 갖고 있다는 신학의 입장은 모든 존재의 내재적 가치로 인하여 모든 존재가 동등하게 취급받아야 한다는 심층생태론에 수반되는 모호한 문제점들에 대한 대안으로 제시될 수 있다. Hyun-Chul Cho, "Interconnectedness and Intrinsic Value as Ecological Principles: An Appropriation of Karl Rahner's Evolutionary Christology", Theological Studies, Vol.70, (2009), 633.

378 최현순, 「'공동합의성' 실현을 위한 교회론적 기초: 저마다 제 길에서 그리고 함께 가는 길」, 『신학전망』 208(2020), 19.

DH   Denzinger, Heinrich, 『신경, 신앙과 도덕에 관한 규정 선언 편람』 제44판, 덴칭거 책임번역위원회 역, (서울: 한국천주교중앙협의회, 2017).

DT   Augustinus, *De Trinitate*, 『아우구스티누스 삼위일체론』, 성염 역, (왜관: 분도출판사, 2015).

GG   Rahner, Karl, *Grundkurs des Glaubens: Einführung in den Begriff des Christentums*, (Freiburg: Verlag Herder, 1976), trans. William V. Dych, *Foundations of Christian Faith: An Introduction to the Idea of Christianity*, (New York: Seabury Press, 1978) / 이봉우역, 『그리스도교 신앙 입문: 현대 가톨릭 신학 기초론』, (왜관: 분도출판사, 1994).

LG   제2차 바티칸공의회, 『인류의 빛: 교회에 관한 교의 헌장』, (1964), (서울: 한국천주교중앙협의회, 2007).

LS   프란치스코 교황, 『찬미받으소서: 공동의 집을 돌보는 것에 관한 교황 회칙』(2015), 개정판, (서울: 한국천주교중앙협의회, 2021).

PR   Whitehead, Alfred North, *Process and Reality*, Corrected Edition, edited by David Ray Griffin and Donald W. Sherburne, (New York: The Free Press, [1929], 1978); 『과정과 실재: 유기체적 세계관의 구상』, 오영환 역, (서울: 민음사, 2013).

SL   Boff, Leonardo & Boff, Clodovis, *Salvation and Liberation: In Search of a Balance between Faith and Politics*, trans. Robert R. Barr, (Maryknoll, New York: Orbis Books, 1984) / 『구원과 해방』, 정한교 역, (왜관: 분도출판사, 1986).

ST   St. Aquinas, Thomas, *Summa Theologiae*, 정의채 역, 『신학대전』, (서울: 바오로딸, 1999).

TK   Moltmann, Jürgen, *Trinitat und Reich Gottes*, (Munrich: Christian Kaiser, 1980); trans. Margaret Kohl, The Trinity and the Kingdom: The Doctrine of God, (Minneapolis: Fortress Press, 1993) / 김균진 역, 『삼위일체와 하나님의 나라』, (서울: 대한기독교출판사, 1982).

TP   Bracken, Joseph A., S.J., *Trinity in Process: A Relational Theology of God*, ed., Joseph A. Bracken & Marjorie Suchocki, (New York: The Continuum Publishing Company, 1997).

TS   Boff, Leonardo, *Trinity and Society*, trans. Paul Burns, (Eugene: Wipf & Stock, 1988).

TT   Rahner, Karl, *The Trinity*, trans. Joseph Donceel, with an introduction, index, and glossary by Catherine Mowry LaCugna, (New York: Herder & Herder, 1970, with new materials 1997).

1. 교회 문헌

제2차 바티칸공의회,『인류의 빛: 교회에 관한 교의 헌장, (1964)』, (서울: 한국천주
　　교중앙협의회, 2007).

제2차 바티칸공의회,『만민에게: 교회의 선교 활동에 관한 교령, (1965)』, (서울: 한
　　국천주교중앙협의회, 2007).

성 바오로 6세 교황,『민족들의 발전: 회칙』(1967), (서울: 한국천주교중앙협의회)

프란치스코 교황,『찬미받으소서: 공동의 집을 돌보는 것에 관한 교황 회칙』(2015),
　　개정판, (서울: 한국천주교중앙협의회, 2021).

_____,『복음의 기쁨: 현대 세계의 복음 선포에 관한 교황 권고』, (서울: 한국천주 교
　　중앙협의회, 2014).

_____,『기뻐하고 즐거워하여라』, (서울: 한국천주교중앙협의회, 2018).

교황청 신앙교리성,『자유의 자각: 그리스도인의 자유와 해방에 관한 훈령』,
　　강대인 역, (서울: 한국천주교중앙협의회, 1986).

교황청국제신학위원회,『교회의 삶과 사명 안에서 공동합의성』, 박준양, 안소근,
　　최현순 역, (서울: 한국천주교중앙협의회, 2019).

Denzinger, Heinrich,『신경, 신앙과 도덕에 관한 규정 선언 편람』제44판, 덴칭거
　　책임번역위원회 역, (서울: 한국천주교중앙협의회, 2017).

2. 도서 및 문헌

Karl Rahner

Rahner, Karl, "Der dreifaltige Gott als transzendenter Urgrund der Heilsgeschichte",
　　in *Mysterium Salutis. Die Heilsgeschichte vor Chrisms*, II, (Einsiedeln-
　　Zürich-Köln, 1967), 317~401; *The Trinity with an introduction, index, and
　　glossary by Catherine Mowry LaCugna*, trans. Joseph Donceel, (New
　　York: Herder & Herder, 1970, with new materials 1997).

_____, *Geist in Welt: zur Metaphysik der endlichen Erkenntnis bei Thomas
　　von Aquin*, (Munich: Kosel-Verlag, 1957); *Spirit in the World*, trans. by
　　William Dych, (New York: Herder and Herder, 1969).

_____, *Hörer des Wortes; Zur Grundlegung einer Religionsphilosophie*,
　　(Munnich: Kosel Verlag, 1963);『말씀의 청자─종교철학의 기초를 놓는 작업
　　(메츠에 의한 개정판)』, 김진태 역, (서울: 가톨릭대학교 출판부, 2004).

_____, *Grundkurs des Glaubens: Einführung in den Begriff des Christentums*,

(Freiburg: Verlag Herder, 1984); *Foundations of Christian Faith: An Introduction to the Idea of Christianity*, trans. William V. Dych, (New York: Seabury Press, 1978);『그리스도교 신앙 입문: 현대 가톨릭 신학 기초론』, 이봉우 역, (왜관: 분도출판사, 1994).

_____, "Current Problems in Christology", *Theological Investigations*, vol. 1 (1961), 149-200.

_____, "On the Theology of the Incarnation", *Theological Investigations*, Vol. 4. Trans. Kevin Smyth, (New York: Seabury, 1974). 105-120.

_____, "The Specific Character of the Christian Concept of God", *Theological Investigation*, vol. 21, (1988).

_____, *Foundations of Christian Faith: An Introduction to the Idea of Christianity*. Translated by William V. Dych. (New York: The Seabury Press; 1978).

_____, "Zur Theologie des Symbols", *Schriften zur Theologie* vol. 4 (1960), 275-311.

_____, "Trinity, Divine", 295-303, in *Sacramentum Mundi: An Encyclopedia of Theology*, vol. 6, (New York: Herder & Herder, 1970).

_____, "Hidden Victory", in *Theological Investigations*, Volume VII: *Further Theology of the Spiritual Life*, trans. David Bourke, (London: Darton, Longman, and Todd, 1971).

_____, "Trinity in Theology", ed. Karl Rahner, *Encyclopedia of Theology; Concise Sacramentum Mundi*, (New York; Cossroad Publishing, 1975).

Joseph Bracken

Bracken, Joseph A., S.J., "The Holy Trinity as a Community of Divine Persons I", *The Heythrop Journal: A Quarterly Review of Philosophy and Theology*, 15/2, (1974, 4), 166-182.

_____, "The Holy Trinity as a Community of Divine Persons II", *The Heythrop Journal: A Quarterly Review of Philosophy and Theology*, 15/3, (1974, 7), 257-270.

_____, "Process Philosophy and Trinitarian Theology," *Process Studies*, 8/4, (1978, Winter), 217-230.

_____, *What Are They Saying about the Trinity?*, (New York: Paulist Press, 1979).

_____, "Process Philosophy and Trinitarian Theology II", *Process Studies*, 11/2, (1981, Summer), 83-96.

_____, "The Triune Symbol: Persons, Process and Community", (Lanham: University Press of America, 1985).

_____, *Society and Spirit: A Trinitarian Cosmology*, (Selingsgrove: Susquehanna University Press, 1991).

_____, *The Divine Matrix: Creativity as Link between East and West*, (New York: Maryknoll, 1995).

_____, *Trinity in Process: A Relational Theology of God*, ed., Joseph A. Bracken & Marjorie Suchocki, (New York: The Continuum Publishing Company, 1997).

_____, "Trinity: Economic And Immanent" *Horizons*, 25/1, (1998, Spring), 7-22.

_____, "Prehending God in and through the World", *Process Studies*, 29/1, (2000, Spring-Summer), 4-15.

_____, *The One in the Many*, Grand Rapids, (Michigan: William B. Eerdmans Publishing Company, 2001).

_____, "Intersubjectivity and the Coming of God", The Journal of Religion vol. 83. no. 3, (2003, 07).

_____, "Pantheism: A Field-Oriented Approach", in *Whom We Live and Move and Have Our Being: Panentheistic Reflections on God's Presence in a Scientific World*, ed. Philip Clayton-Arthur Peacocke, Grand Rapids, (Cambridge: William B. Eerdmans Publishing Company, 2004), 211-221.

_____, "Creatio Ex Nihilo: A Field-Orientd Approach", *Dialog: A Journal of Theology*, 44, (2005, Fall), 246-249.

_____, *Christianity and Process Thought*. (Philadelphia: Templeton Foundation Press, 2006).

_____, "Panentheism and the classical God-World Relationship: A System-Oriented Approach", *Americal Journal of Theology & Philosophy*, Vol.36, No.3, (2015, 9). 207-225.

Leonardo Boff

Boff, Leonardo, "0 Dogma da Santfssima Trindade na Sagrada Escritura," *Sponsa Christi*, vol. 19, (1965), 264-269.

_____, *Jesus Christ Liberator: A Critical Christology for Our Time*, trans. Patrick Hughs, (Maryknoll, NY: Orbis Books, 1978);『해방자 예수 그리스도: 우리 시대의 비판적 그리스도론』, 황종렬 역, (왜관: 분도출판사, 1993).

_____, *Liberating Grace*, trans. John Drury (Maryknoll, NY: Orbis Books, 1979);『해방하는 은총』, 김정수 역, (천안: 한국신학연구소, 1988).

_____, *Os Sacramentos Da Vida E A Vida Dos Sacramentos*;『성사란 무엇인가』, 정한교 역, (왜관: 분도출판사, 1981).

_____, *Church, charism and power: liberation theology and the institutional church*, trans. John W. Diercksmeier, (London: SCM, 1985);『교회의 권력과 은총: 해방신학과 제도적 교회』, 유종순 역, (서울: 성요셉, 1986).

_____, *Trinity and Society*, trans. Paul Burns, (Eugene: Wipf & Stock, 1988); 『삼위일체와 사회』, 이세형 역, (서울: 대한기독교서회, 2011).

_____, *Ecología, mundializacão, espiritualidade. A emergência de um novo paradigma.* (São Paulo: 1993); *Ecology and Liberation: A New Paradigm*, trans. John Cumming, Ecology and Justice series, (Maryknoll, New York: Orbis Books, 1995);『생태신학』, 김항섭 역, (서울: 가톨릭출판사, 1996).

_____, *Cry of the Earth, Cry of the Poor*, trans. Phillip Berryman, (Maryknoll, N.Y.: Orbis Books, 1997).

_____,『성삼위일체 공동체』(Holy Trinity, Perfect Community), 김영선·김옥주 역, (서울: 크리스천 헤럴드, 2011).

Boff, Leonardo & Boff, Clodovis, *Introducing Liberation Theology*, trans. Paul Burns, (Maryknoll, New York: Orbis Books, 1987);『해방신학 입문』, 김수복 역, (한마당, 1986).

_____, *Salvation and Liberation: In Search of a Balance between Faith and Politics*, trans. Robert R. Barr, (Maryknoll, New York: Orbis Books, 1984); 『구원과 해방』, 정한교 역, (왜관: 분도출판사, 1986).

Ames, John Joseph, S.T.D., "Marian Doctines: A comparison between Karl Rahner and Leonard Boff", Ph.D. dissertation, The Catholic University of America, (1995).

Augustinus, *De Trinitate*,『아우구스티누스 삼위일체론』, 성염 역, (왜관: 분도출판사, 2015).

Aquinas, Thomas, *Summa Theologiae*, Latin-English, (New York: McGrave-Hill, 1964),『신학대전』, 제1권, 정의채 역, (서울: 바오로딸 출판사, 1985).

_____, *Summa Theologiae*,『신학대전』, 제6권, 정의채 역, (서울: 바오로딸 출판사, 1999).

_____, *Summa Contra Gentiles* ; 박승찬 역주,『대이교도 대전』II, (왜관; 분도출판사, 2015).

Barbe, Dominique, *La Grace et le pouvoir* (Maubourg Paris: Editions du Cerf, 1982); trans. John Pairman Brown *Grace and Power: Base Communities and Nonviolence in Brazil*, (Maryknoll, NY: Orbis, 1987).

Barth, Karl, *Church Dogmatics*, edited by G. W. Bromiley, T. F. Torrance ; trans. by G. W. Bromiley, (Edinburgh: T. & T. Clark, 1975).

Balthasar, Hans Urs von, *The Glory of the Lord: A Theological Aesthetics*, vol. 1, Seeing the Form, ed. Joseph Fession and John Riches, trans. Erasmo Levia-Merikakis (San Francisco: Ignatius, 1982).

_____, *Theodramatik, II/2. Die Personen des Spiels: Die Personen in Christus*, (Einsiedeln, 1998).

Berry, Thomas, *Dream of the Earth*, (San Francisco: Sierra Club Books, 1988); 『지구의 꿈』, 맹영선 역, (서울: 대화문화아카데미, 2013).

_____, *The Universe Story*, (San Francisco: Harper Collins Publishers, 1992); 『우주이야기』, 맹영선 역, (서울: 대화문화아카데미, 2008).

Berry, Thomas and Clarke, Thomas, *Befriending the Earth: A Theology of Reconciliation Between Humans and the Earth*, Mystic, (CT: Twenty-Third Publications, 1991); 『신생대를 넘어 생태대로』, 김준우 역, (고양: 에코조익, 2006).

Boff, Clodovis M., *Theology and Praxis*, Trans. Robert R. Barr. (New York: Orbis Books, 1987).

Carson, Rachel, *Silent Spring*, (Boston: Houghton Mifflin, 1962); 『침묵의 봄』, 이길상 역, (탐구당, 1981); 김은령 역, (에코리브르, 2011).

Cary, Phillip, "On Behalf of Classical Trinitarianism: A Critique of Rahner on the Trinity," *The Thomist*, vol. 56 (1992, Jul.), 365-405.

Chardin, Pierre Teilhard, *The Phenomenon of Man*, (London: Harper & Row, 1965), 『인간 현상』, 양명수 역, (서울: 한길사, 1997).

Cho, Hyun-Chul S. J.(조현철), *An Ecological Vision of the World; Toward a Christian Ecological Theology for Our Age*, Editrice Pontificia Universita Gregoriana, (Rome: Gregorian University Press, 2004).

_____, 「생태신학의 이해: 생태신학의 교의 신학적 체계 구성을 위하여」, 『신학과 철학』 8(2006), 193-242.

_____, "Interconnectedness and Intrinsic Value as Ecological Principles: An Appropriation of Karl Rahner's Evolutionary Christology", *Theological Studies*, Vol.70, (2009).

Clayton, Philip, "Panentheist Internalism: Living within the Presence of the Trinitarian God", Dialog: A Journal of Theology, Vol. 40, (2001, Fall).

Clifford, Anne M. CSJ, "Foundations for a Catholic Ecological Theology of God", Edit. Drew Christiansen SJ. and Walter Grazer, *And God Saw That It Was Good*, (Washington D.C.; United States Catholoc Conference, 1996) Cooper, John W., 『철학자들의 신과 성서의 하나님 - 신과 세계의 관계, 그 치열한 논쟁사』, 김재영 역, (서울: 새물결플러스, 2011).

Cobb, John B. *A Christian Natural Theology, Second Edition: Based on the Thought of Alfred North Whitehead.* (Philadelphia : Westminster, 2007); 『화이트헤드 철학과 기독교 자연신학』, 이경호 역, (서울: 동과서, 2015).

_____, *Whitehead Word Book*, (Claremont, CA: P&F Press, 2008).

Cobb, John B. & Griffin, David R., *Process Theology: An Introductory Exposition.* (Philadelphia : Westminster, 1976); 『캅과 그리핀의 과정신학: 입문적 해설』, 이경호 역, (대구: 이문출판사, 2012).

_____, *Mind in Nature: Essays on the Interface of Science and Philosophy*, University Press of America, (1977).

Congar, Yves, "La Tri-unitéde Dieu et l'Église.", *Essais oecuméniques: Le mouvement, le hommes, les problêmes*, (1974), 297-312.

Conley, Joseph, "A two-armed embrace: The panentheistic trinitarianism of Rahner and Edwards", *Pacifica*, Vol.26(1), (2012), 59-71.

Donceel, Joseph, "God in Transcendental Thomism", *Logos: Philosophical Issues in Christian Perspectives* 1 (1980).

Egan, Harvey D., "Theology and Spirituality", *The Cambridge Companion to Karl Rahner*, Ed. Declan Marmion and Mary E. Hines, (Cambridge: Cambridge Univ. Press, 2005), 13-28.

Forte, Bruno, *La Chiesa icona delta Trinita*, (Roma; Queriniana, 1984); 『삼위일체의 모상인 교회』, 최영철 역, (서울; 성바오로 출판사, 1998).

Fortman, Edmund J., *The Trinune God: A Historical Study of the Doctrine of the Trinity*, (Philadelphia: Westminster, 1972).

Fox, Matthew, *Original Blessing: A Primer in Creation Spirituality Presented in Four Paths*, (Twenty-Six Themes, 1983); 『원복』, 황종렬 역, (왜관: 분도출판사, 2001).

Galvin, John P., "Before the Holy Mystery: Karl Rahner's Thought on God" *Toronto Journal of Theology*, vol. 9, (1993). 229-238.

Gresham, John Leroy, Jr., "The social model of the Trinity in theologies of Leonard Hodgson, Jurgen Moltmann, and Joseph Bracken", Ph.D dissertation, Baylor University, (1991).

Griffin, David Ray, *Reenchantment without Supernaturalism: A Process Philosophy of Religion.* (Ithaca and London: Cornell University Press, 2001); 『화이트헤드 철학과 자연주의적 종교론』 장왕식·이경호 역. (고양: 동과서, 2004).

_____, *Two Great Truths: A New Synthesis of Scientific Naturalism and Christian Faith*, (Louisville, Kentucky: Westminster John Knox Pr., 2004), 82-88;

『위대한 두 진리: 과학적 자연주의와 기독교 신앙의 새로운 종합』, 김희헌 역,
(동연, 2010).

_____, "Whitehead's Philosophy and some General Notions of Physics
and Biology", *Mind in Nature: Essays on the Interface of Science and
Philosophy*, Eds. John B. Cobb & David Griffin, University Press of
America, (1977), 122-134.

Gunton, Colin E., *The Promise of Trinitarian Theology*, (2nd ed.; Edinburgh:
T&T Clark, 1997).

Gutierrez, Gustavo, *A Theology of Liberation*, trans. Sister Caridad Inda and
John Eagleson, (Maryknoll: Orbis Books, 1973); 『해방신학: 역사와 정치와
구원』, 성염 역, (왜관: 분도출판사, 2000).

Hall, W. David, "Does Creation Equal Nature? Confronting the Christial
Confusion about Ecology and Cosmology", *Journal of the American
Academy of Religion*, Vol. 73, No. 3, (2005. 9), 781-812.

Hellwig, Monika, "What Difference Does Grace Make? in; What are the
theologians saying?" (Pflaum Press, Dayton. Ohio, 1970); 「은총이란
무엇인가-Teihard De Chardin, Henri De Luback, Karl Rahner의 견해」,
박기석 역, 신학전망 48(1980. 3) 136-143.

Hill, Brennan R., *Christian Faith and the Environment*, (New York: Orbis
Books, 1998).

Hill, William J., *The Three-Personed God: The Trinity As Mystery of Salvation*,
(Washington, DC: Catholic University of America Press, 1982).

Hosinski, Thomas E., *Stubborn Fact and Creative Advance: An Introduction
to the Metaphysics of Alfred North Whitehead*, (Lanham: Rowman &
Littlefield, 1993); 『화이트헤드 철학 풀어읽기』, 장왕식·이경호 역, (대구:
이문출판사, 2003).

Jedin, Hubert, 『세계 공의회사』, 최석우 역, (왜관: 분도출판사, 2005).

John P. Galvin, "Before the Holy Mystery: Karl Rahner's Thought on God"
Toronto Journal of Theology 9 (1993).

Kelly, J.M.D, *Early Christian Doctrines*, (London: A&C Black, 5th Ed., 1968);
『고대기독교교리사』, 박희석 역, (고양: 크리스챤다이제스트, 2004).

Kobus, Milton Michael, "The Doctrine of the Trinity according to Karl Rahner",
Doctoral dissertation, Catholic Theological Union at Chicago, (2007).

LaCugna, Catherine Mowry, *God for Us: The Trinity and Christian Life*, (San
Francisco: Harper, 1991); 『우리를 위한 하나님: 삼위일체와 그리스도인의 삶』,
이세형 역, (서울: 대한기독교서회, 2008).

Ladaria, Luis F., *The living and True God: The Mystery of The Trinity*, (Miami: Convivium Press, 2010).

Lapide, Pinchas & Moltmann, J., *Jewish Monotheism and Christian Trinitarian Doctrine*, trans. Leonard Swidler, (Philadelphia: Fortress Press, 1981).

Lee, Jai-Don(이재돈), "Towards an Asian Ecotheology in the Context of Thomas Berry's Cosmology: A Critical Inquiry", Ph.D. Dissertation, Toronto School of Theology, (Toronto, 2004).

_____, 「토마스 베리의 우주론」, 『가톨릭 철학』 11(2008), 5-34.

Lee, Jung-Yong(이정용), *The Theology of Change: A Christian Concept of God in an Eastern Perspective*, (NY: Orbis Books, 1979); 『역의 신학: 동양의 관점에서 본 하느님에 대한 기독교적 개념』, 이세형 역, (서울: 대한기독교서회, 1998).

_____, *The Trinity in Asian Perspective*, (TN: Albingdon Press, 1996)

Leopold, Aldo, *A Sand County Almanac*; 『모래군의 열두 달』, 송명규 역, (따님, 2000).

Lincicum, David, "Economy and Immanence: Karl Rahner's Doctrine of the Trinity.", *European journal of theology*, Vol. 14, Issue 2, (2005), 111-118.

Loomer, Bernard M., "The size of God." *American Journal of Theology & Philosophy*, vol.8, No.1/2, (1987), 20-51.

Marc A. Pugliese, *The One, The Many, and The Trinity: Joseph A. Bracken and the Challenge of Process Metaphysics*, Washington D.C.; The Catholic University of America Press, (2011).

McDermott, John M., "The Christologies of Karl Rahner Part Two", *Gregorium*, 67(2), (1986).

McGinn, Bernard, *Apocalyptic Spirituality: Treaties and Letters of Lactantius, Adso of Motier-En-Der, Joachim of Fiore, The Franciscan Spirituals, Savonarola*, (New Jersey: Paulist Press, 1979).

Metz, Johann Baptist, "Karl Rahner-ein theologisches Leben. Theologie als mystische Biographie eines Christenmenschen heute." *Stimmen der Zeit*, Bd. 192 (1974).

Mesle, Robert C., 『과정신학과 자연주의』, 이경호 역, (서울: 이문출판사, 2003).

Moltmann, Jürgen, *Trinitat und Reich Gottes*, (Munrich: Christian Kaiser, 1980); trans. Margaret Kohl, *The Trinity and the Kingdom: The Doctrine of God*, (Minneapolis: Fortress Press, 1993); 『삼위일체와 하나님의 나라』, 김균진 역, (서울: 대한기독교출판사, 1982).

_____, *In der Geschichte des dreieinigen Gottes*, (Munchen: Chr. Kaiser Verlag, 1990); 『삼위일체와 하나님의 역사』, 이신건 역, (서울: 대한기독교서회, 1998).

_____, _Gott in der Schoepfung_,『창조 안에 계신 하느님』, 김균진 역, (서울: 한국 신학연구소, 1999).

_____, _Der gekreuzigte Gott-Das Kreuz Christi als Grund und Kritik christlicher Theologie_,『십자가에 달리신 하나님: 그리스도교 신학의 근거와 비판으로서의 예수의 십자가』, 김균진 역, (서울: 대한기독교서회, 2017).

Northcott, Michael S., _The Environment and Christian Ethics_, (New York: Cambridge University Press, 1996).

Núñez, Javier Valiente, _Liberation Theology and Latin America's TESTIMONIO and New Historical Novel: A Decolonial Perspective_, Ph.D. dissertation, Johns Hopkins Univ., Baltimore Maryland, (2016).

O'Donnell, John J., _The Mystery of The Trinune God_;『삼위일체 하느님의 신비』, 박종구 역, (서울: 가톨릭출판사, 2008).

_____, "The Trinity as Divine Community: A Critical Reflection upon Recent Theological Developments", _Gregorianum_ Vol. 60, No. 1, (1988), 5-34.

Park, Dong-Sik, "The God-World Relationship between Joseph Bracken, Philip Clayton, and the Open Theism", Ph.D. Dissertation, Claremont Graduate University, (2012).

Santmire, H. Paul, _The Travail of Nature: The Ambiguous Ecological Promise of Christian Theology_, (Philadelphia: Fortress, 1985).

Peters, Ted, _God as Trinity: Relationality and Temporality in Divine Life_, (Louisville Westminster: John Knox, 1993).

Petty, Michael W., _A Faith that loves the earth: the ecological theology of Karl Rahner_, (Lanham Maryland: University Press of America, 1996)

Prestige, George Leonard, _God in Patristic Thought_, (London: SPCK, 1956 2nd edn.).

Royce, Josiah, _The Problem of Christianity: The real world and the Christian ideas_, (London: Macmillan, 1913).

Schlesinger, Eugene R., "A Trinitarian Basis for a "Theological Ecology" in Light of Laudato Si', _Theologocal Studies_ Vol. 79(2) (2018), 339-355.

Sears, Rober and Bracken, Joseph SJ, _Self-Emptying Love in a Global Context; The Spiritual Exercise and the Environment_, (Oregon: Wift & Stock, 2006).

Sherburne, Donald. _A Key to Whitehead's Process and Reality._ (Chicago: University of Chicago Press, 1966);『화이트헤드 과정과 실재 입문』, 오영환, 박상태 역, (파주: 서광사, 2010).

Thompson, Thomas R., "Imitatio Trinitatis: The Trinity as social model in the Theologies of Jürgen Moltmann and Leonardo Boff", Ph.D dissertation,

Princeton Theological Seminary, (1996).

White, Lynn Jr., "The Historical Roots of the Ecologic Crisis," Science, Vol. 155. (1967, Mar.), 1203-1207; 「생태계 위기의 역사적 기원」, 이유선 역, 『과학사상』 (1992,봄), 283-295.

Whitehead, Alfred North. [1926]2014. *Science and the Modern World*, (Cambridge: Cambridge Univ. Press, 1926); 『과학과 근대세계』, 오영환 역, (파주: 서광사, 2014).

_____, *Adventures of Ideas*, (New American Library, 1933); 『관념의 모험』, 오영환 역, (서울: 한길사, 1996).

_____, *Symbolism: Its Meaning and Effect*, (Barbour-Page Lectures, University of Virginia, 1927); 『상징활동 그 의미와 효과』, 문창옥 역, (고양: 동과서, 2003).

_____, *Religion in the Making*, (Cambridge: Cambridge Univ. Press, 1927); 『진화하는 종교: 화이트헤드의 종교론』, (서울: 대한기독교서회, 2012).

_____, *Process and Reality*, Corrected Edition, edited by David Ray Griffin and Donald W. Sherburne, (New York: The Free Press, [1929], 1978); 『과정과 실재: 유기체적 세계관의 구상』, 오영환 역, (서울: 민음사, 2013).

Wilber, Ken, *Brief history of everything*; 『모든 것의 역사: 인간의식과 온우주 (Kosmos)가 진화해 온 발자취』, 조효남 역, (서울: 대원출판사, 2004).

Wilks, John G.F., "The Trinitarian Ontology of John Zizioulas" *Vox Evangelica*, 25, (1995), 63-88.

Wolfson, Harry Austryn, *The Philosophy of the Church Fathers: Vol 1: Faith, Trinity, Incarnation*, (London: Harvard University Press, 1970 3rd edn.).

강경림, "반영지주의 교부 Irenaeus of Lyon의 신학사상", 신학지평 1(1994), 109-130.

곽미숙, 『삼위일체론. 전통과 실천적 삶』, (서울: 대한기독교서회, 2009).

곽진상, 「테야르 드 샤르댕의 인격적 인간-우주 이해와 그리스도 중심적 생태신학의 원리」, 서강대학교 신학연구소, 『신학과 철학』 24(2014), 183-224.

김경수, 「아우구스티누스의 『삼위일체론(De Trinitate)』의 구조와 장르」, 한국서양 중세사학회, 『한국서양중세사연구』, 34(2014. 9월), 1-30.

김병훈, 「삼위일체의 복수성과 단일성에 대한 현대신학자들의 견해 탐구-칼 라너」, 『신학정론』, 27(2)(2009,11), 245-263.

_____, 「현대 삼위일체론 탐구(3)-레오나르도 보프(Leonardo Boff)」, 『신학정론』, 29(2011. 6), 99-120.

김영선, 「레오나르도 보프의 관계적 삼위일체론 연구」, 『한국개혁신학』, 46(2015,5), 105-129.

김영진, 『화이트헤드의 유기체 철학: 위상적 세계에서 펼쳐지는 미적 모험』, (서울: 그린비, 2012).

김옥주, 「동·서방 교회의 연합을 위한 나지안주스의 그레고리의 삼위일체론 탐구」, 『한국개혁신학』 34(2012), 8-34.

김진석, 「근본주의적 생태주의에 대한 비판적 분석; 김종철을 중심으로」, 『철학연구』 99(2012), 175-207.

김항섭, 「해방신학과 탈식민지적 논의」, 『가톨릭평론』 17(2018), 197-206.

_____, 「해방신학에서 해방그리스도교로」, 『가톨릭평론』 14(2018), 207-215.

노영상, 「삼위일체론적 생태신학을 향하여」, 『장로교회와 신학』 7(2010), 93-120.

노우재, 「칼 라너의 삼위일체론에 관한 고찰」, 『Catholic Theology and Thought』 70(2012. 12), 155-200.

문창옥, 『화이트헤드 과정철학의 이해: 문명을 위한 모험』, (서울: 통나무, 1999).

_____, 「종교적 경험의 본질과 합리성: 화이트헤드의 경우」, 『가톨릭 철학』 11(2008), 277-303.

박 민, 『현대 삼위일체론 연구』, (서울: 대한 기독교서회, 2007).

박상언, 「사회적 삼위일체론이 현대 삼위일체론의 실천적 의미에 끼친 영향」, 『신학논단』 69(2012).

박승찬, 「신학적 관심에 따른 '인격'(persona) 개념 정의의 변천; 성 빅토르의 리카르두스를 중심으로」, 한국중세철학회, 『중세철학』 18(2012. 12월), 161-221.

_____, 「인격개념의 근원에 대한 탐구 - 그리스도교 신학과 보에티우스의 정의를 중심으로」, 『인간연구』 13(2007. 가을), 83-119.

박옥주, 「자유의 유한성과 선험성: 칼 라너의 자유의 신학」, 『신학논단』 92(2018. 6), 79-109.

박종구, 『그리스도교 교의의 역사적 형성 연구: 고대 교회의 삼위일체론과 그리스도론의 성립』, (서울: 서강대학교 출판부, 2012).

_____, 「그리스도론과 삼위일체론의 관계: 그 신학적 접점에 대한 해석학적 이해」, 『신학과 철학』 8(2006), 7-45.

백운철, 「창조와 새창조; 생태신학적 그리스도론의 시도」, 신학과 사상학회, 『가톨릭 신학과 사상』 69(2012.06), 42-84.

백충현, 「내재적-경륜적 삼위일체에 관한 현대 신학의 논의 분석: 존재론, 인식론, 그리고 신비」, 『한국조직신학논총』 24(2009).

_____, 「삼위일체론에 대한 과정신학의 반응들」, 『한국조직신학논총』 27(2010), 167-206.

_____, 「레오나르도 보프의 '페리코레시스-연합모델'에 관한 비판적 고찰」, 『한국기독교신학논총』 79(2012). 135-154.

_____, 『내재적 삼위일체와 경륜적 삼위일체: 현대 삼위일체 신학에 대한 신학·철학의 융합적 분석』, (서울: 새물결플러스, 2015).

서병창, 「토마스 아퀴나스의 존재개념에 관한 연구」, 철학연구회, 『철학연구』, 39 (1996. 12), 59-84.

심상태, 『한국교회와 신학-전환기의 신앙이해』, 신학선서14, (서울: 성바오로출판사, 1988).

_____, 「생태계 위기와 그리스도교 신앙」, 광주가톨릭대학교 신학연구소, 『신학전 망』 92(1991.3), 87-113.

_____, 「칼 라너의 하느님 이해」, 신학과사상학회, *Catholic Theology and Thought*, 47(2004), 94-120.

_____, 「라너의 초월철학적 '세계 내 정신'의 이해」, 이성과 신앙, 28(2004.09), 137-179.

심종혁, 『영신수련의 신학적 이해』, (서울; 이냐시오영성연구소, 2012).

안택윤, 「관계적 삼위일체와 포스트모던 하나님의 나라」, 한국조직신학회, 『한국 조직신학논총』, 14(2005), 73-104.

_____, 「포스트모더니티 생태신학을 향하여」, 『신학사상』 139(2007, 겨울).

윤창용, 「과정철학과 웨슬리신학의 접촉점 연구」 박사학위논문, 서울신학대학교 대학원. (2010).

윤철호, 「화이트헤드의 신관」, 『장신논단』, 17(2001. 12), 130-161.

_____, 「변증법적 만유재신론」, 『장신논단』 28(2007), 65-94.

이규성, 「칼 라너의 은총이해」, 가톨릭 신학 14(2009, 6), 83-121.

_____, 「칼 라너의 그리스도론에서 나타나는 인간학의 수용 과정 및 그 체계적 이해」, *Catholic Theology and Thought*, 66(2010), 146-181.

_____, 「인간의 초월성에 대한 신학적 이해」, 신학과 철학, 21(2012. 11), 57-92.

_____, 「칼 라너(Karl Rahner) 신학에서의 철학의 역할」, 가톨릭 철학, 12(2009.04), 261-290.

이냐시오영성연구소, 『로욜라의 성 이냐시오 영신수련』, 정제천 역, (서울; 이냐시 오영성연구소, 2010).

이현복, 「생태철학의 선구자, 스피노자 - 생태학적 관점에서 바라본 스피노자의 자연관」, 『근대철학』, 6(2011. 6), 21-43.

이형기, 「요아킴의 신학에 있어서 삼위일체론과 종말론」, 역사신학연구회, 『삼위일 체론의 역사』, (서울: 대한기독교서회, 2008), 295-327.

임홍빈, 『현대의 삼위일체론』, (서울: 대한기독교서회, 2008).

전 철. 2006. 「화이트헤드 초기 저작에 나타난 창조성과 신 개념에 관한 연구.」 한신대학교 신학연구소. 『신학연구』, 48(2006), 227-264.

정선영, 「왜 심층생태주의인가: 생태비평의 세 가지 근본주의 생태론 고찰」, 『인문사회 21』 6/3(2015), 377-392.

정원래, 「토마스 아퀴나스와 관계적 삼위일체론」, 웨슬리신학연구소 편, 『관계 속에 계신 삼위일체 하나님』 (서울: 아바서원, 2015).

정홍렬, 「요아킴의 성령론적 종말론 연구」, 한국조직신학회, 『한국조직 신학논총』, 43(2015), 179-218.

조병하, 「삼위일체와 그리스도 신앙 이해 논쟁과정에서 형성된 용어 페리호레스스에 대한 고찰」, 『성경과 신학』 64(2012), 255-84.

조세종, 「A.N. 화이트헤드의 신론에 관한 연구 -자연주의 신론을 중심으로-」, 박사학위논문, 충남대학교, (2012).

최현순, 「'공동합의성' 실현을 위한 교회론적 기초: 저마다 제 길에서 그리고 함께 가는 길」, 『신학전망』 208(2020), 2-47.

최흥석, 「삼위일체 교리의 성경적 근거(구약)에 관한 박형룡 박사의 이해」, 『신학지남』 73(3)(2006. 9), 69-88.

한정현, 「칼 라너 신학의 총괄개념으로서의 상징의 신학 (I)」, 신학전망, 135(2001. 12), 2-22.

_____, 「칼 라너 신학의 총괄개념으로서의 상징의 신학 (II)」, 신학전망, 137(2002. 6), 19-39.

_____, 「칼 라너 신학의 총괄개념으로서의 상징의 신학 (III)」, 신학전망, 139 (2002. 12), 56-88.

홍범기, 「역사적 예수 탐구와 그 부정적 결과들」, 인천가톨릭대학교 복음화연구소, 『누리와 말씀』, 27(2010), 7-54.

홍용진, 「중세 '교회(Ecclesia)' 개념의 재파열 : 프란체스코회 영성파 - 13세기 말-14세기 초 남부 프랑스의 경우」, 한국프랑스사학회, 『프랑스사 연구』 32(2015. 02), 5-28.

홍태희, 「화이트헤드의 유기체 철학에 비추어 본 『찬미 받으소서』의 생태론」, 한국종교학회, 『종교연구』, 76(4)(2016, 12), 153-182.

_____, 「조셉 브라켄의 사회적 삼위일체 모델 연구」, 『신학과 철학』, 32(2018.봄), 52-53.

삼위일체 신학 생태론

칼 라너, 조셉 브락켄, 레오나르도 보프의 삼위일체론을 중심으로

초판 1쇄 발행 ㅣ 2022년 1월 31일

지은이 ㅣ 홍태희
펴낸이 ㅣ 이재호
펴낸곳 ㅣ 리북
등　록 ㅣ 1995년 12월 21일 제2014-000050호
주　소 ㅣ 경기도 파주시 회동길 50, 3층(문발동)
전　화 ㅣ 031-955-6435
팩　스 ㅣ 031-955-6437
홈페이지 ㅣ www.leebook.com

정　가 ㅣ 15,000원

ISBN ㅣ 978-89-97496-62-4